HOGGAAMIYE
ISBEDDEL HORSEEDA

Saciid Cali Shire

Buuh Publications
Leicester, UK

1

BUUH

PUBLICATIONS

First published in 2009

Daabacaaddii 1aad

Buuh Consulting LTD
www.buuh.net
saidshire@buuh.net

ISBN 978-0-9559426-1-7

British Lirary Cataloguing-in-Publication Date
A catalogue record of this book is available from the British Library

Cover design: Subayr and Sumaya Shire

Buuggaan waxaan u hibeeyey waalidkay:
Aabbe Cali Shire
(Eebbe ha u naxariisto,Firdowsana ha ka waraabiyo)
iyo
Hooyo Faadumo Cali Farax.
Waxaan leeyahay:
*"Eebbow ugu naxariiso si ka fiican siday iigu naxariisan
jireen markii aan yaraa"*

Buuggaan, waxaan sidoo kale u hibeeyey
hoggaamiyayaashii hore ee Soomaalida.

TUSMO

Mahadcelin

بسْم اللهِ الرَّحْمَنِ الرَّحِيْمِ الْحَمْدُ للهِ رَبِّ الْعَالمينَ
والصَّلَاةُ والسَّلامُ على نبِيِّنَا مُحَمَّدٍ وَآلِهِ أَجْمَعِيْنَ.

Galladda Eebbe gadaasheed, soo bixitaanka buuggaan, waxaa ka qayb qaatay dad aad u fara badan oo aanan magacyadooda soo koobi karin. Waxaan si kal iyo laab ah ugu mahad celinayaa dhammaan dadkii ka qayb qaatay dhamaystirka iyo soo bixitaanka buuggaan. Dhowr qof ayaa iga mudan in aan si gooni ah ugu mahadceliyo. Ugu horrayn, waxaan mahad ballaaran u celinayaa: Maxamed Cabdixaliim, Maxamed Daahir Afrax, C/Risaaq Sh. Cali, Sh. C/Risaaq Hiirad, Sh. C/Qani Qorane, iyo Dr. Sh. Maxamuud Cabdiraxmaan Maxamuud oo qoraalka buugga oo aan habaysanayn akhriyey, khalad sax iyo toosin ku sameeyey, soona jeediyey talooyin iyo tusaalooyin wax ku ool ah.

Marka labaad, waxaan u mahad celinayaa Inj. Yusuf Musse Cartan, Cabdirashiid Maxamed Cabdi, Dr. Saadiq Eenow, Dr. Cabdulaahi Siciid Qaylo iyo Abdulfatax Abdullahi (Gacma-dheere) oo aan ka helay dhiirigelin iyo garab istaag aanan hilmaami karin. Waxaan sidoo mahad ballaaran u jeedinayaa Subayr Saciid Cali iyo Sumaya Saciid Cali oo gacan weyn ka geystay naqshaddaynta iyo qurxinta buugga. Ugu danbayn, waxaan mahad ballaaran u jeedinayaa dhammaan dadkii bogaadinta, taageeridda iyo talo bixinta ka geystey buugga, kadib markay qaybo ka mid ah buugga ka akhriyeen baraha intarnetyada. Waxaan mahadnaq middaas la mid ah u dirayaa tafatirayaasha boggagii soo bandhigay qoraalladaas koo-kooban ee ka mid ahaa buugga.

In buug la qoro, waxay u baahan tahay deganaansho dhanka maskaxda ah, firaaq iyo garab istaag dhamaystiran. Waxaan aamminsanahay, in aanan qorista buuggaan hawaysteen, haddaanan garab istaag iyo guubaabo joogto ah ka helin xaaskayga Samsam Mire (khayru-nisaa). Samsam waxaan leeyahay Eebbe ha kaa abaal mariyo wanaagyada faraha badan oo aanan dhibic ka mid ah gudi karin. Waxaan sidoo kale mahad u jeedinayaa carruurtayda: Sumaya, Salma, Subayr, Usama, Shayma iyo Suha oo muujiyey sabir iyo dulqaad muddadii aan ku hawlanaa baarista iyo qorista buugga.

Ugu danbayn, heerkasta oo qofku nolosha ka gaaro, waxa jira, galladda Eebbe gadaasheed, dad libin-haynteeda leh, oo haddii qalinku hilmaamo qalbigu uusan marna hilmaami karin. Waxaan mahadnaq ballaaran u jeedinayaa, walaalkay Nuur Cali Shire, oo qayb weyn ka soo qaatay dhinackasta oo ka mid ah noloshayda.

8

Gogoldhig

"Leadership is the challenge to be something more than average"
Jim Rohn

Hoggaamintu waxay la cimri tahay aadamaha. Eebbe (SW), ka hor intuusan abuurin Nebi Aadam (CS), wuxuu malaa'igta ku wargeliyey in uu abuurayo 'khaliifa'[1]. Sheekh Qurdubi, isagoo aayaddaas daliishanaya, ayuu ku doodaa in hoggaamiyaha Islaamka loo bixiyo khaliifa. In kastoo, hoggaamintu la fac tahay aadamaha, laga qoray buuggaag sare u dhaafaya 45,000[2] iyo qoraalo aan ka yarayn 155,000,000[3], sanadkii walbana lagu kharash gareeyo lacag sare u dhaafaysa $100 bilyan tababarista iyo hagidda hoggaamiyayaasha, haddana, waxa la isku waafaqsan yahay in aan weli wax weyn laga aqoon. Ragga qaarkiis, tusaale ahaan, Burns (1979) waxayba yiraahdaan '*waa mawduuca loogu hadalhaynta badan yahay, looguna fahanka yar yahay*'.

Inkastoo, adduunka oo dhammi baahi weyn u qabo fahanka hoggaaminta, haddana, Soomaalidu, baahi ka badan baahida ummadaha kale u qabaan ayay u qabtaa. Waayo, dhammaan dhibaatooyinkii soo maray Soomaaliya 500 sano ee la soo dhaafay waxay salka ku ku hayeen hoggaan xumo. Tusaale ahaan, Soo gelitaankii gumaysiga iyo qayb-qaybintii geyiga Soomaalida labadaba waxaa saldhig u ahaa hoos u dhac ku yimid tayadii hoggaamiyayaasha Soomaalida. Sidoo kale, faqriga, gaajada, jahliga, inxiraafka caqiidada, dagaallada micno-darrada ah, miyir-gaddoonka mujtamaca, xaalufinta degaammada, qashinka lagu aasayo dhulka Soomaalida, dhammaan waxaa mas'uul ka ah dad aan u qalmin hoggaamin ummadeed, dad aan samayn karin hiraal qaran, dad aan qiyam iyo sharaf midna lahayn oo marooqsaday masiirkii ummadda.

Hoggaanka xumi kuma koobna haykalka siyaasadda oo kaliya, ee wuxuu sidoo kale, saameeyeyn buuxda ku yeeshay dhammaan dhinacyada kala duwan ee nolosha Soomaalida. Tusaale ahaan, daraasad Shire (08) ku sameeyey sharikaadka dhexe iyo kuwa waaweyn ee Soomaalida ayaa muujisay in hoggaan xumidu (poor leadership) tahay darbiga ugu weyn ee ka hortaagan koboca iyo horumarka sharikaadka Soomaalida. Daraasaddaasi waxay sidoo kale muujisay in wax ka badan 90% fashilka ku yimaada sharikaadka Soomaalidu salka ku hayo hoggaan xumo. Daraasad kale oo Shire (08) ku sameeyey hoggaanka sharikaadka dhexe iyo kuwa waaweyn ee Soomaalida ayaa muujisay in qiyamka hoggaanka

---

[1] Suuratul Baqara, aayadda 30

[2] Maalinta aan qoraalkaan samaynayo, Amazon.com, waxay hayeen buuggaag sare u dhaafaya 45,000.

[3] Qoraaladaan waxaad arki kartaa haddaad google ku qortid kelmada 'leadership'

sharikaadkaasi ka soo hor jeedo qiyamkii Barker iyo Coy (2003) ku sifeeyeen hoggaanka sharikaadka Ustaraaliya. Meesha hoggaanka sharikaadka Ustaraaliya sifooyinkooda lagu daray: tawaadduc, naxariis, xikmad iyo farxad. Hoggaanka sharikaadka Soomaalidu waa kuwo: isla qabweyn, farxadu ku yartahay (gaar ahaan markay joogaan goobta shaqada), naxariistu ku yartahay (marka la fiiriyo siday ula dhaqmaan shaqaalaha, macaamiisha iyo tartamayaasha), aanna adeegsan xikmad iyo geesinnimo markay dhibaato xallinayaan.

Masaajiddada, maddaarista iyo hay'adaha khayriga ah laftoodu kama badbaadin dhibaatada hoggaan xumada. Daraasad Shire (08) ku sameeyey Masaajiddada iyo maddaarista Soomalida ee ku yaal waddanka Ingiriiska ayaa muujisay in masaajiddada iyo maddaarista xooggoodu qarka u saran yihiin bur-bur. Bur-burkaasna waxa sabab u ah hoggaan xumo. Daraasaddaasi waxay muujisay in masaajiddada xooggoodu lumiyeen ahmiyaddii loo aasaasay oo ahayd in ay noqdaan: goob cibaado, goob horumarin, goob walaaltinimo, goob waxbarasho, goob dadku ku soo hirtaan, goob qofku dhexdooda ku helo nabadgeliyo qalbiga.

Dhibaatooyinka soo wajahay qoysaska Soomaalida ee ku nool qurbaha nooc kasta oo ay yihiin (furriin, maandooriye, waalid caasi, xabsi, dhalinyarani-mo, ku liidasho iyo ka saaqidid waxbarasho, shaqo la'aanta iwm) dhammaantood waxay si toos aha ama si aan toos ahayn lug ugu leeyihiin hoggaan xun.

Haddaba, si qofka Soomaaliga ahi u helo nolol wuxuu ku khasban yahay in uu wax ka fahmo hoggaaminta. Si masaajiddada, maddaarista iyo hay'aadka khayriga ahi u gutaan hawlihii loo aasaasay waxa muhiim ah in dadka hor boodaa fahmaan hoggaaminta. Si sharikaadka Soomaalidu ula saanqaadaan isbeddellada aan kala go'a lahayn ee hareeyey caalamka ganacsiga iyo tiknoolojiyada waxay ku khasban yihiin in ay fahmaan hoggaaminta. Si qaranimadeenii u soo noolaato, si aan uga biskoono cudur-bulshadeedka dilaaga ah, si aan u badbaadino dadkeena meel kasta ku tabaalaysan, si aan u helno sharaf iyo karaamo waxan u baahan nahay in aan fahanno hoggaaminta.

Maaddaama, masiibada ku habsatay Soomalidu ku urursan tahay hoggaan xun, sida kaliya ee lagu xalin karaa waa in la helo hoggaan fiican. Hoggaanka fiicani dhulka kama soo baxo, cirkana kama soo dhaco. Hoggaanka fiicani wuxuu ka soo dhexbaxaa mujtamaca. Si hoggaan fiicani uga soo dhex baxo mujtamaca, waa in mujtamaca isbeddel lagu sameeyo. Sida ugu fudud oo isbeddel lagu samayn karaa mujtamacuna waa in wax laga beddelo maskaxda iyo qaabfekerka qofka Soomaaliga ah. Waxa ugu fiican oo wax ka beddeli kara maskaxda iyo qaabfekerka dadkuna waa aqoonta. Idanka Eebbe, waxaan rajaynayaa in buuggaani qayb ka noqdo buugta kobcinaysa maskaxda iyo maanka Soomaalida.

Buuggu, laba qaybood ayuu ka kooban yahay. Qaybta kowaad, irda-furka hoggaamintu, waxay ka kooban tahay saddex cutub. Cutubka 1aad, wuxuu guud mar ku samaynaya hoggaaminta. Cutubka 2aad, oo hal-ku-dhiggiisu yahay 'baadigoob' wuxuu toosh ku ifinayaa hoggaamiyayaashii hore ee Soomaalida. Cutubka 3aadna wuxuu dul mar kooban ku samaynayaa aragtiyaha hoggaaminta.

Qaybta labaad, *tiirarka hoggaamintu*, waxay soo bandhigaysaa moodeel kala saari kara hoggaamiyaha wax ka beddeli kara xaaladda siyaasadda, ganacsiga iyo hay'aadka khayriga ah ee Soomaalida. Moodeelkaasi wuxuu ka kooban yahay udub-dhexaad iyo afar tiir. Udub-dhexaadku waa dabciga iyo qiyamka. Afarta tiirna waa horumarinta hiraalka, dad soo jiidashada, war-gaarsiinta iyo horseedidda isbeddel.

Buuggaan, sida buuggii ka horeeyey ee 'Furaha Ganacsiga', wuxuu u qoran yahay qaab cilmiyaysan oo akadeemig ah, sidaas aawadeed, waxaa si isku mid ah uga faa'iidaysan kara noocyada kala duwan ee hoggaamiyayaasha Soomaalida (kuwa siyaasadda, ganacsiga, iyo hay'adaha khayirga ah) iyo ardada barata hoggaaminta. Buuggu, wuxuu si gooni ah ugu habboon yahay ardada sanadka 3aad ama 4aad ee jaamicadaha dalka, siiba kuliyadaha maammulka, maaraynta, ganacsiga, siyaasadda iyo ciidammada. Buugga, waxaa sidoo kale wehel ka dhigan kara qof kasta oo rajo ka qaba in uu noqdo hoggaamiye la mahadiyey.

Afeef

"Ninkii timir abuuriyo, ninkii tiin tallaalaba, taariikhdu waa warin"
C/Qaadir Xirsi Yam-yam

Soomaalidu waxay tiraahdaa '*aqalkaaga hortiisana oodafaa la dhigtaa, oraahdaada horteedna afeef baa la dhigta*'. Ugu horrayn, waxaan caddaynayaa in ujeeddada kaliya ee loo qoray buuggaan la xiriirto sare u qaadidda iyo kobcinta aqoonta. Si ujeeddadaas loo gaaro, waxaa marmar tusaale loo soo qaatay qaar ka mid ah hoggaamiyayaashii hore, dhexe iyo kuwii danbe ee Soomaalida. Marna ujeeddadu ma ahayn in qof dhintay (Eebbe ha u naxariisto intii dhimatay) ama mid nool (Eebe ha u danbi dhaafo, waddada toosanna ha ku hanuuniyo) wax laga sheego. Haddii hadalkayga laga dareemo kelmado aan munaasib ahayn ama loo baahnayn waxaan dalbanayaa in la igu soo wargeliyo si aan khalad-sax ugu sameeyo ama meeshaba uga saaro.

Inkastoo, buuggaan ay akhriyeen talooyin wax ku ool ahna ku biiriyeen, rag badan oo aqoonyahanno ahi, haddana wixii iimo iyo gafaf ah, oo aan hubo in ay ku badan yihiin, aniga oo keliya ayaa eeddeeda leh. Waxaana codsanayaa, wixii gef iyo ilduuf ah, iyo sida lagu daweyn karo, iyo weliba wixii kale oo talooyin ah in la ii soo gudbiyo.

Saciid Cali Shire
(B.Sc (Hon), PGD, M.A., M.Sc., M. Phil., MIBC, MIIBF)

Cutubka

Hoggaaminta: Guud mar

Hoggaamiye waa hage, waa badbaadshe, waa ballaarshe, waa bidhaanshe, waa isku-tole, waa geed harweyn oo lagu hirto, waa afhayeen, waa hawl-wadeen. Hoggaamintu waa mas'uuliyad; waa ammaano; waa cualys; waa xiriir dhexmara hoggaamiyaha iyo la-hoggaamiyaha; waa ballanqaad la iskala xisaabtami doono adduun iyo aakhiro labadaba.

Hoggaamintu waa wax qof kasta u baahan yahay. Rasuulku (SCW) isagoo ina dareensiinaya muhimmadda hoggaanka wuxuu yiri "saddex qof hadaad tihiin midkiin u doorta hoggaamiye". Camal kasta oo si wadajir ah dadku u samaynayaan waxa lama huraan ah in uu leeyahay hoggaan. Tusaale ahaan, salaadda jamaacada ihi waxay u baahan tahay hoggaamiye (imaam), Jihaadku wuxuu u baahan yahay hoggaamiye. Sidoo kale tuuladu waxay u baahan tahay hoggaan, degmadu waxay u baahan tahay hoggaamiye, gobolku wuxuu u baahan yahay hoggaamiye, hay'adaha shakhsiga iyo kuwa caamka labaduba waxay u baahan yihiin hoggaan. Sidoo kale waddanku wuxuu u baahanh yahay hoggaamiye, muslimiintuna waxay u baahan yihiin hoggaamiye (khaliif).

Cutubkan oo guud mar ku samaynaya hoggaaminta wuxuu marka hore muuqaal ka bixinayaa hoggaaminta; waxa hoggaaminta iyo maammulku ku kala duwan yihiin iyo ahmiyadda hoggaamintu u leedahay Soomaalida..

12

Muhimmadda hoggaaminta

'Qoon hoggaan xun iyo qoys hooyo xun midna ma hanaqaado'
Cali Axmed Raabeh (Seenyo)

Hoggaan xun ama hoggaan la'aan ayaa loo aaneeyaa dhammaan jaahawareerada soo foodsaaray adduunka. Tusaale ahaan, maalinta aan qoraalkaan qorayay oo ku beegnayd 12 Janaayo 2009-kii, warsidayaasha adduunku waxay soo tabinayeen laba arrimood oo la xiriiray hoggaan la'aan ama hoggaan xumo. Arrinta koowaad waxay la xiriirtay sawirada argagaxa leh ee warsidayaashu ka soo tebinayeen Qaza, Falastiin. Sawiradaasi waxay muujinayeen gumaad naxariis darro ah oo aan loo aabbo yeelin oo Yuhuuddu u geysanayso shacabka reer Falastiin. Waxa dad badani iswaydiinayeen, maxaa dunnida Carabta, Islaamka ama caalamka kale looga waayey hoggaamiye, dareen bini'aadaminimo iyo qiyam leh, oo wax lagu diirsado arrintaas ka yiraahda. Waxaa sidoo kale dadku la dhakafaarsanaayeen hadalladii ka soo yeeray Xusni Mubaarak, Madaxweynaha Masar iyo Wasiirka Arimaha Dibeda ee Sacuudiga, Sacuud al-Faisal. Meesha madaxweyne Mubaarak caddeeyey in uu raalli ka yahay in la xanuujiyo Xamaas, Faisal wuxuu eeddii dusha ka saaray ad-adayga Xamaas iyo xiriirka ay la leedahay Iiran[4].

Arrinta labaad waxay la xiriirtay, jaahwareerkii dhaqaale ee soo wajahay waddammada horumaray bartamihii sannadkii 2008. Jaahwareerada ka dhashay hoos u dhacaas, waxa ugu waaweynaa shaqo la'aan ba'an, khasaare sababay fashil oo soo foodsaaray sharikaadka waaweyn ee waddammada reer Galbeedka iyo hoos u dhac ku yimid qiimaha lacagaha qaarkood[5]. Waxa dadku iswaydiinayeen, miyaysan hoggaamiyayaasha waddammadaasi tirada ku darsan in maanta oo kale imaan doonto. Waxaa sidoo kale dadku ka dalbayeen hoggaamiyayaasha in ay qaataan go'aamo ad-adag oo dhaqaalaha waddammadaas badbaadin kara.

Dhinaca Soomaaliya, waxaa wararka ugu waaweynaa xurguf soo kala dhexgashay Isbahaysiga (garabka Jabuuti) iyo Dawladda ku meel gaarka ah (TFG) oo la xiriirta sidii loo dooran lahaa madaxweyne loo dhan yahay ka dib markuu iscasilay madaxweynihii hore, C/Laahi Yuusuf, dagaallo ka soo cusboonaaday meelo ka mid ah Soomaaliya oo u dhexeeye xarakooyinka Al-Shabaab iyo Suufiyada iyo barnaamij la xiriira suntan lagu duugay Soomaaliya oo uu soo bandhigay TV-ga Al-Jaziira. Saddexdaas arrimoodba dadku waxay ka muujinayeen dareen murugo leh oo la xiriira maangaabnimada iyo dareen xumida dadka sheeganaya hoggaanka Soomaalida. Kooxda hore waxa la is

---

[4] BBC, Hard Talk, 12 Janaayo 2009
[5] Tusaale ahaan qiimaha lacagta Ingiriiska waxay hoos u dhacday wax ka badan 35% marka loo fiiriyo Doolarka.

waydiinayey cidda ay xukumi doonaan, haddiiba cadaw wali ku goodinayo in uu dib ugu soo noqon doono Soomaaliya[6]. Kooxda labaad, waxaa lala dhakafaarsanaa xikmadda ku jirta iyo himilooyinka ay ka gaarayaan dagaallada micno darada ah. Arrinta saddexaad, ee la xiriirtay qashinka lagu duugay Soomaaliya, oo sida TV-gu caddeeyey uu ogolaaday, saxeexay, lacaga fara badana ka qaatay Cali Mahdi Maxamed, dadku waxay is waydiinayeen, dad iyo duunyo toonna ma ku hari doonaan geyiga Soomaaliya.

Sidoo kale, dhacdooyinkii 10-kii sano ee la soo dhaafay ugu waaweynaa adduunka, dhammaantood waxay salka ku hayeen hoggaan xumo. Tusaale ahaan: faqriga iyo duruufaha adag ee ka taagan dunida saddexaad, waxaa sababay hoggaan xumo; dagaallada ka aloosan meelo badan oo ka mid ah adduunka, waxay salka ku hayaan hoggaan xumo; baqdinta Reer Galbeedku ka qabaan waxay ugu yeeraan 'argagixisada', waxaa gundhig u ah hoggaamada xun ee ay ku abuureen kuna ilaaliyaan dunida Islaamka; isbeddellada ku yimid cimilada (global warming) oo intooda badan loo aaneeyo qiiqa warshadaha iyo qashinka, waxaa sababay hoggaan xumo; jaahwareerka ku yimid dhaqaalaha adduunka, waxa sababay hoggaan xumo.

Dhinaca sharikaadka iyo hay'aadka khayriga ah, fadeexooyinka iyo fashilka iska soo daba dhacaya intooda badan waxa saldhig u ah hoggaan xun. Tusaale ahaan, daraasad Ulrich, Zenger iyo Smallwood (1999) ku sameeyeen 1000 ka mid ah sharikaadka ugu waaweyn adduunka ayaa muujisay in wax ka yar 8% ku qanacsan yihiin tayada hoggaamiyayaasha sharikaadkooda. Daraasad kale oo McKinsey ku samaysay 312 shirkadood oo waaweyn ayaa iyana muujisay in farqi weyni u dhexeeye baahida hoggaamin ee shirkaadka iyo tayada dadka hoggaamiya sharikaadkaas.

Hoggaan xumida Soomaalidu ma aha mid la soo bilaabmatay dagaalka sokeeye. Laga soo bilaabo xukuumaddii daakhiliga ee 1956-dii waxaa la hadalhayey in hoggaanka Soomaalida habacsanaan ka muuqatay. Tusaale ahaan, Cismaan Yuusuf Keenadiid (Eebbe ha u naxariistee) mar uu tilmaamayey in raggii hoggaanka waddanka u qabtay xilligii daakhiliyadu ahaayeen hoggaan xun wuxuu yiri: *"Raggii madaxdu ka xumaato waa marin habaabaaye; kuwii muqaddimada looga dhigay waa manfaca raace"*. Xaaji Aadan Af-Qalooc (Eebbe ha u naxariistee) mar uu tilmaamayey in kooxdii talada waddanka qabatay 1960-kii ahaayeen kuwo aan u qalmin, wuxuu isna yiri: *'Halmaan bay ahayd darajaduye kuma habboonayne'*. Afrax (2002), buuggiisa *'Dad dal waayey iyo duni damiir beeshay'*, Soomaalida wuxuu ku tilmaamay 'ummad gablan ah'. Isagoo arrintaas faahfaahinaya wuxuu sheegay 'Soomaalidu waa ku guul daraysatay in ay dhasho

---

[6] Xilligaas waddanka Soomaaliya dhamaantiis wuxuu gacanta ugu jiray dawladda Itoobiya. Meelana, iyagaa si toos ah uga arriminayey (inta badan gobolada Koonfurta), meelana waxa u joogay kooxo gacansaar la leh (Somaliland iyo Puntland).

14

hormuud ama garwadeen leh daacadnimo dal lagu hoggaamiyo'. Mire (2000), daraasad uu ku soo bandhigay shirkii Carta, Jabuuti, wuxuu sheekay in wixii burburiyey dawladii dhexe ee Soomaaliya 1991-dii, mid cusubina la dhismi la'dahay, salka ku hayso 'hoggaan-xumo'. Raabeh (1986), buuggiisa '*Soomaaliyeey halkee baad u socotaa*' wuxuu ku qaadaadhigay murugooyinka iyo uurkutaalada hoggaanka xumi u soo jiiday, guud ahaan shucuubta ku nool Geeska Afrika, gaar ahaan Soomaalida. Wuxuu sidoo kale ka digey, in haddii hoggaanka Soomaalidu, waddada gurracan ka leexan waayo, dalka Soomaaliyeed ku danbayn doono bohoshii ilbaxnimooyinkii Geeska Afrika ku danbeeyeen, in gacanta loo geli doono Itoobiya.

Dhibaatada hoggaamintu ma aha mid ku kooban haykalka siyaasadda iyo dawladnimada oo kaliya, ee waxay sidoo kale saamayn buuxda ku yeelatay nolosha Soomaalida oo dhan (nolosha qoyska, nolosha ganacsiga, iwm). Tusaale ahaan, daraasad Shire (08) ku sameeyey sharikaadka dhexe iyo kuwa waaweyn ee Soomaalida ayaa muujisay in hoggaamin xumadu (poor leadership) tahay darbiga ugu weyn ee ka hortaagan koboca iyo horumarka sharikaadkaas. Daraasaddaasi waxay kaloo muujisay in koboca, faa'iidada, saamiga suuqa, kalsoonida macaamiisha iyo awooda tartanku dhammaan sare u kici lahaayeen haddii ay heli lahaayeen hoggaan fiican. Daraasaddaasi waxay sidoo kale muujisay in wax ka badan 90% fashilka ku yimaada sharikaadka Soomaalidu salka ku hayo hoggaan xumo. Axmed (2007)[7], sidoo kale, dhacdooyinkii la soo gudboonaaday Al-Barakaat, Dalsan iyo sharikaad kale oo Soomaaliyeed wuxuu ku fasiray hoggaan xumo.

Waxyaabaha sare u qaaday muhimmadda hoggaamintu u leedahay sharikaadka waxaa ka mid ah: tartanka aan kala go'a lahayn ee jiho kasta kaga imaanaya sharikaadka (Palus iyo Horth, 2003); isbeddellada ku dhacaya tiknoolojiyda, badeecadaha iyo adeegyada (Mumford et al, 2000); isku-fur-furanka caalamka (Dalton et al, 2002); cabsida laga qabo helitaanka hoggaamiyayaal cusub oo carbisan; is-beddelada, ay ka mid yihiin shaqo beddeleshada, ee soo wajahay hoggaamiyayaasha tayada leh (Hogan, 1999); tayo-xumida nidaamyada tababar iyo hagid ee hoggaaminta (Mintzberg, 2004); fahan- darrida ku aaddan baahida loo qabo hoggaan cusub (Csoka, 1997); iwm.

Masaajidda, maddaarista iyo hay'adaha khayriga ah laftoodu kama badbaadin dhibaatada hoggaan xumada. Daraasad kale oo Shire (08) ku sameeyey Masaajidda iyo maddaarista Soomalida ee ku yaal waddanka Ingiriiska ayaa muujisay in masaajidda iyo maddaarista xooggoodu qarka u saran yihiin in ay gebi ahaanba bur-buraan. Bur-burkaasna waxa sabab u ah hoggaan xumo. Daraasaddaasi waxay muujisay in masaajidada xooggoodu lumiyeen ahmiyaddii

---

[7] Bashiir Axmed waa qoraa iyo cilmibaare Soomaaliyeed oo qoraalo dhowr ah ka diyaariyey bur-burkii ku yimid Dalsan iyo AL-Barakaat.

loo aasaasay oo ahayd in ay noqdaan: goob cibaado, goob horumarin, goob walaaltinimo, goob waxbarasho, goob dadku ku soo hirtaan, goob qofku dhexdooda ku helo nabadgeliyo qalbiga.

Dhibaatooyinka soo wajahay qoysaska Soomaalida ee ku nool qurbaha nooc kasta oo ay yihiin (furriin, maandooriye, waalid caasi, xabsi, dhallinyaranimo, ku liidashada iyo ka saaqidida waxbarashada, shaqo la'aanta iwm) dhammaantood waxay si toos ah ama si aan toos ahayn lug ugu leeyihiin hoggaan xun.

Haddaba, si qofka Soomaaliga ahi u helo nolol wuxuu ku khasban yahay in uu wax ka fahmo hoggaaminta. Si masaajidda, madaarista iyo hay'aadka khayriga ahi u gutaan hawlihii loo aasaasay waxa muhiim ah in dadka hor boodaa fahmaan hoggaaminta. Si sharikaadka Soomaalidu ula saanqaadaan isbeddellada aan kala go'a lahayn ee hareeyey caalamka ganacsiga iyo tiknoolojiyada waxay ku khasbanyihiin in ay fahmaan hoggaaminta. Si qarannimadeenii u soo noolaato, si aan u noqonno ummad jirta, si aan u helno sharaf iyo karaamo waxan u baahan-nahay in aan fahanno hoggaaminta.

Maaddaama, masiibada ku habsatay Soomalidu ku urursan tahay hoggaan xun, sida kaliya ee lagu xallin karaa waa in la helo hoggaan fiican. Hoggaanka fiicani dhulka kama soo baxo, cirkana kama soo dhaco. Hoggaanka fiicani wuxuu ka soo dhexbaxaa mujtamaca. Si hoggaan fiicani uga soo dhex baxo mujtamaca, waa in mujtamaca isbeddel lagu sameeyo. Sida ugu fudud oo isbeddel lagu samayn karaana, waa in wax laga beddelo maskaxda iyo qaab-fekerka qofka Soomaaliga ah. Waxa ugu fiican oo wax ka beddeli kara maskaxda iyo qaabfekerka qofka Soomaaliga ahina waa aqoonta. Idanka Eebbe, waxaan rajaynayaa in buuggaani qayb ka noqdo aqoontaas kobcinaysa garaadka iyo caqliga qofka Soomaaliga ah.

Waa maxay hoggaamintu?

"leadership is one of the most observed
and least understood phenomena on earth"
J. M. Burns

Hoggamintu, waa mawduuc hadalhayntiisu aad u fara badan tahay, ama sida Burns (1979) tilmaamay '*waxa loogu hadalhaynta badan yahay, looguna fahanka yaryahay*'. Dhinaca hadalhaynta, 1-dii Janaayo 2009, shirkadda Amazon waxay haysay buugaag sare u dhaafaya 45,000 oo la xiriira hoggaaminta. Bogga macluumaadka baara ee Google, haddaad ku qorto kelmadda 'leadership' wuxuu soo qabanayey qoraalo sare u dhaafaya 155,000,000 (155 milyan). Dhinaca

16

fahankana, inkastoo macluumaadka baaxaddaas le'eg la heli karo, haddana ilaa hadda la iskuma raacsanayn qeexidda 'hoggaaminta'.

Waagii hore, marka la rabo in la qeexo hoggaaminta, waxaa hummaag laga bixin jiray waxa ka soo horjeeda hoggaaminta: maammulka. Tusaale ahaan, waxaa la oran jiray meesha maammulku *joogtayn* yahay; hoggaamintu waa jiho-*beddelid*. Qoraallada gundhigga u noqday hoggaaminta laftigoodu ma fududayn in la helo hal qeexid oo la aqbali karo. Tusaale ahaan, Yukl (1998) wuxuu ku tegey in aysan jirin 'qeexid sax ah oo hoggaamintu leedahay'. Northouse (1997) wuxuu ku doodaa in ay jiraan tiro qeexido ah oo le'eg tirada dadka qeexaya hoggaaminta, i.e. qof kasta wuxuu la imaan karaa qeexid u gooni ah.

Hoggaminta waxa lagu tilmaamaa wax muuqaal fiican; aalad ama tuul la isticmaalo si dadka loogu bidhaamiyo hiraal, loona soo jiito; raad ka tegid; hagid; wax dad yari gaari karaan. Hoggaamintu waa kalmad leh micnayaal kala duwan. Tusaale ahaan, Barnard (1938) kelmadda 'lead' wuxuu yiri waxay noqotaa magac (noun) iyo fal (verb) labadaba, sidaas aawadeed waxay yeelan kartaa macnayaal kala duwan.

Murad (1996) hoggaaminta wuxuu ku qeexaa 'awood lagu **odorosi** karo mustaqbalka, laguna soo bandhigi karo **xal** dad yari sawiran karaan'. Sidaan gadaal ka arki doonno oddorosidda iyo soo bandhigidda xalku waxay ka mid yihiin hawlaha hoggaamiyaha kuwooda ugu muhiimsan.

Daft (2008), hoggaminta wuxuu ku qeexaa '**xiriir** dhex mara hoggamiye iyo la-hoggaamiye (shacab), oo ujeeddadiisu tahay in la sameeyo **isbeddel**, wixii isbeddelkaas ka soo baxaana noqdo wax la wada **higsanayo'**. Haddaad u fiirsato qeexiddaan, waxad arkaysaa in hoggaamintu tahay xiriir dhex mara laba dhinac (shacabka iyo hoggaamiyaha), haddii mid meesha ka maqan yahay, hoggaamintu micno ma samayso. Ujeeddada xiriirku, waa in isbeddel la sameeyo. Si isbeddel loo sameeyo, waa in hoggaamiyuhu wargelin joogto ah la sameeyo dadka uu hoggaamiyo ama shacabka. Isbeddel, wuxuu imaan karaa marka wargelintu noqoto mid la xayaabo tiray oo aan wax caad ahi saarnayn; qalbiga dadka ku duxaysa; dhadhan macaanna leh. Ujeeddada ugu weyn ee ka danbaysa isbeddelkuna waa in la gaaro himilo.

Northouse (2004:3) hoggaminta wuxuu ku soo koobay afar walxood: hoggaamintu waa hilin; hoggaamintu waa soo jiidasho; hoggaamintu waa wax ka dhex dhaca dad koox ah; hoggaamintu waxay la xiriirtaa sidii loo gaari lahaa yoolka. Grint (2005) wuxuu sidoo kale hoggaaminta ku soo koobaa afar walxood: qof (person), maxsuul (result), hilin (process) iyo jago (position). Burgoyne iyo Pedler (2003) waxay hoggaaminta ku soo ururiyaan: wax ahmiyad siisa duruufta ee aan ahmiyad siin qofka; wax wadajir ah oo aan qof gooni u lahayn; wax cabbiro kala duwan leh oo aan hal cabbir lahayn.

Haddaan ka fiirino dhinaca Islaamka, hoggaamintu waa ammaano (trust); waa mas'uuliyad adag; waa ballanqaad. Rasuulku (SCW) wuxuu caddeeyey in qof kasta yahay mas'uul, lagalana xisaabtami doono mas'uuliyadiisa.

Hoggaamintu waa awood lagu odoroso mustaqbalka, dabadeedna lagu soo bandhigo waddadii la qaadi laha si loo gaaro mustaqbalkaas. Saadaalinta mustaqbalka, horumarinta hiraalka iyo waddadii lagu gaari lahaa hiraalkaas dhammaantood waa hawlaha hoggaamiyaha.

Hoggaamintu waa saynis, misana waa farshaxan (arts). Dhinaca sayniska waxa markhaati ugu filan baaxadda iyo tirada daraasadaha lagu sameeyey hoggaaminta. Waxa la qiyaasaa in qoraallada cilmiga ah ee la xiriira hoggaamintu sare u dhaafeen 45,000 oo isugu jira buugaag, cilmibaarisyo iyo qoraalo cilmiyaysan (academic papers). Dhinaca farshaxannimadda, hoggaamintu waa wax loo fuliyo qaab hal-abuurnimo ku dheehan tahay.

Dadka qaar waxay isku khaldaan hoggaamiyaha iyo makaanada (jagada) qofku kaga jiro silsilada maammulka. Laakiin sida la xaqiijiyey: Qofka ku fadhiya kursiga ugu sareeyaa, markasta ma noqdo hoggaamiye. Hogaamiyaha dhabta ihi wuxuu noqon karaa mid fadhiya meel dhexe; Hoggaamiyuhu wuxuu u baahan yahay shacab. Waad ka maskax fiicnaan kartaa Einstein, laakiin, haddaadan shacab haysan, ma noqon kartid hoggaamiye; Hoggaamiyuhu ma aha qofka dadka ugu aqoonta badan, qofka ugu geesisan, kan ugu caqliga badan. Qaar badan oo ka mid ah hoggaamiyayaasha ugu magaca dheer adduunka ayaaba qirtay in ay ku liitaan qaar ka mid ah xirfadaha hoggaaminta.

In kastoo sannadihii la soo dhaafay ay sare u kaceen qoraallada ka hadla hoggaminta iyo aragtiyaha hoggaaminta labaduba, haddana waxa rag badani aamminsan yihiin in aragtiyo badan oo cusub aan la soo bandhigin, ee kuwii hore shaar cusub loo soo geliyo. Sidoo kale, aragtiyo badan ayaa si aad ah loo dhaliilaa oo lagu eedeeyaa in ay soo guuriyaan sheekooyin aan sinaba meelmar u noqon karin.

Si kastaba ha ahaatee waxan oran karnaa hoggaamintu waa wax ka dhex dhaca ugu yaraan laba qof. Qof kaligiis hoggaamiye ma noqdo, waxa muhiim ah in ay jiraan dad la hoggaamiyo. Hoggamiyuhu wuxuu noqon karaa mid mujtamaca ka soo dhexbaxa. Wuxuu sidoo kale noqon karaa mid la doortay ama xoog wax ku qabsaday. Sidoo kale hoggamiyuhu wuxuu noqon karaa hal qof, wuxuuna noqon karaa koox dad ah oo si wada jir ah wax u hoggaamisa (collective leadership). Isku soo duuduuboo waxa la oran karaa hoggaamintu waa hanti ay leeyihiin mujtamacu ee maaha hanti hal qof leeyahay.

Maxay ku kala duwan yihiin hoggaamiye iyo maammule

"Remember the difference between boss and leader:
a boss says, "Go!" – a leader says, "let's go!"
E. M. Kelly

Meesha hoggaamintu la soo bilaabmatay aadamaha, qoraallada laga hayaana dib ugu noqonayaan kumannaan sano. Maammulku, waa maaddo cusub. Waxaba la yiraahdaa cilmiga maammulku wuxuu la bilaabmay Kacaankii Warshadaha.

Maammulku waa shaqo ku salaysan mandaq (rational). Waxa saldhig u ah xirfado kooban sida: qorshaynta, miisaaniyad-dejinta iyo kantaroolka. Dhinaca kale, hoggaaminta waxa saldhig u ah hiraal fog oo la xiriira meesha la degi doono mustaqbalka. Hoggaamintu waa *isbeddel* (change); maammulku waa *kantarool* (control). Maammule waa *maammulaa*; hoggaamiye waa *dhiirrigeliyaa*. Maammule waa *joogteeyaa*; hoggamiye waa *horumariyaa*. Maammuluhu wuxuu isticmaalaa *nidaam*; hoggaamiyuhu wuxuu isticmaalaa *dad*. Maammule wuxuu isticmaalaa *kantarool*; hoggaamiyuhu wuxuu isticmaalaa *kalsooni*. Maammuluhu *si sax ah ayuu wuxuu qabanayo u qabtaa*; hoggaamiyuhu *wuxuu qabtaa waxa saxda ah.*

Hoggaamiyuhu wuxuu abuuraa bay'ad soo dhowaysa *ikhtiraac* iyo *hal-abuur*; hoggaamiyuhu wuxuu soo saaraa hoggaamiyayaal; hoggaamiyuhu wuxuu wax ka beddelaa xaaladda. Dhinaca kale, maammuluhu wuxuu abuuraa bay'ad iyo shaqaale la maammuli karo; Maammuluhu xaaladdu siday tahay ayuu ku aqbalaa.

Bennis (1989) wuxuu yiraahdaa meesha hoggaamiyayaashu: dadka dhiirrigeliyaan, aqoontooda iyo xirfaddooda kobciyaan, ka hor yimaadaan xaalka markaas jira (status quo), is waydiiyaan su'aalo muhiim ah, meel fogna fiiriyaan. Maammulayaashu waxay maammulaan mashaariicda, dejiyaan miisaaniyadda, kantaroolaan kharashaadka, ilaaliyaan waxa markaas jira, fiiriyaana meel dhow. Meesha maammuluhu amro shaqaalaha, mas'uulna ka yahay waxsoosaarka; hoggaamiyuhu wuu dhiirrigeliyaa shaqaalaha isagoo isticmaalaya hiraal.

Waxa la yiraahdaa, sida dareewalku u isticmaalo sheelaraha, bireega, geerka iyo isteerinka si uu u xaddido xawaaraha iyo jihada gaarigu u socdo, ayaa maammuluhuna u isticmaalaa xisaabaadka, shaqaalaynta, macluumaadka, tababarka, qorshaynta, iwm si shirkaddu u gaarto himilooyinkeeda. Hoggaamiyuhu wuxuu gaariga mariyaa waddo ka duwan tan maammulaha; wuxuu u socdaa meel ka duwan, kana fog tan maammulaha; wuxuu sidoo kale marmar fiirin karaa in gaarigu yahay gaarigii saxa ahaa ee gaarsiin lahaa meesha uu u socdo. Maaddaama isbeddello joogto ahi soo foodsaaraan hay'adaha, sharikaadka iyo dawladaha, hoggaamiyuhu wuxuu is waafajiyaa hiraalka iyo hawlaha la qabanayo. Sidoo kale waxay is waafajiyaan hiraalka hay'adda ama shirkadda iyo dabeecadda iyo qaab dhaqanka shacabka/shaqaalaha.

19

Locke (1991), markuu ka hadlayo kala duwanaanshaha hoggaamiyaha iyo maammulaha, wuxuu yiraahdaa: Meesha hoggaamiyuhu yagleelo hiraal iyo waddadii lagu gaari lahaa hiraalkaas; maammuluhu wuxuu dhaqangeliyaa ama fuliyaa hiraalka.

Bennis iyo Nanus (1985) si ay u ogaadaan waxa maammule iyo hoggaamiye ku kala duwan yihiin, ayay waraysi ka qaadeen 90 isugu jira hoggaamiyayaal iyo maammulayaal sharikaad waaweyn. Baaritaankoodii waxa ka soo baxay in hoggaamintu la xiriirto soo jiidasho, hagid, tilmaamid iyo jihayn. Maammulkuna la xiriiro 'dhamaystirid, fulin, iyo gaarid. Kotter (1990), wuxuu ku doodaa in hoggaaminta iyo maammulku labaduba yihiin hilin (process): hoggaamintu waa hilin keena isbeddel, maammulkuna waa hilin keena wax isku mid ah (consistence).

Zalesnik (1983) markuu ka hadlayo kala duwanaanshaha hoggaamiyaha iyo maammulaha wuxuu yiraahdaa: hoggaamiyayaashu waxay curiyaan ama qaabeeyaan fikir; waxay diraan farriimo dadka qalbigooda kicin kara; waxay u guntadaan sidii si wada jir ah loogu gaari lahaa hiraalka. Sida Zalesnik iyo dad kaleba ku tageen, waxaan oranaynaa kala duwanaanshaha hoggaamiyaha iyo maammuluhu waxay ku salaysan tahay kaladuwanaanshaha dadka. Meesha dadka qaar ku habboon yihiin hoggaaminta, qaar waxay ku habboon yihiin maammulka. Marmar waxaaba dhacda in meesha qof xaalad u wajaho qaab hoggaamiye, qofka kale u wajaho qaab maammule. Tusaale ahaan, waxa dhici karta in arrin qof hoggaamiye ahi dhinac hoggaamin ka fiiriyo, in qof kale dhinac maammul ka fiiriyo. Isku soo duuduuboo, waxa la isku raacsan yahay in labadaba loo baahan yahay. Tusaale ahaan, Fairhilm (1991) isagoo ka hadlaya arrintaas wuxuu yiri hay'adaha iyo shairkaadku waxay u baahan yihiin laba nooc oo dad ah: hoggaamiyayaal iyo maammulayaal. Sida loogu baahan yahay maammulayaal xirfad iyo aqoon u leh hawsha la qabanayo, ayaa loogu baahan yahay hoggaamiyayaal bidhaamiya hiraal la higsado, dadka kiciya, isku duba rida, gaarsiiyana himilooyinka. Fullan (2001) wuxuu yiraahdaa 'in kastoo hoggaamiyaha iyo maammuluhu wax badan isaga mid yihiin, haddana hal arrin ayay ku kala duwan yihiin: hoggaamiyuhu wuxuu xalliyaa dhibaato aan cid kale xallin karin'.

Xirfadda hoggaaminta

"Leadership is not all about personality; it's about practice"
Kouzes and Posner (2002)

Kouzes iyo Posner (2002) hoggaaminta waxay ku tilmaameen xirfad la baran karo lana kobcin karo. Saddex waxyaabood ayaa aasaas looga dhigaa barashada iyo horumarinta xirfadda hoggaaminta: unugyada qofku ka samaysan ayahay (genetics); hanaqaadka carruurnimo iyo nolosha hore ee qoyska iyo waaya'aragnimada shaqo. Genetics-ku waxay qayb ka qaataan koboca garaadka iyo jirka. Koboca garaadka, kalsoonida, iyo dad la dhaqanka waxa iyana qayb weyn ka qaata hanaqaadka carruurnimo iyo nolosha hore ee qoyska. Waaya'aragnimada ayaase la aamminsan yahay in ay qaybta ugu weyn ka qaadato koboca xirfadda hoggaaminta. Keller (1999) oo daraasad dheer ku sameeyey hoggaamiyayaasha, wuxuu hoosta ka xarriiqay in ay qaadato ugu yaraan 10 sano in qof yeesho xirfadaha muhiimka ah ee hoggaamiyenimada. Bennis iyo Thomas (2004) daraasad ay iyana ku sameeyeen waxyaabaha muhiimka ah ee sare u qaada xirfadda hoggaamiyayaasha, waxay soo saareen in arrinta ugu weyni la xiriirto sida qofku u wajaho dhacdooyinka waaweyn ee soo foodsaara qofka. Dhacdooyinkaasi, qofka ama waxay ka dhigaan hoggaamiye, ama waxay magaciisa ka saaraan liiska hoggaamiyenimada.

Sida daraasado kale muujiyeen, hoggaamiyayaasha ku fiican xirfadda hoggaamintu, waxay sameeyaan shan walxood: (1) inta aysan dadka kale beddelin naftooda ayay beddelaan; (2) waxay soo bandhigaan hiraal dadkoo dhan dhiirrigelin kara; (3) waxay bilaabaan dadaal iyo dhabaradayg ilaa ay ummadda gaarsiiyaan himilooyinka; (4) waxay awood buuxda siiyaan dadka kale (empower); (5) waxay dadka u dhisaan niyadda. Waxyaabaha hoggaamiyuhu ku kobcin karo xirfadda hoggaaminta waxa ka mid ah: in uu warcelin joogto ah baadigoobo; in uu waxyaabo badan isku dayo; in uu ka faa'iidaysto waaya'aragnimada dadka kale; in uu sameeyo qoraal joogto ah oo la xiriira dhacdooyinka soo mara; iyo in uu leeyahay qorshe ay sare ugu qaadayanaan xirfaddooda.

Meesha ardaydu leeyihiin macallimiin qiimayn joogto ah ku samayeeya, dabadeedna siiya macluumaad la xiriira waxa ay ku fiican yihiin iyo waxay ku xun yihiin. Hoggaamiyayaasha, waxa qiimeeya qof kasta, ha noqdo mid ay hoggaamiyaan iyo mid aysan hoggaamin. Qiimayntaasi waxay noqotaa dhowr nooc: dadka la hoggaamiyo qiimayn joogto ah ayay ku hayaan hoggaamiyaha; dadka wax indha-indheeya, kuwa wax qora, cilmibaarayaasha iyo wariyayaashuna waxay sameeyaan qiimayn; sharikaadka la tartama waxay sameeyaan qiimayn; hay'adaha dawladda iyana waxay sameeyaan qiimayn. Isku soo duuduuboo, waxan oran karnaa, ha jeclaado ama yuusan jeclaane, hoggaamiyaha dhinac kasta waxa kaga shidan nal.

Hoggaamiyuhu, ma aha in uu sugo natiijada qiimaynta dadkaas iyo hay'adahaas raadkiisa ku jooga, waxa muhiim ah in uu dadka ku hareeraysan waydiiyo sida ay u arkaan hoggaamintiisa. Si dadka ku hareeraysani u siiyaan macluumaad la xiriira qaabkiisa hoggaamin, ceebihiisa iyo wanaagyadiisa, waxa muhiim ah in uu yahay qof qaabilaad leh, soona dhowaynaya qofkii u sheega ceeb uu leeyahay iyo wanaag uu leeyahay labadaba. Waxa iyana muhiim ah in uu isku sameeyo qiimayn: ha noqoto in uu imtixaanno la xiriira hoggaaminta sameeyo ama amro (commission) in la sameeyo wardoon sannadle ah oo la xiriira qaabdhaqanka hoggaaminayaasha.

Arrinta labaad, oo kobcin karta xirfadda hoggaamiyaha, waa in uu isku dayo waxyaabo badan. Waa in uu ka baxo xayndaabka yar ee uu ku qanacsan yahay ama waxa loo yaqaan 'comfort zone'. Waa in uu isku dayo in uu wax kasta sare u qaado ugu yaraan 10%. Tusaale ahaan, in uu isku dayo in uu salaamo, oo xaaladdooda waraysto ugu yaraan 10 qof maalintii, sare u qaado dhegaysiga marka uu joogo kulammada ugu yaraan 10%. Hoggaamiyaha isku daya wax cusub ama waxkasta in uu sare u qaado wuxuu: ku dhiirradaa in uu wajaho xaalad kasta; waxa sare u kaca xirfaddooda hoggaaminta; ugu danbayn, waxa sare u kaca waxqabadkooda, waxayna noqdaan tusaale fiican oo lagu daydo.

Arrinta saddexaad waxay la xiriirtaa ka faa'iidaysiga dadka kale. Sida qaalibka ah, hoggaamiyayaashu, hadayba dad kale ka faa'iidaystaan, waxay ka faa'iidaystaan dad yar. Hoggaamiyuhu, qof kasta iyo dhacdo kasta wuxuu ka qaadan karaa cashar dahab ah. hoggaamiyuhu wuxuu waaya'argnimo iyo xirfad dheeraad ah ka kororsan karaa qofkii shaqada uga horreeyey. Wuxuu sidkoo kale su'aalo waydiin karaa dadka ka dhex muuqda goobtaas.

Joogtaynta qoraalka waxa sidoo kale lagu daraa waxyaabaha sare u qaada xirfadda hoggaamiyaha. Qoraalku wuxuu noqon kara dhacdooyinkii ugu muhiimsanaa maalintaas, siduu u wajahay iyo waxyaabihii ka soo baxay. Waxay sidoo kale noqon karaan jawaab celin uu ka helay dad kale, qoraal uu akhriyey ama xikmad uu maqlay. Waxay sidoo kale noqon karaan qiimayn shakhsiyeed la xiriira kulammada uu la yeelanayo dadka kala duwan. Qoraalku wuxuu sare u qaadaa xirfadda hoggaamiyaha. Ugu horrayn, marka dareenka la qoro waxay noqotaa wax la qiimayn karo, cashar wax ku ool ahna laga qaadan karo. Marka labaad, qoraalku wuxuu noqdaa diiwaan laga daalacdo dhacdooyinka muhiimka ah ee soo mara qofka. Ugu danbayn, qoraalladu waxay qayb ka noqon karaan fikradaha hoggaamiyaha ee mustaqbalka.

Ugu danbayn, hoggaamiyuhu, wuxuu u baahan yahay qorshe uu ku horumarinayo xirfaddiisa hoggaamin. Hoggaamiyuhu waa in uu leeyahay himilooyin iyo hadafyo la taaban karo oo la xiriira siduu sare ugu qaadi lahaa xirfaddiisa. Qorshuhu wuxuu hoggaamiyaha u badbaadiyaa waqti iyo maal labadaba. Tusaale ahaan, hoggaamiyaha qorshaha qeexan lihi wuu yaqaannaa siminaarrada ama shirarka uu ka qayb geli karo oo gaarsiinaya himilooyinkiisa.

Xirfadda ugu muhiimsan xirfadaha hoggaaminta waxa dadka qaarkiis ku tilmaamaan 'xirfadda dad la dhaqanka'. Dadkaasi waxay ku doodaan in hoggaamintu tahay xiriir dhexmara laba dhinac: hoggaamiye iyo la-hoggaamiye. Sida, tayada nolosha ee labada isqabta ugu xiran tahay wanaagga xiriirkooda, ayaa tan dhexmarta labadaas garabna ugu xiran tahay wanaagga xiriirkooda. Horumar laga gaaro hoggaamintu wuxuu ku xiran yahay sida xiriirka dhexmara hoggaamiyaha iyo la-hoggaamiyuhu u shaqeeyo.

Kala duwanaanshaha heerarka iyo baaxadda hoggaaminta ayaa lagu daraa waxyaabaha adkeeya sare u qaadidda xirfadda hoggaaminta. Tusaale ahaan, buugaagta hoggaamintu ma kala soocaan heerarka iyo noocyada hoggaaminta. Waxaad mararka qaarkood arkaysaa in aan la kala saarin heerka ugu hooseeya iyo heerka ugu sareeya. Xaqiiqaduse arrintaas waa dhinac marsantahay. Waxaad arkaysaa in hoggaamintu tahay jaranrao kala saraysa. Tirada jaranjarooyinka iyo hawlahooduna ku xiran yihiin nooca hay'adda ama shirkadda.

Hilinka hoggaaminta

Immisay qaadataa in ciyaartoy guulo waaweyn ka soo hooyo goobaha caalamiga ah ee ciyaaraha? Immisaase lagu noqdaa 'billad-dahable'? In ciyaartooy magac iyo maamuus yeesho oo guulo la taaban karo ka soo hooyo fagaarayaasha ciyaaraha ee adduunka, waxa saldhig u ah niyad bir ah, go'aan adag, iyo jir iyo naf u dulqaadan kara tababar har iyo habeen ah. Niyad kasta oo fiican oo qofku hayo, hadduusan u dulqaadan karin tababarka joogtada ah, jaaniska in uu meel gaaro aad ayuu u yar-yahay. Sida loo yiraahdo 'ciyaatoy, horyaal kuma noqdo garoonka', ayaan waxan oranaynaa, 'hoggaamiye habeen laguma noqdo'. Hoggaamintu waa hilin; waxay leedahay bar bilow ee ma laha bar dhamaad. Hilinku, qofba dhabbo ayuu la qaadaa, waqtina waa ku qaataa, mana jiraan qaacido ama dhabbo sir ah oo qofkii qaada maalmo, bilo ama sannado ku noqon karo hoggaamiye.

Waqti kasta oo ay qaadato iyo jiho kasta oo ay aaddo, waxa farxad leh in hoggaamintu tahay xirfad la baran karo. Haddii aan wax ka taabanno meesha hilinku ka bilaabmo, meelaha uu sii maro iyo meesha uu ku dhammaado, waxan oran karnaa:

1. **Hoggaamintu waxay ku dul-dhisantaa shub adag oo kaliya**. Sida, guri dabaq ah oo dheer, aan looga dul dhisi karin ciid ama dhoobo jilicsan, ayaa qof aan aqoon fiican lahaynna u baran karin hoggaaminta. Qofka hoggaamiyaha noqonaya waa in uu marka hore si fiican u barto oo ugu xeel-dheeraado waxa uu rabo in uu hoggaamiyo. Tusaale ahaan, qofka raba in uu hoggaamiyo ciidan, waa in uu barto cilmiga hoggaaminta ciidammada. Qofka rabba in uu hoggaamiyo sharikad weyn waa in uu marka hore barto aasaaska cilmiga maammulka, xisaabaadka, maaraynta, iwm. Waxaa sidoo kale muhiim ah in qofku leeyahay waaya'aragnimo (intay rabto ha le'ekaatee). Qofka isu diyaarinaya hoggaamiyenimo waa in uu aqbalaa shaqooyin ka shaqaysiinaya maskaxdiisa iyo maankiisa.

2. **Waa in uu Baadigoobo tusaale fiican (role model) lana yimaado hammi sare**. Qofka raba in uu noqdo hoggaamiye waa in uu baadigoobo, akhriyo, dhuuxona taariikhda iyo qoraallada hoggaamiyayaashii ahaa tusaalaha fiican

ee soo maray adduunkaan. Akhri Siirada Rasuulka (SCW), saxaabada, taabiciinta iyo jiilalkii hore ee ummada Islaamka. Akhri taariikh nololeedkii dadkii wanaagsanaa ee soo maray adduunkaan. Akhri taariikh nololeedka dadka magaca iyo maamuuska ku lahaa mujtamaca Soomaalida. Ogow, taariikhda hoggaamiyayaashaasi waa bidhaan la hiigsado, waxay bilaan niyadda, waxay noqdaan baalal lagu duulo. Sidoo kale hammigaagu ha noqdo mid sare. Xusuuso xikmadda tiraahda *'haddaad himilo ka dhigatid madaxaaga korkiisa in aadan waligaa gaarin baa la arkaa, haddaadse, himilo ka dhigato dayaxa, dayaxa gaari mayso, laakiin waxaad gaaraysaa meel fog'.*

3. **Waa in uu raadiyo qof haga (mentor).** Hoggaamiye laguma noqdo in la akhriyo taariikhda oo kaliya, waxa sidoo kale muhiim ah in aad hesho qof ku haga. Qofkaasi wuxuu ku tusayaa xirfadaha kaa dhimman iyo ceebahaaga, wuxuu sidoo kale kugu baraarujinayaa sidaad u dabooli lahayd ceebahaas. Ugu danbayn, haguhu wuxuu kugu xirayaa dadka muhiimka ah oo ay tahay in aad barato.

4. **Waa in aad natiijada hortaada keento.** Stephen R. Covey, buuggiisa, *'The Seven Habits of Highly Effective People'* wuxuu ku taliyaa in inta aan wax la bilaabin natiijada hortaada la keeno ama la sawirto. Stephen wuxuu yiraahdaa, qofka raba in uu dhisto guri, marka hore maskaxda ayuu ku sawirtaa qaabka uu gurigu u ekaanayo, qolalkiisa, jihada uu u jeensanayo, iwm, markaas ka bacdi ayuu u tagaa injineerka dhismaha nashqadeeya. Sidoo kale, qofka rabba in uu noqdo hoggaamiye waa in uu sawirto ama hortiisa keeno nooca hoggaamiyaha ee uu rabo in uu noqdo. Natiijadu waa in aad noqoto hoggaamiye magac iyo maamuus mujtamaca dhexdiisa ku leh.

5. **Wixii khalad ah oo kaa dhaca ha ka mid noqdeen horumarkaaga.** Ogow, qof kasta khalad waa ka dhacaa, dad yar ayaase khaladaadoodka ka faa'iidaysta. Imtixaannada ugu waaweyn ee ka horyimaada hoggaamiyayaashana waxa lagu daraa, sida uu u xalliyo wixii khalad ah ee ka dhaca. Dadka qaarkiis wixii khalad ah ee ka dhaca dadka kale ayay dusha ka saaraan, meesha qaar kale mas'uuliyadda ficilkooda dhabarka u ritaan.

6. **Isku wareeji dad waxtar iyo waxqabad caan ku ah.** Xusuuso hadalkii Janaral Pattorn *'haddii dadka oo dhammi isku si u fekerayaan, qofna ma fekeraayo'.* Sidoo kale xusuuso xeerka 11 ᵃᵃᵈ ee hoggaaminta (the law of inner circle). Xeerkaasi wuxuu yiraahdaa, waxqabadka iyo kartida hoggaamiyahu qayb ahaan waxay ku xiran tahay dadka ku wareegsan (la taliyayaashiisa). Dadka aad xulanayso oo isku wareejinayso ha noqdeen kuwo buuxin kara meelaha aad ku liidato, kuwo kugu kordhin kara caqli iyo cilmi, kuwo ku qaban kara haddaad khaldan tahay, ku garab istaagi kara haddaad saxan tahay.

7. **Noqo goob-ka-hadal.** Shaqada hoggaamiyaha waxa la yiraahdaa waxay ka kooban tahay laba qaybood: dejinta hiraalka iyo in uu dadka ka dhaadhiciyo

hiraalka. Si dadka aad niyadooda u bisho oo uga dhaadhiciso hiraalka, waxa lama huraan ah in aad tahay goob-ka-hadal. Waa in aad taqaanno sida loola hadlo halka qof, kooxda, iyo dadka badan intaba. Ugu danbayn waa in aad ku fiican tahay dhegaysiga.

8. **Saaxiibbo kasbo.** Waxa muhiim ah in aad ka mid noqoto shabakado cilmi, xirfadeed, iyo ciyaareed intaba. Waa in aad taqaanno dad badan oo muhiim ah.

9. **Marna yaysan maskaxdaada iyo maankaaga ka bixin xaaladda hortaada taalla**. Hoggaamiyuhu waa in uu awood u leeyahay in uu hortiisa soo dhigo waxyaabaha muhiimka ah oo dhan, una kala horraysiiyo siday mudnaanta u kala leeyihiin. Peter Drucker, buuggiisa '*The effective executive*' wuxuu ku soo guuriyaa, '*haddii ay jirto sir, hoggaamiyayaasha wax qabadka ihi leeyihiin, waxaa la oran lahaa waa in ay isha ku hayaan xaaladda hortooda ka aloosan*'.

10. **Soo saar hoggaamiyayaal.** Haddii aad soo saarto hal qof oo caadi ah, waxtarkaagu waa hal qof. Haddiise aad soo saarto hoggaamiye, waxtarkaagu wuxuu la mid yahay waxtar hoggaamiye.

11. **Baadigoob jawaabo.** Ogow, aqoontaada iyo waaya'aragnimadaadu labaduba waa xaddidan yihiin. Markastood su'aal waydiiso qof, waxa kuu kordhaya aqoon iyo waaya'aragnimo, qofkana waxa u kordhaya kalsooni.

12. **Adeege noqo.** Hoggaamiyaha dhabta ahi waa adeege, wuxuu u adeegaa shacabkiisa, shaqaalihiisa, dadka uu xukumo. Hoggaamiyaha dhabta ahi waa afhayeenka dadka, waa xabiibkooda, waxkastana wuxuu ka hormariyaa baahida, horumarka iyo wanaagga dadka.

Maaddaama in la soo saaro hoggaamiye waxqabad leh qaadato waqti dheer una baahan tahay dhaqaale fara badan, waxa muhiim ah in sharikaadku ka fekeraan dadkii mustaqbalka qaban lahaa hoggaanka sharikaadka (succession planning). Meesha waagii hore hoggaamiye cusub laga fekeri jiray marka hoggaamiyuhu dhinto ama hawlgab noqdo oo kaliya, maanta isbeddellada baaxadda weyn ee ka dhacaya sayladaha ganacsiga adduunka ayaa keena in si joogto ah loo beddelo hoggaanka. Hadaba, di sharikaadku u soo saaraan hoggaan horumar la taaban karo gaarsiin kara shirkadda mustaqbalka waa in: sharikaadku leeyihiin barnaamij lagu diyaarinayo hoggaankii mustaqbalka; waa in ay soo jiitaan tiro dad ah oo qaban kara hoggaanka shirkadda, dabadeedna tababarro joogto ah siiyaan.

Xaggee hoggaamiyayaashu ka bartaan hoggaaminta?

Waxa la yiraahdaa 'hoggaamiye ayaa soo saara hoggaamiye kale' (it takes a leader to raise up a leader). Waxaa sidoo kale la yiraahdaa 'hoggaamiye isku kalsoon ayaa soo saara hoggaamiye'. Qayb ahaan, hoggaamintu waa wax la barto, qayb ahaan waa waaya'aragnimo, qayb ahaanna waa hibo Ilaahay bixiyo. Dhinaca barashada, daraasad ay sameeyeen Wakabayashi iyo Graen (1984) ayaa muujisay in xiriir xooggani ka dhexeeyo heerka waxbarashada iyo ku fiicnaanta hoggaaminta. Daraasad kale oo Burke iyo Day (1986) sameeyeen ayaa iyana muujisay marka heerka aqoontu sare u kaco in tayada hoggaamintuna sare u kacdo. Iyagoo tilmaamaya ahmiyadda cilmigu u leeyahay hoggaamiyaha ayaa waxa la wariyaa in Roomaanku oran jireen 'ninka aqoonta lihi intuu maalin ku fahmo, kaan aqoonta lahayni sannad kuma fahmo'. Iyagoo ka duulaya daraasadahaas iyo xikmado fara badan ayaa dawladaha, sharikaadka iyo hay'aduhu samaystaan nidaam waxbarasho oo soo saara hoggaamiyayaal. Nidaamkaasi sida qaalibka ah waa laba qaybood; mid waa mid caam ah sida kuwa ka baxa jaamicadaha iyo macaahidda sare; midna waa mid gaar ah oo qofka loo carbiyo in uu noqdo hoggaamiye. Nooca danbe oo ay si aad ah u isticmaalaan ciidammada, sharikaadka waaweyn iyo hay'adaha dawliga ah intuba wuxuu isugu jiraa waxbarasho iyo hagid (mentoring). Hoggaaminta noocaas ihi badanaa waxay ka dhacdaa goobta shaqada ama goob kale oo qofka siinaysa waaya'aragnimo toos ah. Iyagoo arrintaas ka hadlaya ayay Nevins iyo Stumpf (1999) soo jeediyaan in barashada hoggaaminta ee qarniga 21[aad] noqoto mid ka dhacda meel xaqiiqa ah una dhacda qaab xaqiiqada u dhow. Iyadoo arrimahaas laga duulayo ayaa maanta sharikaadka iyo hay'adaha qaarkood casharrada hoggaaminta ku bixiyaan buuraleyda Himilaaya ama jiidaha hore ee dagaalka si qofku indhihiisa ugu arko sida go'aammadda kharaar loo qaato iyadoo macluumaadka la hayaana aad u yar yahay[8].

Labovitz and Rosansky (1997) daraasad ay ku sameeyeen waddanka Maraykanka ayay hoggamiyayaal farabadan waxay waydiiyeen su'aasha ah: xaggee ka barateen hoggaaminta? Jawaabtii ugu badnayd waxay noqotay waxa na baray waqtiga , i.e. **'waayo'aragnimada'**. Waxa lambarka labaad noqday **'tusaale fiican'**, lamabarka saddexaadna **'buugta iyo iskuullada'**. Mar ay waydiiyeen dad sare u dhaafaya 100,000 oo qof waxa ay ku qiimaynayaan hoggamiyaha? Waxa dadkaasi ugu hormariyeen **qiyam** (values) iyo **sharaf** (integrity). Waxa soo raacay 'in uu **aqoon** u leeyahay shaqada uu qabanayo' iyo 'in uu yahay **qof dadka**

---

[8] Koorso hoggaaaminta la xiriirta oo aan sannadkii 2005-2006 ku sameeyey Ingiriiska (UK) oo loo yaqaan 'Matrix' ayna ka qaybqaataan hoggaamiyaal ka kala yimaada sharikaadka waaweyn iyo hay'adaha dawliga ah ayaa gebi ahaanba ku salaysnayd nidaamkaas aan sare ku xusay. Tusaale ahaan markaan baranaynay sida loo qiimeeyo khatarta (risk assessment), macallimiintu waxay isugu jireen: Janaral ka tirsan Ciidanka UK, dhakhtar sameeya qalliimmada wadnaha, iyo ninka ugu sarreeya hay'adda nukliyeerka waddanaka UK. Goobta casharkaasi ka dhacay waxay ahayd 'Xarunta Daraasaadka Hoggaaminta Dagaalka ee UK". Waxaan sidoo kale booqannay goob korontada ka dhalisa nukliyeer iyo isbitaalka 'Glenfield' oo ka mid ah isbitaallada adduunka ugu horeeya dhanka qaliinka wadnaha.

isku wadi kara'. Nooca sharafta ee ay ka hadlayeen waxay ugu hormariyeen daacadnimo. Nooca aqoonta waxay sheegeen in uu yaqaanno jihada loo socdo, wixii dhib oo yimaadana xallin karo. Dhinaca dad isku wadidda, waxay afka ku dhufteen in uu xusho dad shirkadda ama hay'adda gaarsiin kara hadafkeeda.

In kastoo sannad kasta sharikaadka iyo hay'aduhu ku kharash gareeyaan lacag aad u fara badan tababaridda hoggaamiyayaasha, haddana waxa muuqata in waxbarashadaasi aysan sidii la rabay u shaqayn. Waa meesha John Gardner is waydiiyo su'aasha ah 'maxaa hoggaamiyayaasheennu u horumari la' yihiin?'. Daraasado badan ayaa xaqiijiyey in haddii la rabo in waxbarashada hoggaamintu noqoto mid miro dhal ah loo baahan yahay in la fahmo in: sharikaadku/hay'aduhu aysan isku baahi ahayn; in dadku aysan isku dabci, dabeecad iyo tayo ahayn; in marar badan qofka iyo shirkadda/hay'addu isku habboonayn; in horumarintu ku xiran tahay waxbarashada iyo waaya'aragnimada ururtay ee qofka.

Ugu danbayn, haddaan wax ka taabano in hoggaamintu, qayb ahaan, tahay wax Eebbe bixiyo. Allaah (ST), Suuratul Zukhruf, aayadda 32, wuxuu inoo sheegay in Allaah qaybiyo wax kasta.

Haddaba aan iswaydiinee xaggee hoggaamiyayaasha Soomalidu ka bartaan hoggaaminta. Samatar iyo Samatar (2002), qoraal dheer oo ay kaga hadlayaan baal-taariikheedkii Cabdirisaaq Xaaji Xuseen iyo Aadam Abdulle Cismaan, ayay ku soo guuriyeen in khal-khalka ugu weyn taariikhda Soomaalida soo galay ka dib markii 1956 xubnihii maammulka daakhiliga loo doortay dad aan aqoon iyo waayaargnima toonna lahayn. Laga soo bilaabo xilligaas, Cabdullahi Ciise Maxamed, xukuumaddii daakhiliga ahayd ku soo ururiyey rag aan aqoon iyo waaya'aragnimo maammul iyo hoggaamin toonna lahayn, waxa la oran karaa, waxyaabaha lagu xusho hoggaamiyaha, aqoonta iyo waaya'aragnimada, waaba laga saaray. Taasaana keentay, in hadba rag aan geyin gacan togaaleeyaan horseedid qaran iyo hanasho dawladnimo. Dawladihii rayidka ahaa iyo middii askartu horkacayeen labaduba aqoonta iyo waaya'aragnimada gadaal ayay marin jireen. Waxa ugu weyn ee dadka qabanaya hoggaanka xafiisyada muhiimka ah lagu xulan jirayna wuxuu ahaa: kabaqaadnimo, gacansaar qabiil iyo 'iigud aan kuu gudee'. Tusaale ahaan, Faarax (1990) buuggiisa 'Xeebtii Geerida', mar uu sifaynayey dadka Siyaad Barre jagooyinka muhiimka ah u magacaabi jiray, wuxuu tilmaamahooda ku daray: dad akhlaaq ahaan, aqoon ahaan iyo maskax-ahaanba hooseeya. Siyaad Barre, oo kabaqaadnimadii ku beddeley kacaan-nimo waa tuu oran jiray '*aqoon yahan aan kacaan ahayn waxa dhaama jaahil kacaan ah'*. Cabdalle Raagge Taraawil oo iswaydiinaya miraha ka soo bixi doonaa geedkaas jahliga lagu waraabiyey waa tuu lahaa '*Aqoonta jahliga loo legdeye, laga adkaysiiyey; aakhirkeedu suu noqonayo, waa la arki doonaaye'*. Aqoontii jahliga loo legdey, waxay keentay in ay ummadda ay hoggaanka u qabtaan kuwii, Cali

Axmed Raabeh (Seenyo) lahaa *'dabar looma dhiibteen kuwaad dabo xadrayseene; waxa tobanka daaquud na baday wayga degi weydey'*.

Haddaan wax ka tilmaamo dhinaca ganacsiga iyo hay'aadka khayriga ah sida masaajidda oo aan labadaba xog ballaaran ka ururiyey, waxan oran karaa: hoggaamiyayaasha sharikaadka dhexe iyo kuwa waaweyn ee Soomaalida wax ka yar 5% ayaa leh waxbarasho meel uun hoggaamintu ka soo gasho. Waxbarashadaasna xooggeedu waa waxbarasho ciidan, oo daxalaysatay. Waxa soo raaca qof-qof hal maaddo ama siminaar la xiriira hoggaaminta qaatay xilli hore. Dhinaca masaajidda iyo hay'adaha khayriga ah, waxadba is oranaysaa in dadka leh aqoon hoggaamin noocay rabto ha noqotee laga ilaaliyo.

Sharikaadka iyo hay'aadka khayriga ahi waxay dhinac mareen in xiriir xooggani ka dhexeeyo horumarka sharikaadka iyo hay'adaha khayriga ahi sameeyaan iyo tayada hoggaamiyaha.

Hawlaha hoggaamiyaha

Hoggaamiyayaashu waxay leeyihiin midabyo iyo cabbirro kala duwan. Waxay noqon karaan kuwo hoggaamiya waddan ballaaran (tiro ahaan ama dhaqaale ahaan) ama waddan yar; waxay noqon karaan kuwo hoggaamiya sharikaad waaweyn ama sharikaad yar-yar; waxay noqon karaan kuwo hoggaamiya hay'ado aad u horumarsan iyo kuwa aan horumarsanayn intaba. Kala duwanaanshahaas ka sokow, haddana waxa jira hawlo ay khasab tahay in uu qabto qof kasta oo qaata magaca hoggaamiye.

Chapra (1992) hawsha ugu weyn ee hoggaamiyaha islaamiga ah (khilaafada) wuxuu ku tilmaamaa dhaqangelinta shareecada Islaamka. Roebuck (1999) hawsha hoggaamiyaha waxay ku soo koobtaa: in uu mas'uuliyadda qaar ku wareejiyo dadka mudan (delegation); in uu warisgaarsiin joogto ah la sameeyo dadka uu hoggaamiyo; iyo dhiirrigelin. Raabeh (2009) hawlaha ugu waaweyn ee hoggaamiyaha wuxuu ku soo koobaa: xoreeye, nabdeeye, dhise. Kotter (1999) oo daraasado badan ku sameeyey hawlaha hoggaaminta, wuxuu hawlaha hoggaamiyayaasha ku soo ururiyaa labo: in uu abuuro ajende isbeddel horseedi kara (hiraal iyo istaraatiijiyad) iyo nidaam fulin oo dhammaystiran. Hoggaamiyayaashii uu baaritaanka ku sameeyey waxay ahaayeen kuwo waqti badan geliya la kulanka iyo ku dhex jirka dadka ay hoggaamiyaan; dhegaysta, ururiyana macluumaad fara badan; aan go'aan qallalan bixin ee la tashi iyo istusaalayn hawsha ku fuliya; saacado badanna shaqeeya (60 saacadood asbuucii). John Gardner (1989), buuggiisa hoggaaminta, wuxuu taxaa toban shaqo oo laga rabo in hoggaamiyayaashu qabtaan:

1. Samaynta hiraalka
2. Soo bandhigidda iyo ilaalinta qiyamka

3. Dhiirrigelinta higsashada himilooyinka
4. Hormood ka noqoshada hilinka lagu gaarayo himilooyinkaas
5. Isu soo dhowaynta dhammaan dadka la hoggaamiyo
6. Yagleelidda bay'ad ku dhisan kalsooni iyo is aamminid
7. Sharxidda iyo ka dhaadhicinta hiraalka iyo himilooyinka
8. In uu noqdo horyaal, astaan, tilmaan lagu aqoonsado inta kale
9. In uu noqdo mid metala danaha dadka uu hoggaamiyo
10. In uu noqdo mid cusboonaysiin kara, wax ka beddeli kara, dar-darna gelin kara shirkadda ama hay'adda.

Bennis (1985), wuxuu hawlaha hoggaaminta ku soo koobaa afar: soo jiidasho; ka miro dhalin; kalsooni abuurid; iyo isku kalsoonaan. Soo jiidashadu waxay la xiriirtaa, dejinta hiraalka iyo ka dhaadhicinta hiraalka. Ka miro dhallintu waxay la xiriirtaa, in riyooyinka run ay u beddelaan. Kasslooni abuuristu, waxay la xiriirtaa in qof kasta ku kalsoonaado hiraalka iyo hadafka. Ugu danbayn, isku kalsoonidu, waxay la xiriirtaa fahanka xirfadda iyo isticmaalkeeda.

Si hoggaamiyuhu u noqdo mid ka jibo keeni kara hawlahaas faraha badan ee uu dhabarka u ritay waxa muhiim ah in uu leeyahay xirfad hoggaamin. In kastoo aan gadaal ku bal-ballaarin doono, haddana, aan waxoogaa ku sii dhadhansiiyee, xirfadaha ugu muhiimsan ee la'aantood qofku uusan hoggaamiye noqon karin waxa ka mid ah: awood uu dadka kula hadli karo waxna kaga dhaadhacsiin karo; awood uu dadka ku dhiirrigelin karo si waxsoosaarku sare ugu kaco; iyo awood uu ku qiimayn karo xaalad kasta oo ka hortimaadda.

Wanaagyada iyo ceebaha hoggaaminta

Sida xirfad kasta u leedahay wax ay ku fiican tahay iyo wax ay ku xun tahay ayaa hoggaamintuna u leedahay waxyaabo wanaagsan iyo waxyaabo aan wanaagsanayn labadaba. Haddaan ku hormarno wanaagga, waxan oran karnaa:

- Hoggaamintu waa awood iyo sumcad;
- Qofku wuxuu horumarin ku samayn karaa aqoontiisa iyo xirfaddiisa;
- Hoggaamiyuhu badanaa isagaa dadka ugu dakhli sarreeya;
- Hoggaamiyuhu wuxuu helaa xushmo iyo tixgelin
- Hoggaamintu waxay qofka gaarsiisaa dallacaad iyo shaqo ka fiican midda uu markaas hoggaamiyo.

Ceebaha hoggaaminta lala xiriiriyo waxa ka mid ah:

- Meesha dadka kale shaqeeyaan saacado shaqo oo go'an, haddii saacad dheeri ah laga dalbadana ay gunno dheeri ah dalbadaan, hoggaamiyuhu wuxuu shaqeeyaa waqti badan (mararka qaarkood 24 saacadood)
- Hoggaaminta waxa ku dheehan jaahwareer iyo madax xanuun aan hoggaamiyaha loogu garaabin.
- Waa shaqo qofka ka dhexsaarta saaxiibadiis oo cidlo deris kala dhigta.
- Habeen iyo maalin hoggaamiyuhu wuxuu dhextaagan yahay xallinta dhibaatooyin aan dhammaanayn.
- Waxaa marar badan harqisa (uu ku dhex lumaa) siyaasad sun ah.

Hoggaamiyaha fiican iyo hoggaamiyaha xun

Raggii madaxdu ka xumaato waa, marin habaabaaye
Cismaan Yuusuf Keenadiid

Sida xumaanta iyo wanaaggu aysan u sinnayn; barwaaqada iyo abaartu aysan u sinnayn; runta iyo beentu aysan u sinnayn, ayaa hoggaamiyaha fiican iyo midka xumina aysan u sinnayn. Farqiga u dhexeeya hoggaamiyaha fiican iyo kan xun waxa si fiican u dareemi kara ama u fahmi kara qofkii ku hoos noolaaday ama la soo shaqeeyey labadaba oo kaliya. Hoggaamiyaha fiicani, waa saldhigga horumarka. Hoggaamiyaha fiicani waa horseedaha guusha. Hoggaanka fiicani waa caqliga iyo cududda ummadda. Hoggaanka fiicani waa kay ku miirmaan garaadka iyo geesinnimada ummaddu. Hoggaamiyaha fiicani waa kan magaca ummadda sare u qaada oo ku qora looxaadka taariikhda. Hoggaanka fiicani wuxuu sii arkaa waxa soo socda, waayo wuxuu leeyahay dareenka waxa waqtigu riman yahay. Hoggaanka fiicani wuxuu ummadda u sahamiyaa guri doog badan oo aammin ah, dabadeedna wuxuu ku jiheeyaa waddadaas, ilaa uu ku hubsadona hurdo ma ledo.

Hoggaamiyaha fiicani, waa mid aadamaha oo dhammi baadigoob ugu jiro. Waxaa la wariyaa in koox aqoon yahanno ahi isku hawleen in ay muuqaal ama hummaag la sawiran karo u sameeyaan hoggaamiyaha fiican. Waxay ku sugnaayeen Hawdka Afrika. Mid kasta waxa uu qaatay hal waax oo ka mid ah waaxaha hoggaamiyaha. Markay isu keeneen waaxyihii, waxa ka soo baxay bahal: lugaha shabeelka oo kale leh; ilkaha yaxaaska oo kale leh; surka geriga oo kale leh; dhegaha maroodiga oo kale leh; dabada dibqalooca oo kale leh; dabeecaddana ka shabbaha jeerta. Nasiib darro, bahalkii, dhulkiiba waa ka kici waayey.

Sida sheekadaas sare muujinayso, hoggaamiyaha fiicani waa qof ummadda oo dhammi baadi goobayso; waa qof leh sifooyin iyo muuqaal gaar ah. Marka laga soo tago Anbiyada (CS) oo iyaga Eebbe u doortay in ay hoggaamiyaan adduunka, qof kale oo yeelan kara sifooyinka hoggaaminta oo dhammaystiran ma jiro. Haddaanse waxoogaa kaaga bidhaamiyo, hoggaamiyaha fiicani:

- Waa hal-abuur, meel loogu soo hagaago leh;
- Wuxuu qaabeeyaa hiraalka, haddana wax kasta waa kor istaagaa
- Dadkuu dhiirri geliyaa, haddana waa amraa
- Dadkuu jiheeyaa, haddana wuxuu siiyaa awood
- Waa mid hammi sare leh, haddana aan kibir badnayn
- Waa mid la isku hallayn karo, haddana khatar u bareera
- Waa mid aqoon leh, haddana mala-awaal aanu ka maqnayn
- Waa mid wax koolkooliya haddana kantaroola
- Waa caaddil aan dulmi aqoon
- Waa runsheeg aan been aqoon

Hoggaamiyaha fiicani wuxuu dejiyaa hiraal dabadeedna wuxuu isu taagaa siduu dadka ugu dhaqaajin lahaa dhanka hiraalka. Waa mid u dhabar adayga khatarta, dulqaad iyo sabirna caan ku ah. Waa mid ka fekera horumarka dadka uu hoggaamiyo. Waa mid aqoon leh, aqoontuna agtiisa qiimo iyo qaddarin dheeri ah ka leedahay. Waa mid xikmad leh.

Haddaan dhinac kale kaa tusiyo, hoggaamiyaha fiicani wuxuu dadka uu hoggaamiyo: siiyaa wargelin joogto ah; waa xushmeeyaa; wuu dhisaa, si ay u noqdaan hoggaamiyayaal isagoo kale ah; wuxuu ka dhigaa kuwo awood leh; wuxuu siiyaa warcelin; wuu ammaanaa markay wax fiican sameeyaan; wuu caawiyaa, haddii ay caawimo u baahdaan; hadduu khalad ka galo ama u gefona, wuxuu ka dalbadaa cafis iyo saamixaad.

Maxwell (1995) mar uu ka hadlayey tilmaamaha hoggaamiyaha fiican, wuxuu ku soo ururiyey:

- Waxay leeyihii dabci wanaagsan iyo dad la dhaqan;
- Waxay awood u leeyihiin in ay dadka soo jiitaan (influence);
- Waxay leeyihiin waaya'aragnimo la taaban karo;
- Waa kuwo ku kalsoon naftooda;
- Waa kuwo naftooda xakamayn kara;
- Waa goob ka hadal;
- Waa kuwo neceb xeerarka qalloocan.

Kouzes iyo Posner (2002), si ay u iftiimiyaan hoggaamiyaha fiican, ayay su'aal la xiriirta muuqaalka hoggaamiyaha fiican waydiiyeen dad sare u dhaafaya

75,000 oo qof. Jawaabtu waxay ku soo ururtay afar sifo ama muuqaal oo hoggaamiyaha fiicani kaga duwan yahay hoggaamiyayaasha kale:

- Daacadnimo;
- Aqoon;
- Hiraal; iyo
- Kicin

Daraasado badan ayaa muujiyey in xiriir xooggan ka dhexeeyo tayadda hoggaamiyaha iyo heerka horumar ee waddammadda ama sharikaadku gaaraan. Dhinaca waddammada, waxa la isku raacay in xiriir xooggani ka dhexeeyo heerka horumar, degganaan, iyo kor u kac ee tayada nolosha iyo tayadda hoggaamiyaha. Tusaale ahaan, koboca dhaqaale ee waddammo badani sameeyeen dhammaadkii qarnigii la soo dhaafay, waxa intiisa badan lagu sharraxaa hoggaan fiican. Hoggaamiyayaasha sida gaarka ah loo magacaabo waxaa ka mid ah Raysul-wasaarihii hore ee Malaysia. Dhinaca sharikaadka, hoggaanka fiicani wuxuu sare u qaadaa waxsoosaarka, saamiga shirkaddu ku leedahay salyladda, kalsoonida iyo mooraalka shaqaalaha iyo faa'iidada iyo koboca. Tusaale ahaan, daraasad Waldman et al. (2004) sameeyeen ayaa muujisay in sharikaadka leh hoggaanka fiicani 25% ka faa'iido badan yihiin sharikaadka leh hoggaanka xun.

Dhinaca kale, hoggaamiyaha xumi wuxuu leeyahay sifooyin iyo muuqaallo fool xun oo Allaah laga magan galo. Hoggaamiyaha xumi, waa horseedaha guuldarrada, fashilka, bur-burka, iyo belaayada. In kastoo aan gadaal ku arki doono, haddana, haddaan dhinac kaa tuso, hoggaamiyaha xumi:

- Wax kasta oo wanaag ah oo ummaddu qabato isagaa libinteeda sheegta;
- Waa danayste dabci xun;
- Wixii uu bi'iyo dadka kaluu dusha ka saaraa;
- Waa kaligi-taliye aan u nixin mujtamaca;
- Wuxuu ka didaa in qof aan isaga ahayn wax wanaag ah lagu sifeeyo;
- Waa khaa'in aan caddaalad aqoon;
- Wuxuu caafimaad ka raadiyaa ammaan iyo xayaysiin dadka kale quursadaan;
- Wuxuu ku farxaa beenta, nifaaqa, ballan-furyada, is dabamaryaynta, maammul-xumida iyo garsoor la'aanta.

Su'aasha, jawaabteedu cuquusha aadamaha wareerisay, ilaa haddana jawaab dhamaystiran loo la'yahay ayaa la xiriirta waxa hoggaamiyayaasha qaarna ka dhiga kuwo fiican qaarna kuwo xun. Ma dhab baa in hoggaamiyaha xumi uusan dhinacna ku fiicnayn. Ma dhab baase in hoggaamiyaha fiicani uusan waxba ku xumayn. Jawaabtu waxay ku xiran tahay hoggaamiyaha aad ka hadlaysid iyo qofka aad u warramaysid. Sida daraasado badani muujiyeen (fiiri

32

Zenger iyo Folkman, 2008) hoggaamiyaha fiicani wax kasta kuma fiicna, hoggaamiyaha xumina wax kasta kuma xuma. Waxaase jira waxyaabo hoggaamiyaha ka dhiga mid guul keena ama mid guuldarro keena. Tusaale ahaan, Sun Tzu, buuggiisa 'the Art of war' wuxuu soo bandhigaa shaandho kala saari karta hoggaamiyaha guusha ka keeni kara iyo kan guul darradda ka keeni kara goobta dagaalka.

Shaandhada Sun Tzu iyo ragga kaleba ka hadlayaan, oo kala soocda hoggaamiyaha xun iyo kan fiican, waa aqoonta iyo waaya'aragnimada. Leslie iyo VanVelsor (1996) waxayba yiraahdaan marka qofku mas'uuliyadda la wareego ayaa la sii saadaalin karaa in uu xumaan doono iyo in uu fiicnaan doono. Calaamadaha muujiya in hoggaanku xumaan doonana waxay ku daraan: xirfadda oo ku yar; garaadkiisa oo hooseeya; kalsooni darro iyo cuqdad; caajis iyo go'aan xumo. Kellerman (2004) wuxuu isna hoggaanka xun u kala saaraa laba nooc: kuwo waxqabad xun iyo kuwo aan qiyam iyo akhlaaq lahayn. Kooxda hore waxaa sababa: aqoon darrada iyo ad-adaygga. Waxyaabaha nooca danbe sababana waxay ku daraan: jahli, khiyaamo iyo doqonnimo. Hogan iyo Hogan (2002) waxay iyana asbaabta ugu weyn ee keenta in hoggaamiye xumaado ka dhigaan in uusan lahayn awood uu ku akhriyo, ku turjunto, kuna fahmo dhacdooyinka hareerihiisa ka dhacaya. Dotlich iyo Cairo (2003) waxay iyana taxaan waxyaabo badan oo aasaas u noqon kara in hoggaamiyuhu xumaado. Waxyaabahaasna waxay ku daraan: kibir; degganaansho la'aan dhanka caadifada ah; cabsi joogto ah oo ka hor istaagta in uu go'aan gaaro; kalsooni xumo gaarsiisan in uu wax walba dhinaca xun ka eego; ka warqab la'aan la xiriirta bay'adda shaqada; fududaysiga sharciga; is buufin iyo iscajebin; in uu ku mashquulo wax aan qiimo lahayn; in uu isku dayo in uu noqdo qof caan ah. Ibn Khalduun, kitaabkiisa Muqaddama, wuxuu isna ku doodaa in hoggaan xumidu ka timaaddo dhanka hoggaamiyaha oo kaliya. hoggaan xumidaasna wuxuu sabab uga dhigaa hoggaamiyaha oo fahmi waaya xarigga isku haya hoggaamiyaha iyo dadka uu hoggaamiyo. Xarriggaas oo maanta loogu yeero kalsooni, waa xabagta ama koollada isku haysa hoggaamiyaha iyo la-hoggaamiyaha. Xabagtaas sida marka hore la isugu dhejiyo way adag tahay, hadday fuqdana way adagtahay sidii dib la isugu dhejin lahaa.

Fulmer iyo Conger (2004) daraasado dhowr ah oo ay ku sameeyeen asbaabihii gundhigga u ahaa dhibaatooyinkii hoggaamineed ee ku dhacay 'Bank of America', waxay soo saareen in asbaabahaas ay ugu waaweynaayeen: kalsoonidii oo ay lumiyeen; isbeddel ay ka hor yimaadeen; go'aan qaadashadooda oo hoosaysay; iyo waxsoosaarka oo hooseeyey. McCall iyo Lombardo (1983) waxay iyana soo bandhigaan 10 walxood oo hoggaanka ka dhiga mid xun. Walxahaasna waxaa ka mid ah: kibir iyo islaweyni; kalsoonida oo ay lumiyeen; nidaam xir-xiran; iyagoo awoodi waayey in ay arrimaha muhiimka ah ka hadlaan waqtiga saxda ah iyo goobta saxda ah; maammul hoos ugu noqosho (micromanagement); ku xigeenno xun; qaab-feker hooseeya; iyo ku tiirsanaan hage (mentor). Kaplan (2006) wuxuu ku doodaa in hoggaan xumada ay keento isu-dheellitirnaan la'aan dhanka hiraalka iyo himilooyinka ah.

Haddaan ka fiirino dhinaca Islaamka, hoggaanka xumi wuxuu ka mid yahay calaamadaha qiyaamaha. Sada ku sugan xadiis uu soo guuriyey Muslim, uuna wariyey Abu-Hurayra, *"Maalin ayaa Rasuulka (SCW) oo la hadlaya saxaabada, ayaa nin reer baadiye ahi wuxuu Rasuulka (SCW) waydiiyey, "Goormee qiyaamuhu dhacayaa? Rasuulku (SCW) markuu hadalkii dhameeyey ayuu yiri, "aaway qofkii su'aasha qabay?" Ninkii ayaa yiri, waa ikan Rasuuklii Allow. Rasuulku (SCW) wuxuu yiri, "Marka daacadnimada la waayo, filo qiyaamaha". Ninkii wuxuu yiri, "Sidee daacadnimada loo waayaa?" Rasuulku (SCW) wuxuu yiri "marka awooddu gacanta u gasho dad aan mudnayn, filo qiyaamaha". Dadka aan mudnayn sida culimo badani ishaareen waa hoggaamada xun-xun.*

Hoggaamintu ma aha wax cidla iska taalla ama wax bakhtiyaanasiib lagu helo; ma aha wax qofka la iska siiyo; ma aha wax xoog lagu maquunsado; ma aha ku-qabso-ku-qadi-mayside; sidoo kale ma aha wax la iska noqdo. Hoggaamintu waa xulasho; hoggaamintu waa barasho; hoggaamintu waa diyaargarow; hoggaamintu waa waaya'aragnimo. Qofka ku fiican hoggaaminta iyo qofka kale waxa la fiirin karaa nooca waxbarasho ee ay xusheen, noocyada shaqo ee ay ka soo shaqeeyeen, siday u horumariyeen naftooda, shabakadaha ay ka tirsan yihiin, iwm. Waxaa sidoo kale la fiiriyaa qaabdhaqankiisa, waxgaradnimadiisa, bulsha-nimadiisa, goob-ka-hadal-nimadiisa, iwm. Si hoggaamiye u noqdo mid fiican waa in saddex wax iswaafaqaan: aqoontiisa (competencies), waxa uu jecel yahay iyo baahida hoggaamin ee ka jirta meesha uu rabo in uu hoggaamiyo. Haddii saddexdaasi iswaafiqi waayaan, sheekadu waxay noqonaysaa middii Shube (2007) ku tilmaamay *"Markay gar ma qaate iyo garaad xumo noo tasheen".*

Shube (2007) oo dawarinaya waxa Soomaalida la doortay hoggaanka xun wuxuu yiri *'dantiinna maxaa ka dhigay; mid aan diricba u kacayn; mid aan de'iba u korayn; mid aan marna laga duwayn; dariiqii guuldarrada'.* Buug kasta oo aad akhriso, oday kasta oo aad waraysato, gabay kasta oo aad isha mariso, waxaa kuu soo baxaya in dhammaan hoggaammadii siyaasadeed ee soo maray Soomaaliya laga soo bilaabo daakhiligii (1950-kii) ahaayeen kuwo xun. Cismaan Yuusuf Keenadii (Eebbe ha u naxariistee) mar uu muuqaal ka bixinayey kuwii hormoodka u noqday Soomaaliya xilligii daakhiliyada wuxuu yiri *'kuwii muqaddimada looga dhigay waa manfaco raace'.* Axmed Ismaaciil Diiriye (Qaasim) wuxuu isna yir: "*Isma dooring gaalkaan diriyo daarta kii galaye; Dusha midabka soomaali baad dugulka mooddaaye; Misna laguma diirsadee qalbigu waa dirkii Karale".* Xaaji Aadan Af-Qalooc (Eebbe hau naxariistee) oo isna muuqaal ka bixinaya raggii hoggaanka u qabtay waddanka markii xorriyadda la qaatay wuxuu yiri: "*Masbay nagu noqdeen iyo abees mici ku dhiigle ahe; Mindidii walaaxawli bay nagu maqiiqeene".* Mar kale wuxuu yiri: "*kuwii doorashada noo galaa gabay halkoodiiye; khalqigii oo horuu guuray bay dib u gucleeyeene;*

googooye Soomaali oo gobolba meel aadye". Jaamac Axmed Gacmadheere gabaygiisii xisaabtan waa tuu lahaa: '*Xildhibaanka Soomaalidow waad xad gudubteene'.* Xaaji Aadan Af-Qalooc, oo gabyaa nimada ka sokow, ahaa caalim muwaxid ah, wuxuu gaarsiiyey raggaas xad uu ku metelo 'dhidar'. Markii danbana wuxuuba gaarsiiyey xad uu ku tilmaamay 'murtadyo' diinta ka baxay. Isagoo raggaas 'dhidar' ku metelaya wuxuu yiri '*Macna xumidda dhidarkay axmaqa magac waddaagaane*'. Isagoo murdayo diinta ka baxay oo gaaloobay ku tilmaamayana wuxuu yiri '*Murtad tayga laalaadiyoo moohay baa yimide'.* Axmed Ismaaciil Diiriye (Qaasim) oo isna raggaas ku metelaya tukayaal iyo daayeerro wuxuu yiri: '*Tukayaal hormuud laga dhigiyo toxoble daayeer dheh'.* Mar kale isagoo ka warramaya meeshii laga filayey, raggii hoggaanka qabtay, in ay reerka u raraan iyo jihada abaarta ah ee ay afka u saareen wuxuu yir: '*Inammada dhowaan ii kacaw weydin eersadaye; Carrabkiisu ruuxuu xunyahay aayatiin malehe; Namaydaan abaal marine waad na ambinaysaane*'

Afrax (2002), mar uu ka hadlayey hoggaamiyayaashii soo maray Soomaalia, marka laga reebo dhaliyaradii SYL, oo ceebo kasta oo ay lahaayeen waxoogaa 'qiyam qaran-doonnimo' uu ku tilmaamay, intooda kale wuxuu ku sifeeyey in ay ahaayeen hoggaan xun. Tusaale ahaan, Maxamed Siyaad Barre wuxuu ku tilmaamay: 'danayste', 'xumo-falle', 'af-miinshaar', 'qabyaaladayste', 'aabbihii niyad-jabka', 'awrkii heeryadiisa cunay' iyo 'garwadeenkii guul-darradda'. Hadraawi, gabaygiisii 'Hoonbaro' mar uu Siyaad Barre sifaynayey wuxuu isna ku tilmaamay: 'nin gumaysi habay'; 'hebed minasaw'; 'nin heeray halgan iyo waddaninnimo'; 'halaq laba af-leh'; 'hinaasi'; 'hiinraac gurracan'; 'wax ma hubiye'; 'naxli huursan'; 'hungo qaawan'; 'gacma hoorsade'; 'bakhayl'; 'fulay'. Xasan (Geney) isna tixdiisa 'Fiidmeerey waa aroor!', Siyaad Barre wuxuu ku tilmaamay: qabiil faafiye; fadqalalo daajiye; iyo macsi fatahday. Faarax (1990) buuggiisa 'Xeebtii Geerida', wuxuu Siyaad Barre ku tilmaamay qof caafimaad ka raadiya ammaanta iyo is-xayaysiinta. Waxyaabaha Siyaad Barre isku xayaysiiyey oo lagu xardhay looxaad lagu dhejiyey gidaarrada magaalooyinka waaweyn ee Soomaaliya sannadkii 1986-dii waxaa ka mid ah: Mideeye, Gumaysi-diide, Cadaw-jebiye, Bulsho-sime, Nabad horseede, Maato kalkaaliye, Qoraha afka-Soomaaliga, Samo abaabule, Aqoon koriye, Geesi waddani ah, Ubad koriye, Barbaariye, Hannuuniye, Dhaqan koriye. Qofku in uu xayaysiin iyo ammaan been ah caafimaad ka raadiyo waxay ka mid tahay sifooyinka hoggaanka xun.

Xaaji Aadan Af-Qalooc sidoo kale waa tuu lahaa '*Haki lugaha Haaruun ku dhaha 'haari*[9]*' ha u socone'.* C/Qaadir C. Maxamuudna, isagoo dhibaatada Soomaaliya oo dhan korka ka saaraya hoggaan xumadii Siyaad Barre waa tuu lahaa: '*Sebenkii xumaadaba rag baa, sahayda naanayse; Saancadda Siyaad sabab u noqoy, qarankii Soomaali; Saldaniyo siyaasado gurracan, la isku wada seegyye'.*

---

[9] Haari = deg-deg

Xasan Cali Mire oo ka digayey miraha hoggaanka xumi dhali doonona waa tuu lahaa 'Maangaab markuu taliyo baa mooraduug imane'. Mooraduugga Xassan ka sii digayey ma hoggaankii jabhadahii hubaysnaa iyo kuwii aan hubaysnayn ee ka horyimid maammulkii Siyaad Barre bay ahaayeen; ma kuwii ka danbeeyey ee Afrax (2002) ku tilmaamay qabiil-ku-burur, qori-caabud, kursi-u-qooq bay ahaayeen; mise waa kuwa sannadka 2009-ku ugu dhashay iyagoo wali dewerinaya kursigii Cabdi Muxumud ku tilmaamay 'Kursi dhiig dhexdiis yaal'.

Hoggaankii jabhadihii hubaysnaa iyo kuwii aan hubaysnayn labadaba waxa sidoo kale la isku raacsan yahay (fiiri, Afrax, 2002) in ay ahaayeen hoggaan xun oo wax badan ka hooseeya hoggaankii Siyaad Barre. Tusaale ahaan, Cabdi Muxumud Muumin, tixdiisii 'Garasho Gabay' wuxuu qaar ka mid ah hoggaamiyayaashii jabhadaha ku tilmaamay in dhanka kaligitalisnimada ay kala mid ahaayeen Siyaad Bare. Mirihii gabaygaas waxaa ka mid ahaa 'Diktatoor haddii uu ahaa toorkii Xamar joogay; qofka raba tabtiisii sidee baan ku taakuulin'. Nooc kasta oo kacdoonadaasi ahaayeen (mid diineed, mid aqoon yahan, mid ciidan, mid shacab) dhammaantood waxay si lama filaan ah hoos ugu siibteen bohol dheer oo wixii ku dhacaa aysan dib uga soo laaban. Bohoshu waa 'mabda la'aan'; bohoshu waa 'hiraal' la'aan; bohoshu waa 'hoggaan xumo'.

Hoggaamiya kooxeed-yadii (ha noqdeen kuwo qabiil, kuwo gobol ama kuwo diineed) soo ifbaxay ka dib markay bur-burtay dawladii Maxamed Siyaad, waxaa la isku raacsan yahay in ay dhammaan ahaayeen hoggaamiyayaashii ugu xumaa wax magaca hoggaamiye sheegta inta la hayo taariikhda Soomaalida. Hoggaankaas xumi wuxuu Soomaaliya gaarsiiyey xad ay dhulkii gataan oo qashin lagu duugo (sida qashinka faraha badan ee lagu duugay waqtigii Cali Mahdi Maxamed). Hoggaankaasi wuxuu Soomaaliya gaarsiiyey heer qarranimadii iyo jiritaankii qiilqiil galay. Waa meesha Maxamed Warsame is waydiiyo 'Qornigoo labaatan ah miyaan qaran iswaydiiyey'.

Dhinaca Islaamiyiinta, Aadan (2008), buuggiisa 'Koboca Islaamiyiinta Soomaaliya' wuxuu sheegay in hoggaankii Islaamiyiinta Soomaalidu ahaayeen kuwo aan bislayn oo hal-la-booddo leh, isla markaasna aan la jaanqaadi karin isbeddellada siyaasadaha qaarkood. Hal-la-boodnimadaas ayaana loo aaneeyaa falal badan oo ismiidaamis ah oo aan wax miro ah dhalin. Tusaale ahaan, dagaalkii Araare ee 1991-dii wadaadadu la galeen Caydiid, dagaalkii 1992-dii wadaadadu la galeen C/Laahi Yuusuf, Dagaalkii Gedo, dagaalkii Maxkamadaha Islaamiga iyo Dawladda ku meelgaarka ah (TFG), iyo qaar ka mid ah dagaallada maanta, 2009-ka, ka aloosmay meelo ka mid ah Soomaaliya.

Dhinaca hoggaamiyayaasha siyaasadeed, waa tii Jaamac Kadiye markuu la yaabay uu ku metelay 'subxaanyo'. Cumar Macallinna isagoo ku matalaya abeeso waa tuu lahaa: 'sidii abeeso; shan xuub samaysta; kolba mid siiba'. Maxamed Xaashi Dhamac (Gaariye) waa tuu lahaa: 'ma ogtahay hoggaanka la eeday'. Dhinaca hoggaamiyayaal dhaqameedkana, waa tii Maxamed Gacal Xaayow isagoo saluugsan siday qayb uga noqdeen dhibaatada Soomaalida uu lahaa: *'Talo hoogtay, waayeel horkacay'*.

Sharikaadka gaarka loo leeyahay iyo kuwa caamka ah, oo buuggaani si gooni ah uga hadlayo, laftigoodu waa ku guul darraysteen in ay soo saaraan hoggaamiyayaal fiican. Hoggaamiyayaasha sharikaadkaas oo Afrax (2002) ugu yeero 'raq-ku-nool', badidooda waxa ka muuqata muuqaal aan wax weyn ka duwanayn kii 'dalka iyo dadka burburiyey'. Milkiilayaasha sharikaadkaasi wali ma garan in hoggaanka fiicani horseedo horukac dhinac kasta taabanaya: waxsoosaarka, iibka iyo faa'iidada oo sare u kaca; macaamiil qanacsan; saamiga shirkaddu ku leedahay suuqa oo sare u kaca; kalsoonida iyo niyadda shaqaalaha oo bilanta; magaca iyo maamuuska shirkadda oo sare u kaca; iwm.

Hoggaanka xun, ee aan ka soo sheekaynay waxa ka sii tiiraanyo badan, baraarug la'aanta cammimtay ummadda Soomaaliyeed. Afrax (2002) cudurrada Soomaalida indhabeelka ku riday wuxuu ku daraa wax uu ugu yeero 'maalin-la-nool'. Meesha, ummaddaha kale la yiraahdo, 'taariikhda hal jiil baa xusuusta', Soomaalida waxa la oran karaa waa ummad xusuus-guur ku dhacay. Tusaale ahaan, qofkii carruurtooda gawracay oo wali dhiigii gacmihiisa ka sii tifqayaan ayay carruur kale ku aamminayaan. Waa ummad dhinac martay Xadiiskii Rasuulka (SCW) ee micnihiisu ahaa *'Muslimka, hal god, laba jeer lagama wada qaniino'*. Waa ummad aan la baraarujin karin; waa ummad aan wax loo sheegi karin; waa ummad haday bohol ku sii daadanayaan aan ka jooga la oran karin. Waa yaabe ! yaa baraarujinaya hadday dadka ugu neceb yihiin qofkii dantooda u sheega. Xaaji Aadan Af-Qalooc oo qaabxumada Soomaalida la anfariiray, waa isagii lahaa *'hadba kii idiin daacadaad debin u qoosh-taane'.* Raabeh (2009) mar uu ka hadlayey duruufaha qallafsan ee hortaagan geesiga, halgamaaga, hoggaamiyaha, waxgaradka Soomaaliyeed, wuxuu yiri: '*muddo markuu dagaal ku soo jiro, waxa ciil iyo caloolyow bada "dabarka" ku giijisan garaadka ummadda Soomaaliyeed'.* Dabarka Raabeh ka hadlayo waa qabiilka[10].

Dhinaca siyaasadda, arrintaas waxa marag u ah dadka loo doorto hoggaanka siyaasadda ee Dalka. Waxaa dad badan, naxdin iyo amakaag ku noqota, markay arkaan dadka isu soo sharraxa jagooyinka sar-sare ee waddanka. Jagooyinkaasi ha noqdeen heer maammul goboleed sida Puntland iyo Somaliland ama heer dawladda dhexe. Tusaale ahaan, Faallo dhowaan laga qoray raggii isu soo sharraxay madaweynenimada Maammul Goboleedka Puntland, ayaa tilmaantay in raggaasi ahaayeen: magac doon, hunguri doon, saldano-qoyseed doon, saadasho doon iyo saloolasho doon[11]. Haddaad dhan kale ka fiiriso, waxaa kuu soo baxaya in shacabka Soomaaliyeed wali aysan kala garan hoggaanka xun

---

[10] Raabi, Cumar Cismaan (2009), 'Geesiga iyo geesiga Soomaaliyeed', Harawo.com

[11] Faalladaas waxa qoray bogga allpuntland.com

iyo kan fiican; aysan weli dersi ka qaadan dhacdooyinkii is-dabajoogga ahaa ee soo maray Soomaaliya laga soo bilaabo xukuumaddii daakhiliga.

Dhanka sharikaadka, waxaad arkaysaa in hoggaanka sharikaadka waaweyn iyo kuwa dhexe aysan wax cashar ah ka qaadan fashilkii ku yimid qaar ka mid ah sharikaadkii ugu waaweynaa Soomaaliya. Shire (2008) oo arrintaas u kuurgalay ayaa muujiyey in bur-burkii ku yimid sharikaadkii Al-Barakaat iyo Dalsan aysan wax cashar ah oo la taaban karo ka qaadan xawaaladaha kale ee Soomaalidu. Xawaaladihii la waraystay oo dhammaa 7 xawaaladood ayaa muujiyey in aysan lahayn wax qorshe ah oo qeexan oo shirkaddooda caymin kara haddii ay soo foodsaaraan dhibaatooyin la mid ah kuwii albaabada isgu dhuftay Al-Barakaat iyo Dalsan. Qaar ka mid ah sharikaadkaasi kamaba diiwaan gashana waddammada ay ka shaqeeyaan; qaar kale ma laha nidaam xisaabaad iyo maammul; qaar kale kama run sheegaan hantidooda, faa'iidada ama khasaaraha, iwm. Arrintaas baraarug la'aantu ma aha mid ku kooban xawaaladaha oo kaliya ee waa mid sidoo kale saamayn ballaaran ku leh inta badan sharikaadka waaweyn iyo kuwa dhexe ee Soomaalida.

Inkastoo Afrax (2002) Soomaalida ku tilmaamay 'gablan', rag kalena tacsi u direen hooyadii Hadraawi, heestiisa 'Hooyo' ku ammaanay in ay dhashay *'nin himilada hilin toosan mariya oo hir markii la gaaraba ku labaad higgaadsha'.* Rag kale waxay arkaan in Soomaalidu baadigoobayso oo raadkeeda ku taagan tahay baadi ka luntay. Nasiib darrose, baadida raadkeeda lagu taagan yahay wax summad ah ma laha, siday u egtahyna lama yaqaan. Dadka qaarkood waxay raadinayaan qof, qaar kale waxay raadinayaan mabda', qaarna waxay raadinayaan wax ayan iyaga laftigoodu garanayn. Aan hadalka saafee, Soomaalida waxa ka lumay oo ay raadinayaan, waa hoggaamiye. Nasiibdarro, muuqaalka hoggaamiyaha Soomaalidu raadinayso qofna garan maayo. Wax summad ah ma laha. Maaddaama uusan wax summad ah lahayn, marmar qof baa isa soo taagaya oo dhahaya qofka lumay ee aad raadinaysaan waa aniga. Sifaynta baadidaas oo buuggaani qayb ka yahay ayaa laga yaabaa in ay noqoto tiirkii kowaad ee hoggaan fiican.

Soomaaliya iyo hoggaaminta

"Kulminta tagtadaadii shalayto iyo joogtadaada maantu waa oddoroska timaaddadaada berrito"
Dr Cumar Raabeh

Oktoober 1992-dii ayaa Robinson, Madaxweynihii hore ee waddanka Ireland, waxay tagtay Muqdisho, caasimadda Soomaaliya. Sida uu soo guuriyey Keenadiid (2005), waxay aad uga danqatay dhibaatada iyo darxumada taalla Soomaaliya. Dadkii la kulmay haweenaydaas waxay ku tilmaameen qof 'dareenkeeda bini aadaminimo iyo naxariiseed aan la hilmaami karin'. Laga soo bilaabo xilligaas, illaa maanta, qof kasta oo mas'uul ah oo taga Soomaaliya, marka laga reebo dadkii mas'uuliyadda sheeganayey ee Soomaalida ahaa, wuxuu si aad ah uga murugooday tacaddiyaadka loo gaystay dadka, dalka iyo diinta. Aan is waydiinee? Maxaa dulliga ina baday, maxaa damman inaka dhigay, dareenkii maxaa la tegay[12]. Maxaa geyigeenna deris kala dhigay dhibaato aan kala go' lahayn? Ama sida Shube (2007) is waydiiyey *'Duruufaha maanta yaal; dhibtaan la dayaysannahay; da'deen inalama qabtee; dalkeenna maxaa ku furay?'.*

Sidaan xusnay, duraafahaas goonida u noqday Soomaaliya, waxaa horkacayey hoggaan xun. Waxaase naxdin leh, in hoggaankaas xumi uusan ahayn dad ajnabi ah oo la inoo soo diray, ee ay yihiin dad Soomaali ah oo magacooda iyo muuqaalkoodaba la yaqaan. Waa yaabe, xumaanta ma ku dhasheen, ma barteen, mise waa lagu khasbay. Qayb ahaan, waxaa la oran karaa, hoggaanka Soomaalidu (nooc kasta oo ay yihiin) xumaanta waa lagu ababiyey, qayb ahaan way barteen, qayb ahaanna waa lagu khasbay. Dhinaca ababinta, ilme kasta oo Soomaali ah, waxaa lagu habaa haruub uu ka buuxo 'reer-hebel'. 'Reer hebel' baa raggeenii laayey, xooleheenii dhacay, xaqeennii duudsiyey, 'reer-hebel' baa nolosha inaka hor taagan. Ilmahaas waxa qalbigiisa ku abuurma nacayb uu u qabo 'reer-hebel'. Ama sida Keenadiid (2009) yiraahdo *'qofka Soomaaliga ihi wuxuu kula colloobbaa markuu ogaado ciddaad tahay'*. Nasiib darro, ilmahaasi wuxuu la colloobaa dad uusan aqoon. Mararka qaarkood, waxaad arkaysaa, in dadka la isu dardaarmayo in ay is colaadiyaan yihiin dad wada noolanshahoodu khasab yahay: dad deris ah oo aan kala maarmin; dad is dhalay, wada dhashay, isku dhiig ah.

Dhinaca waxbarashada, markaad isha la raacdo qaabkii manaahijta Soomaalidu u qaabaysnaayeen, waxaad oran kartaa, manaahijtaas waxaa muhandisiin ka ahaa dad Soomaalida bohul u qodaya. Waayo, wax kasta oo ummad is jeclaysiiya, isku tola oo waddaniyad iyo diin saldhig u yihiin meeshaba waa laga ilaaliyey ama waa laga been sheegay. Waxa sidoo kale dadka lagala dagaalamay xagga fikirka, wax curinta iyo soo saarida qoraallada. Hadraawi oo arrintaas tilmaamayey waa tuu lahaai: *'Iskooladu waa dayayn; damiinimaday dhiggaan'.* Waxa intaas ka sii tiiraanyo badan, sida rag badan oo Cismaan Yuusuf ka mid yahay tilmaameen, in xataa, xantoobada yare ee wax barata laga ilaalin jiray hoggaaminta. Cismaan Yuusuf oo arrintaas tilmaamaya wuxuu yiri *'Teersana rag aan baran haddii talada loo dhiibay'.* Xaaji Aadan Af-Qalooc oo isna tilmaamaya sida dadka aqoonta leh looga hortaagnaa hoggaanka ummadda ayaa isna gabaygiisa 'Tabaalaha Waqtiga' yiri: *'Jaamacad nin tegey oo digrii tuu la yimi haysta; oo in uu dalkii wax u tariyo tacabba doonaaya; oo taana loo baahan yahay toogtan sida joogta; oo jaahil tigin adag dhidbaday taqaddumka u diiday'.* Mar kale

─────────────────────────
[12] Erayadaasi waxay ka mid ahaayeen heestii Cabdi Muxumud Amiin

isagoo la hadlaya Ina Cigaal wuxuu yiri *'Aqoon lala colloobiyo jahliga amarka loo dhiibay'*. Cabdi Muxumud Amiin, mar uu ka hadlayey miisaanka khaldamay ee maanta maanka iyo maskaxda Soomaalida ka guuxaya wuxuu yiri *'Wasiir beeli keentoow aqoon buuran maad lihid'*

Ugu danbayn, dad ay isugu darsameen ababin xun iyo tacliin jaahwareersan, ayaa waxay magan u noqdeen nacab aan u naxayn. Nacabku, qayb ahaan, waa waddammadii la taliyayaasha iyo saaxiibbada u noqday hoggaammadii soo maray Soomaaliya. Qayb ahaanna, waa gumaysiga madow ee maryaha xariirta ah soo huwaday si aan loo garan himilooyinkiisa hoose ee dahsoon. Cadawga danbe, waa cadawgii, Prof. Raabeh, Soomaalida uga digayey sannadaha faraha badan[13]. Cismaan Yuusuf (Eebbe ha u naxariistee) isagoo tilmaamaya in hoggaanka Soomaalidu u jilicsan yihiin ajnabiga waa tuu lahaa: *'Magan bay shisheeye u yihiin meel la joogoba e; Maalin noolba niman baa ku fala waxay muraadaane; Maquunay u joogaan sidii maal la leeyahaye'*.

Markaad isha la raacdid, baal-taariikheedka hoggaamiyayaashii soo maray Soomaaliya, waxaa kuu soo baxaysa hoggaankii Cali Cilmi Afyare (Eebbe ha u naxariistee) la dardaarmayey markuu lahaa *'Guddiyahay docdiinaa khalqigu wada deyaayaaye'*, in uu dhab ahaantii ahaa, kuwii Xaaji Aadan Af-qalooc lahaa *'Doofaar ilkihi baan u filay dur iyo yaaquude'*. Hoggaankaasi ha horreeyo ama ha danbeeyo; dimoqraadi ha noqdo ama kaligiitalis; mid mabda' fiican (diin) xanbaarsan ha noqdo ama mid mabda' fool xun (gaalnimo) xanbaarsan, dhammaantood, waxa marag ma doonto ah in aysan u qalmin hoggaaminta Soomaaliya, ama siduu Singub riwaayadda ku jilay *'xorriyo nin gayaa ha guursado'*.

Haddaan raggii hore halkaas dhignay oo ku tilmaamnay: kuwo lagu hungoobay; kuwo aan mudnayn in ay qabtaan hoggaan; kuwo dhalay dhibaatada ku habsatay Soomaaliya. Xagee joogaan, kuwa maanta isu soo mutuxay, si ay caynaanka ugu qabtaan ummad jiho khaldan lagu dheelmayey wax ka badan 100 sano. Hoggaanka maantu waa mirihii ay abuureen hoggaammadii xumaa; waa miro laga goostay geed ku baxay biyihii qabyaaladda, jahliga, iyo caqli darrada; waa miro ka soo go'ay beer lagu tabcay 'rishwo iyo ribo'; waa beertii ay faleen 'acyaan' aan xilkas ahayn. Waa niman, nooc kasta oo ay yihiin: wadaad iyo waranle; waxgarad iyo wax-ma-garad; waayeel iyo dhallinyaro aan fahansanayn culayska uu leeyahay waxa ay raadinteeda joog iyo jiifba u diideen. Waa nimankii Xaaji Aadan Af-qalooc ka dardaarmay markuu lahaa *'Mas'uuliyaddu waa adagtahoo waa ammuur culuse; ardaal iyo nimaan qaadi karin looma aammino e'*.

Hoggaanka maantu, siduu u dhan yahay, wuxuu ku socdaa bohoshii raggii hore ku dhaceen. Qof kasta oo dhinac mara miisaankii Cali Cilmi Afyarena (Eebbe ha u naxariistee) godkaas ayuu ku dhacayaa. Miisaanka Cali Cilmi Af-yare wuxuu

---

[13] Qoraalada Prof. Raabi ee la xiriira ujeedooyinka qarsoon ee Itoobiya waxaa ugu magac dheer buuggiisa 'Soomaaliyey, halkee baad u socotaa?'

ahaa: Ikhlaas iyo cilmi. Camalka bini'aadamku qabanayo oo dhan waxa saldhig u ah labadaas shay. Rumaysnaanta Eebbe waxa saldhig u ah 'cilmi', cibaadada nooc ay tahayba waxa saldhig u ah 'cilmi', ikhlaas iyo in lagaga dayday Rasuulka (SCW). Ragga maanta ku hardamaya hoggaanka Soomaaliya dhammaan waxay dhinac marsan yihiin tiirarka nolosha.

Ragga maanta u tafaxaytay in ay ku fariistaan 'kursi dhiig dhexdiis yaal' waa kuwii Cabdi Muxumud Amiin ka yaabiyey ilaa uu yiri *'horteen jire ma soo arag'.* Raggaasi waa jirjirroole, waa jinni labbisan: maalin waa mooryaan, maalin waa sheikh, maalin waa oday, maalin waa aqoon yahay, maalin waa musilm, maalin waa ardaal. Cabdi Muxumud oo sifaynaya qaabdhaqankooda wuxuu yiri: *'hadda waa middiyo dhiig leh iyo mawdka wada yaale; marna culimo diin marisa iyo waa mufti iyo sheekhe; marna waa qabiil mudduga oon maryo lahayne; wixii ay xadiis noo marsheen way ka madhan yiine'.*

Si ummaadda looga kor qaado dhibta iyo jaahwareerka, si dawo loogu helo saddexdii cadaw ee Afrax ugu yeeray: *qabiil ku burur, qori caabud iyo kursi u qooq,* waxa loo baahan yahay kacdoon xagga fikirka ah. Faarax (1990) wuxuu ku doodaa in kacdoonka xagga fikirka ahu ka xoog badan yahay kacdoonka xabbadda iyo daadinta dhiigga. Kacdoonka dhanka fikirka ahi wuxuu horseedayaan mawqif wadareed oo maangal ah. Haddii lagu guulaysan waayo kacdoon dhanka fikirka ah, Soomaaliya, waxay ku hoos jiraysaa kooxo habowsan.

Nin oday ah ayaa duullaan raacay. Markii dagaalkii dhammaaday ayaa odaygii oo dhaawac ah waxa qabtay raggii ay dagaallamayeen. Odayga laba leeb ayaa midna barida (salka lagu fariisto) ka taagan yahay, midna isha. Odaygii ayaa la waydiiyey, kee labada leeb lagaa bixiyaa? Odaygii wuxuu ku jawaabay: 'waxaad iga bixisaan kan barida si aan hal mar u fariisto'. Waxaan leeyahay, si aan hal mar u fariisanno: aan fahamno hoggaaminta. Si dalkii u soo noqdo, aan baranno hoggaaminta; si siyaasadda Soomaalidu u degto aan baranno hoggaaminta; si aan dhurwaaga iyo baraarka u kala garanno aan baranno hoggaaminta; si sharikaadkeenu u baraaraan oo magac iyo maamuus u yeeshaan aan baranno hoggaaminta; si hay'aadka khayriga ah sida masaajidda, madaarista, iwm u gutaan hawlihii loo sameeyey aan baranno hoggaaminta; si aan nolol u helno aan baranno hoggaaminta.

Cutubka

Baadi-goob: Hoggaamiyayaashii hore ee Soomaalida

"Taariikhda dib u eega waa laga dab qaataaye"
C/Qaadir Shube

"The history is but the biography of great men"
Thomas Carlyle (1783-1881)

Soomaalidu waa ummad fac weyn oo leh taariikh dheer oo soo jireen ah. Waa ummad, sida Aw-Jaamac tilmaamay, dugsanaysa ilbaxnimo salka ku haysa taariikh gaaraysa 8000 oo sano. Waa ummadda kaliya, ee inta la ogyahay, la dhaqantay dhammaan ilbaxnimooyinkii waaweynaa ee soo maray adduunka.

Cutubkan, oo baadigoobaya hoggaamiyayaashii hore ee Soomaaliya, saddex seben ayuu u qaybinayaa hoggaamiyayaashii soo maray Soomaaliya. Sebenka kowaad wuxuu kormar ku samaynayaa hoggaamiyayaashii soo maray Soomaaliya Islaamka hortiis. Sebenka 2aad wuxuu sawir kooban ka bixinayaa hoggaamiyayaashii soo maray Soomaaliya laga soo bilaabo soo if-bixii Islaamka, laga soo gaaro damicii gumaysiga ee gayiga Soomaaliya. Sebenka 3aadna wuxuu wax ka iftiiminayaa hoggaamiyayaashii soo maray Soomaaliya laga soo bilaabo markii gumaysigu cagaha soo dhigay ciida Soomaaliya.

42

Hoggaamiyayaashii hore ee Soomaaliya

"Ma beddelento taariikhdu in aad bi'iso mooyaane
Haddii aad bar goysana in ay bayrto haw filine
Bog haddaad rogtaba baal kalay kaaga soo bixiye"
Khaalid Cali Guul

Markaan rabno in aan fahanno hoggaamiyayaashii ka soo baxay dhulka Soomaalida[14], waxa muhiim ah in aan fahanno in aan ka hadlayno, ummad ku abtirsata xaddaarad qadiim ah, oo soo jireen ah, ee aynaan ka hadlayn ummad, sida dadka qaarkiis yiraahdaan 'cawaan ah' ama 'shalay dhalatay'. Si aan u fududeeyo fahanka hoggaamiyayaashii soo maray Soomaalida, saddex qaybood ayaan u qaybinayaa taariikhda sugan ee laga hayo hoggaamiyayaashaas: Sebenkii ka horeeyey Islaamka; sebenkii Islaamka; iyo sebenkii gumaysiga. Waxaan sidoo kale, haddii Eebbe idmo, waxoogaa ka bidhaamin doonaa hoggaamiyayaashii soo maray Soomaaliya xornimada gadaasheed.

Hoggaamiyayaashii Soomaaliya: Islaamka hortiis

"Abbaarta iyo taariikhdu waa lama ilaawaane"
Jaamac Kediye Cilmi

Sida, kaydiyayaashii taariikhda Soomaalidu soo guuriyaan, Soomaalidu waxay leedahay taariikh fac weyn oo kumannaan sano gaaraysa. Kaydiyayaashaas qaarkood, tusaale ahaan, Aw-Jaamac Cumar Ciise, wuxuu ururiyey taariikh gaaraysa ilaa 8000 oo sano[15]. Warsame (2003), buuggiisa 'Taxanihii Taariikhda Soomaaliyeed' wuxuu ku xusay in uu hayo taariikh sare u dhaafaysa 5000 oo sano. Raggaas, markaad dhegaysatid, ama aad buugtooda akhrido, waxaad dareemaysaa in Soomaalidu leedahay xadaarad la fac ah xadaaradihii Masaarida, Roomaanka, Shiinaha iyo Faaris. Xadaaradahaas qaarkood, Soomaalida waxay lahaayeen xiriir ganacsi, tusaale ahaan, Xadaaradii Faraaciinta, Faaris iyo Shiinaha; qaarkale waxaa ka dhexeeyey tartan ganacsi, sida Xadaaradii Giriigga, siiba waqtigii Hirodot. Qaarkalena waxaaba dhexmaray dagaallo. Tusaale ahaan, duullaankii Faaris ku qabsatay Yaman oo ujeedadiisu ahayd in ay qabsato dhulkii udugga (Soomaaliya), waxa dagaal ba'an la galay, guul darrona dhabarka u saaray halyeeyo Soomaali ah. Markay dagaalkii ku guuldarraysteen, ayaa boqorkii Faaris ee waqtigaas ka arriminayey, oo la oran jiray Tarsibi, kuna aaddanaa 292-302 ka

---

[14] Dhulka Soomaalida waxa waagii hore loo yaqaaney: Puntland (dhulkii uduga)

[15] Muxaadaro ka dhacday London, 9-kii November 2008-da ayaa Aw-Jaamac arrintaas ku sheegay

hor dhalashadii Nabi Ciise, waxaa khasab ku noqotay in uu heshiis ganacsi la galo mid ka mid ah suldaannadii Geeska Afrika. Suldaankaas oo la oran jiray Suldaan Wiriiri, boqorkii Faaris, markuu geesinnimadiisa, waxgaradnimadiisa iyo hoggaamintiisa la yaabay wuxuu u bixiyey 'Shah Afrik' ama 'Boqorkii Afrika'. Rag badan oo Warsame (2003) ka mid yahay, waxay soo guuriyaan in xarunta Suldaan Wiriiri xilligaas ahayd meesha maanta loo yaqaan Laas Qoray.

Dadka taariikhdaas leh, waxan muran ku jirin in ay ka soo dhex baxeen ama soo mareen hoggaamiyayaal fara badan oo la mid ah Suldaan Wiriiri oo magac iyo maamuus adduunka ku lahaa. Raadadka hoggaamiyayaashaas qaarkood waxa laga helayaa gudaha Soomaaliya, qaar waxa laga helayaa raadad qadiim ah oo laga helay Ahraamta Masar, qaarna qoraallada badmareennadii soo maray Soomaaliya. Haddaan ku hormarno dhanka Faraaciinta iyo Masar, waxaad arkaysaa in, Haramka (pyramid) ugu weyn ahraamta Masar oo uu dhisay Boqorkii Khoofow sannadkii 2589-2504 ka hor dhalashadii Nebi Ciise, lagu sawiray nin Soomaali ah oo la oran jiray Haratiisi (amiir-al-baxr). Amiirkaas Soomaaliga ahi wuxuu dhinac taagan yahay wiilkii boqorka. Looxad kale oo hirograafiyad ah oo taalla Matxafka Quseyr ayaa waxa sidoo kale ku sawiran Boqor Barxo (Boqorkii Dhulka Udugga) iyo xaaskiisii oo soo dhowaynaya wafdi ballaaran oo uu soo diray Boqor Amuun waqti ku aaddan 1920 ka hor dhalashadii Nebi Ciise. Marsadii waftigaasi tegey, Warsame (2003), wuxuu ku qiyaasay in ay ahayd Ollog oo u dhexaysa Caluula iyo Raasicasayr. Shiinayskii hore, waxay iyana ka tageen qoraallo muujinaya in Soomaalidu lahayd hoggaamiyayaal iyo xadaarad aan ka dhicin kuwii Shiinaha ee casrigaas. Tusaale ahaan, Boqortooyadii Sinj ee Bakiin waxay qortay in Fen Sik oo ahaa badmareen Shiinays ah uu tegey Muqdisho uuna aad ula dhacay qaabdhismeedka magaaladaas. Sidoo kale waxa la hayaa raadad xoog badan oo muujiya in wefti Soomaali ahi tageen magaalada Bekiin xilli ku aaddan 1416-1418 miilaadiga.

Taariikhdaas fog, Soomaalidu waxay ku jirtay meelaha yar ee caanka ku ahaa soo dhowaynta dadka dhibaataysan (qaxootiga) iyo magan-gelinta dadka naftooda iyo ehelkooda ula soo qaxa arrimo siyaasadeed. Sifooyinkaasna, waxa xilliyadaas caan ku ahaa dhulka ay hoggaamiyaan rag caan ku ah hoggaan wanaag. Tusaale ahaan, markay burburtay boqortooyadii Saba ee dalka Yaman, sannadkii 481 ka hor dhalashadii Nabi Ciise (CS), waxa la wariyaa in dad badan oo reer Saba ihi magangeliyo u soo aadeen Soomaaliya. Sidoo kale, waxa taariikhdu sugtay in dad reer Faaris (Iiraan) ihi qaxooti u yimaadeen Soomaaliya ka dib markii dhulgariir ka dhacay Shiiraas sannadihii 976-978 Miilaadiga. Dadka magangeliyada u imaanaya Soomaaliya kuma koobnayn xilligaas oo kaliya, xataa waqtigii Islaamka, dad badan oo magangeliyo doon ah ayaa u soo hijrooday Soomaaliya. Tusaale ahaan, Saleebaan Al-Jalandiin iyo walaalkiis Saciid Al-Jalandiin oo xukumay dalka Cumaan xilligii Cabdilmaalik bin Marwaan, waxay u soo qaxeen Soomaaliya, ka dib markay isku dhaceen qaar ka mid ah xaashiyadii

Khilaafadii Umawiyiinta. Raggaas iyo ehelkoodii waxay degeen magaalada Muqdisho iyo Marka. Waxaa sidoo kale Soomaaliya u soo qaxay dad badan oo reer Karbala ah kadib markii xasuuq ba'an loo geystay dadkii ehlu-baytka ahaa ee degganaa magaalada Karbala markii taariikhda Hijrigu ahayd 61.

Muran kama taagna in dalka magangeliyo siiyey dad isugu jira Amiirro, Xukaam, Siyaasiyiin, iyo dad tabaalaysan uu lahaa: hoggaan caaddil ah, nidaam maammul oo cilmiyaysan, awood ciidan iyo kala danbayn. Waxaan sidoo kale shaki ku jirin in adduunka oo dhan laga yaqaaney. Waxase la is waydiin karaa, maxay dadkaas kala dhalashada iyo dhulka ihi ku xusheen Soomaaliya. Xulashada dadkaasi xusheen Soomaaliya, laba arrimoodba waa lagu fasiri karaa: (1) in hoggaanka Soomaalidu caan ku ahaa caddaalad iyo marti soor; iyo (2) in ay xiriir qoto dheer oo saaxiibtinimo la lahaayeen ammiirrada iyo bulshadaas u soo qaxay Soomaaliya.

Buugga la yiraahdo 'Periplus of the Erythraean sea' ama 'Socdaalkii Badda Eriteria' oo uu qoray nin Giriig ah oo badmareen ah, xilligii Roomaanku qabsaday Masar iyo Yaman, markuu ka warramayo magaalooyinkii ku yaalay xeebaha Soomaaliya ee uu maray, wuxuu tilmaamaa in magaalooyinkaasi aad u cammirnaayeen, ganacsi baaxad ballaaranina ka socday. Wuxuu sidoo kale tilmaamaa in nabadgeliyo iyo kala danbayni ka muuqatay magaalooyinkaas.

Raadadka ilaa maanta muuqda, markhaantigana u noqday hannaan wanaagga hoggaaminta Soomaalida, waa waxa Soomaalidu u taqaan 'taallada'. Warsame (2003) taallooyinka wuxuu u kala saaray saddex nooc. Taallooyinka qaar waxay ahaayeen qubuuro loo dhiso madaxda sare sida boqoradda iyo salaadiinta. Taallooyinkaas oo aad u soo shabbaha Ahraamta, waxa ka mid ah taalada 'Gasamuge' oo u dhexaysa Eyl iyo Bayla. Nooca labaad oo taallooyinka ah waxay badanaa ku yaallaan buuraha korkooda, waxana la aamminsan yahay in loo isticmaali jiray qubuuro. Meelaha qaarkood waxaa la yiraahdaa waxa lagu arjumay 'Tiiri'. Taallooyinka nooca saddexaad, oo sidaan gadaal ku arki doonno, aad ugu baahsan meelo ka mid ah Soomaaliya, waxa lagu kala dooran jiray hoggaamiyayaasha.

Inta aynaan u gudbin sida taallooyinka loogu dooran jirey hoggaamiyeyaasha, aan waxoogaa idinla wadaago sida sebenkaas Soomaalidu hoggaamiyayaasha u dooran jireen. Dhulka Soomaalidu wuxuu u qaybsanaa labo: miyi iyo magaalo. Magaalooyinka xooggoodu waxay ku teedsanaayeen xeebaha. Magaalooyinka waxaa xukumay Suldaanno. Dhinaca baadiyaha, waxa la sheegaa in marka reerku 'Dab' gaaro ay dooran jireen hoggaamiye. 'Dab' waa koox 'xeryo' ah oo isugu xiran qaab isbahaysi oo leh siyaasad istaraatiiji ah. 'Xero; waa dhowr beelood oo isku xudduud ah. 'Beeshuna' waa dhowr degsiimo. Degaamada qaarkood qofka ugu weyn ayay hoggaamiye u dooran jireen; meelo qofka ugu dagaal yahansan; meelo qofka ugu xikmadda badan; meelo qofka ugu xoolaha badan; meelo qofka ugu wiilasha badan; meelana qofka ugu mucjisooyinka badan. Arrinta danbe ee 'mucjisadu' wali waxay ka jirtaa meelo ka mid ah dhulka Soomaalidu degto ee Xeebta Jabuuti. Degaannadaas marka la dooranayo 'isin' waxa la yiraahdaa 'waa in qofka loo dooranayo 'isinka' mucjiso laga arko'.

Beddelaadda hoggaamiyuhu waxay ku imaan jirtay dhowr xaaladood midkood: inqilaab, in uu iskiis isu casilo (xukunka uga fariisto), iyo in uu dhinto. In kastoo hoggaamiyuhu ka dardaarmi jiray qofka xukunka sii qabanaya hadduu geeriyoodo, haddana waxa dhici jirtay marmar hoggaamiyuhu 'mawtul qafla' ku dhinto ama wiilashuu ka tegey isaga tanaasuli waayaan xukunka. Meelaha qaarkood, waxaa ka jiray guddi guurto ah oo xallisa khilaafaadka noocaas ah. Tusaale ahaan, Warsame (2003) wuxuu soo guuriyaa sheeko ka dhacday degaanka Dudub oo ka tirsan dhulka Ciid loo yaqaan. Sheekadaasi waxay ka dhex dhacday laba wiil oo walaalo ah oo la kala oran jiray Dhiido iyo Waraab. Labadaas wiil, oo adeerkood xukunka ka dhaxlay, si loo kala saaro, waxaa la marsiiyey tijaabooyin fara badan. Waxyaabaha lagu tartansiiyey waxa ka mid ahaa: deeqsinimada, goob-ka-hadalnimada, geesinnimada, burjiga, dulqaadka, iyo qaabdhaqanka. Markii arrimahaas lagu kala saari waayey, ayaa waxa lagu xujeeyey in mid waliba soo qabto biciid nool oo aan gees iyo addin toonna jabnayn. Meesha lagu ballamiyey waxay ahayd buurta maanta loo yaqaan 'Biciid la saar'. Maalintii ballantu ahayd ayaa labadii wiilba keeneen biciid aan gees iyo lug toonna jabnayn. Waxa u danbeeya oo dadka lagu kala saaro wuxuu ahaa wax loo yaqaaney 'dhagax tuur'. Maalin ayaa dadka la ballamin jiray, dadkana waxa laga dalbi jiray in qof kasta hal dhagax hore u soo qaato. Marka goobta la yimaado, ayaa la calaamadin jiray laba meelood. Markaas ayaa qof walba la dhihi jiray qofkaad dooranayso 'dhagax-u-tuur'. Ama haddaan luuqada maanta ku hadalno 'u codee'. Marka dhagax tuuriddu dhammaato, ayaa guddigu fiirin jireen ninka taalladiisu dheertahay ama haddaan isticmaalno luqadda casrigaan 'codadka badan helay'. Sheekadaasi waxay ku afjarantaa in Dhiido cod batay, uu meeshii ceel ka qoday, ilaa maantana 'taallooyinkiina' meeshii ka taagan yihiin, ceelkiina isagoon biyo lahayn oo guray meeshii ka qodan yahay. Taallooyinka kale ee caanka ka ah Soomaaliya ayna u badan tahay in laba hoggaamiye lagu kala saaray (doortay) waxa ka mid ah: Uuri iyo Shadeemi oo Qardho waqooyi ka xigta; Shiraar iyo Mooqaal oo Ayl waqooyi ka xigta; Muqle iyo Gaaftire oo Garoowe bari ka xiga; Kacaye iyo Gabayre oo Taleex bari ka xiga.

Hoggaamiyayaashii Soomaalida: sebenkii Islaamka

Haddaan hoggaamiyayaashii Soomaaliya soo maray Islaamka hortiis ku tilmaamnay: geesiyaal, waxgarad, dagaalyahanno, diblomaasiyiin, deeqsiyaal, akhyaar, goob-ka-hadal, niman Eebbe siiyay xikmad iyo garaad, sidee bay noqdeen markii Islaamku soo ifbaxay. Rasuulka (SCW) waxa laga wariyey xadiis micnihiisu yahay *'qofkii idiinku akhyaarsanaa xilligii jaahiliyada (Islaamka*

hortiis), ayaa idiinku akhyaarsanaanaya markuu Islaamo, haddii ay fahmaan'.
Mahad Eebbe, markii Islaamku soo gaaray dhulka Soomaalida, dhammaan hoggaamiyayaashii Soomaalidu, waxay qaateen diinta Islaamka. Sida dad badan oo taariikh-yahanna ihi suggeena, Islaamku wuxuu soo gaaray Soomaaliya intuusan gaarin Madiina. Hoggaamiyayaashii Soomaalida ee lahaa sifooyinkaas aadka u wanaagsan, Islaamku wuxuu u kordhiyey cisso iyo sharaf.

Qoraallada taabbagalka ah ee tilmaamaya taariikhda baaxadda weyn ee hoggaamiyayaashii Soomaalida markii Islaamku soo baxay waa tiro badan yihiin. Qoraallada ugu badanna waxaa sameeyey badmareenno Muslimiin ah oo maray xeebaha Soomaaliya. Badmareennadaas waxaa ka mid ah: Al-Mascuudi (957), Al-Bakri (1065), Al-Idiriisi (1154), Yaaquut al-Xamawi (1228), Ibn-Saciid (1300) iyo Ibn-Baduuda (1331). Badmareennadaasi, dhammaan waxay isku raaceen in magaalooyinkii ku yaallay xeebaha Soomaalidu ahaayeen magaalooyin bilicsan (si fiican loo dhisay), nabageliyo buuxda ka jirto, ganacsi xoog badanina ka socdo. Tusaale ahaan, Ibn-Baduuda oo ka warramaya heerka uu gaarsiisnaa maammulka magaalooyinkaas wuxuu buuggiisa ku qoray: 'doonyuhu markay yimaadaan marsada, waxa u imaan jiray askar naakhuudaha waydiisa meesha doonta laga leeyahay, meesha doontu ka timid, waxa doontu siddo iyo meesha ay u socoto'. Sidoo kale, Ibn-Saciid wuxuu sheegay in magaalada Marka ay caasimad u ahayd tuulooyin sare u dhaafaya 50 tuulo.

Dadka maray xeebaha Soomaaliya oo aad ula dhacay maammul wanaagga magaalooyinkii ku teedsanaa xeebaha Soomaaliya waxa ka mid ahaa Yaxye Bin Cumar al-Cansi oo ahaa wasiir ka socday dawladdii Jacfar Cabdalla Al-Mansuur (136-158 H). Yaxye wuxuu maray dhammaan xeebaha Soomaaliya oo dhan. Wuxuu safarkiisa ka soo bilaabay Badda Cas (Caqaba ilaa Baabul-mandab), ka dibna wuxuu uga gudbay Badwaynta Hindiya (Xaafuun ilaa Mombasa). Wasiirkaasi wuxuu sheegay in magaalooyinkuu tegey ay ka muuqatay degganaansho, amni, ganacsi baaxad leh, iyo ku dhaqan Diinta Islaamka.

Dadka hoggaamiyayaasha ah ee aad looga yiqiin dhulka Soomaaliya xilligii diinta Islaamku ku fidaysay dhulka Soomaaliya waxa ka mid ahaa Suldaan Waleenba oo xukumay Caluula. Waxa la weriyaa in markii Suldaankaasi muslimay dhammaan dadkii oo dhammi qaateen diinta islaamka.

Maggaalo kasta oo diinta Islaamku gaartay waxa u siyaaday sharaf iyo cisso. Magaalooyinkii markii hore caanka ku ahaa ganacsiga ayaa isu beddelay xarumo cilmo iyo aqoon. Xarumahaasi waxay soo jiiteen culimo magac ku lahaa dunnida Islaamka. Tusaale ahaan, buugga Al-Islaam fil Sharqi Ifriiqiya, ee uu qoray Cabdiraxmaan Saki, wuxuu soo guuriyey in ay dunida Islaamka oo dhan ka jireen 12 magaalo oo caan ku ah barashada tacliinta Islaamka, toddoba ka mid ihina ku yaalleen Badda Cas. Sida rag badani qiyaasaan, ugu yaraan saddex ka mid ah magaalooyinkaasi waxay ku yaalleen dhulka Soomaalida. Imaaradaha caanka ah ee Soomaalidu ka talinaysay sebenkaas waxay dhammaayeen toddoba.

Waxa ugu baaxad weynaa, uguna qadiimsanaa, Imaaraddii Ifad oo xarunteedu ahayd Jebertiya. Imaaradaha kale waxaa ka mid ahaa: Dawaaro, Arabiti, Hadiya, Sharkha, Baali, iyo Daarat. Imaaradahaas qaarkood waxay xukumeen dhul ku fadhiya 300,000 km². Hoggaamiyayaashii imaaradahaas xukumay oo dhammaantood Soomaali ahaa, waxa ugu waqti dheeraa Saldanadii la baxday 'Saldanatu Cadal'. Saldanadaas oo uu bilaabay Suldaan Cumar Walasmac Danyeexaar, Suldaankii Ifad, sida uu qoray Ibnu Fadlilaah (1345), saldanadaasi waxay soo bilaabmatay sannadku markuu ahaa 680 H (oo ku aaddan 1250 M). Saldanadaasi waxay soo af-jarantay markii Suldaan Amiir Maxamed Cali Cabdishakuur lagu dilay magaalada Harar 19 Oktoobar 1875tii.

Hoggaamiyayaashii ka soo dhexbaxay Soomaaliya casrigii Jihaadka waxa ka mid ahaa Imaam Axmed Ibraahim Al-Qaasi (Axmed Gurey). Kutubta xustay Imaamku aad bay u fara badan yihiin waxaana ka mid ah: Tuxfatu Samaan; Shahaabudiin Axmed bin-Cabdulqaadir, kitaabkiisa Carab Fiqhi; iyo Shahaabudiin Arsalaani, kitaabkiisa Xaadirul Caalimul Islaam; iyo kutub kale oo fara badan. Qorayaashaasi dhammaan waxay Axmed Gurey ku tilmaaman hoggaamiye geesi ah, garaad badan, dagaal yahan ah, Eebbena ku mannaystay xikmad iyo cilmi. Axmed Guray, Eebbe ha u naxariistee, wuxuu ku dhashay magaalada Harar sannadkii 1492 miilaadiga, wuxuu wax ku bartay Harar iyo Saylac, oo markaas ka mid ahaa xarumaha cilmiga kuwii ugu waaweynaa caalamka. Macrakada ugu taariikhda dheer guud ahaan taariikhda Soomaalida, gaar ahaan kuwii casrigii Axmed Guray waxaa ka mid ah macrakadii Sunburkuuri. Macrakadaas waxa ciidanka Amxaaradu ahaa 200,000 (laba boqol oo kun) waxayna wateen 16 kun oo faras. Macrakadaas kaliya, waxa Amxaarada lagaga dilay 10,000 oo nin iyo 114 badriiq. Halkii badriiq wuxuu xilligaas xukumay 1000 nin. Hoggaamiyayaasha kale oo macrakadaas ka qayb galay kutubta taariikhduna xusto waxa ka mid ahaa: Suldaan Maxamed Suldaan Cali, Shiikh Anis Sheekh Shakiib Cabdiwahaab, Amiir Xusseen Jartari, Amiir Saxarabawi Maxamed, Farshaxan Suldaan, Shiikh Daawuud, Garaad Cusmaan Bin Jawhar. Markuu geeriyooday Amiir Axmed Guray, waxaa calankii jihaadka qaaday Amiir Nuur Mujaahid.

Sida laga dhadhansanayo taariikhdaas malabka ah, hoggaamiyayaashu waxay ahaayeen niman ku xeel dheeraaday aqoonta diinta Islaamka iyo tan dagaalka labadaba. Waxay ahaayeen niman garaadkoodu aad u sarreeyo, abbaabulka ciidammada iyo maaraynta shacabka labadaba ku fiican. Waxay ahaayeen rag hiraal iyo han sare caan ku ah.

Waxaa iyana xusid mudan, in maaddaama Soomaalidu qayb ka ahayd khilaafooyinkii Islaamka, ay jireen hoggaamiyayaal Soomaaliyeed oo jagooyin muhiim ah ka soo qabtay xarrumihii khilaafooyinkaas. Tusaale ahaan, waxa la hayaa raadad muujinaya in hoggaankii sare ee ciidankii furtay Andulus rag Soomaali ahi ka mid ahaayeen. Raadka ugu weyn ee aan ka soo kor laabtay intaan baarayey hoggaamiyayaashii hore ee Soomaalida waa qabriga Sayid Saciid Al-Xabashi oo haystay ciidamadii Islaamka ee gobolka Gujarat, Hindiya. Sayid Saciid oo ahaa abbaanduulihii ciidammada Islaamka ee gobolkaas wuxuu ahaa khabiir caan ku ah culuumta dagaalka, wuxuu sidoo kale ahaa aqoon yahan. Raadka ugu weyn ee muujinaya arrintaas waa maktabadda weyn ee Sayid Saciid ka dhisay geyigaas bilowgii qarnigii 8aad.

Hoggaamiyayaashii Soomaaliya: sebenkii gumaysiga

"Nin shalay ilaaway, berri ma odoroso"
Cali Axmed Raabeh (seenyo)

Haddaan u soo gudubno sabankii gumaysiga. Sebenkaasi waa seben tiiraanyo badan, waayo, Soomaaliya waxaa isu kaashaday quwadihii adduunka ugu waaweynaa. Sida gumaystaha iyo gumeyste kalkaalku fidiyaanna, Soomaaliya ma ahayn meel sahal lagu qabsaday ama meel gumaysiga caleemo qoyan lagaga soo dhoweeyey. Dagaalka gumaystuhu ku qabsaday Soomaaliya wuxuu socday mudo ku siman 400 oo sano. Muddadaas, oo ku soo beegantay, xilligii ay sii wiiqmaysay Khilaafadii Islaamku, halyeeyo iyo hoggaamiyayaal Soomaaliyeed ayaa bad iyo berriba ku hortaagnaa gumaysiga gayiga Soomaaliya.

Sidaan hore ku soo xusnay, damaca gumaysiga reer Yurub ee dhulka Soomaaliya, ma aha mid dhowaan bilaabmay. Waxaan sare ku soo xusnay in Soomaalidu la dagaallameen dibna isaga riixeen Giriiggii. Waxaa sidoo kale la hayaa raadad muujinaya in ay la dagaallameen dibna isaga riixeen Roomaankii. Xilligaas, Saldanadihii Soomaalidu waxay ku yaalleen meelo istaraatiiji ah, waxay sidoo kale lahaayeen doonyo dagaal iyo ciidan bad oo xoog badan. Boqortooyooyinkii reer Yurub, iyagoo dhinacna ka aargoosanaya khasaarooyinkii Soomaalidu u gaysteen awoowayaashood, dhinacna garab siinaya boqortooyadii Amxaarada ee Kirishtaanka ahayd ayaa Soomaaliya laga soo weeraray jiho kasta. Dhinaca dhulka, waxaa boqortooyooyinkii reer Yurub siiyeen garab isugu jira hub, khubaro, iyo saad Boqortooyadii daba dhilifka ahayd ee Xabashida. Xabashidu iyagoo ka faa'iidaysanaaya garab istaaggaas ayay Soomaalida ka soo riixeen dhanka dhulka. Dagaalkaas oo ka soo bilaabmay meelo ka korreeya buuralayda magaalada Adis, wuxuu aakhirkii soo gaaray qalbigii xadaarada Islaamka iyo Soomaalida, Harar.

Dhinaca badda, Vasko Da Gama, badmareenkii Bortaqiiska ahaa, ayaa la aamminsan yahay in uu ahaa sahankii u horeeyey ee gumaysiga reer Yurub u soo direen dhulka Soomaalida. Vasko Da Gama wuxuu isku dayey in uu qabsado Magaalada Muqdisho sandkii 1499, laakiin markii ay u suurtoobi wayday ayuu madaafiic ku garaacay. Xilligaas, Vasko wuxuu muqdisho ku tilmaamay magaalo aad u cammiran, qurux badan oo saro dhaadheer oo ilaa afar dabaq ah iyo manaarado dhaadheer ka taagnaayeen. Duwarto Borbosa, oo isna ahaa badmareen Bortaqiis ah, ayaa markii danbe Muqdisho ku soo galay si nabad ah isagoo isku ekaysiiyey ganacsade, sannadkii 1500. Ninkaasi markuu ka warramayey Muqdisho, wuxuu sheegay in xilligaas Muqdisho uu xukumay boqor la oran jirey Boqor-Re. Wuxuu caddeeyey in dadkaasi ku hadlayeen luqad gaar u ah, laakiin wax lagu qori jiray luqada carabiga. Markuu ka hadlayey dhanka dagaalka, wuxuu sheegay in Soomaalidu yihiin geesiyaal aan baqdin aqoon oo dagaal yahan ah. Waxay ku qalabaysan yihiin ayuu yiri falaaro sumaysan oo qofkay ku dhacdo naftu kaga baxayso daqiiqado. Wuxuu sidoo kale ninkaasi aad u ammaanay abbaanduulayaasha ciidammada oo uu ku tilmaamay niman ku xeel dheeraaday tabaha dagaalka.

Afanso D'Albuque oo ahaa hoggaamiyihii ciidanka Badda ee Bortiqiiska ayaa la rumaysan yahay in uu ahaa ninkii u horeeyey ee cagaha soo dhiga dhul Soomaali. Ninkaas iyo ciidankiisu waxay qabsadeen jasiiradda Suqadara qiyaastii 1507. Markay arkeen in aysan magaalada sii haysan karin, ayaa nimankaasi fal fool xun oo boob iyo bur-burin isugu jirta u geysteen magaaladaas, ka dibna waa ka carareen. Dagaalladii isdaba joogay ee lagu hayey ciidankii badda ee Soomaalida ayaa wiiqay awooddii difaac ee ciidankaas. Taasina waxay keentay in Afanso uu duqeeyo, dhammaan magaalooyinkii ku teedsanaa Badweynta Hindiya iyo Badda Cas ama inta u dhexaysa Baraawe ilaa Saylac.

Duullaankii gumaysigu qayb ahaan, dhanka dhulka, waa ku guulaysteen, waxay dumiyeen xarumihii cilmige ee Harar, masaajiddii waxay u beddeleen kaniisado, culimadii iyo hoggaamiyayaashiina waxna waa laayeen, waxna firxad ayaa midba meel ka dhacay. Tusaale ahaan, waxa kutub badani werisaa in hal maalin magaalada Harar Saliibiyiintu ku gawraceen culimo sare u dhaafaysa 300 oo sheekh oo midwalba hayey xer fara badan. Xaaji Aadan Af-Qalooc oo ka waramaya wuxuu yiri *'Saddex boqol ka badan culimadii suuqa Harar tiille; iyagoo salad jamac galaad seef ku mariseene'.*

Dhinaca badda, in kastoo ciidanka Bortiqiisku u geystey burburin iyo baro kicin dhammaan magaalooyinkii waaweynaa ee xeebaha Soomaaliya, hoos u dhac weynina ku yimid magacii iyo martabadii ay lahaayeen, haddana, magaalooyinkaas qaarkood mar kale ayay dib u soo noolaadeen. Tusaale ahaan, Carlo Guliyaano, oo 1846-1848 lugta mariyey, qaar ka mid ah magaalooyinka waaweyn ee ku yaala xeebaha Soomaaliya sida Xaafuun, Muqdisho, Marka iyo Baraawe, wuxuu sheegay in magaalooyinkaas ay wali ka jireen xukun. Sidoo kale, Sir Richard Burton oo ahaa jaajuus Ingiriisi ah wuxuu cagta mariyey magaalooyinka Seylac ilaa Harar sannadkii 1854. Buuggiisa 'First footstep of East Africa' wuxuu ku andacooday in uu ahaa ninkii u horeeyey ee Reer Yurub ah oo cagaha dhiga dhulka Soomaaliya ee aan xeebaha ahayn. Mar ninkaasi ka warramayey heerka aqoonta caafimaadka ee Soomaalidu gaarsiisnaa, wuxuu sheegay in Soomaalidu taqaanney in cudurka Duumada, kaneecadu keento.

Haddaanan khaldanayn, waxay ahayd 1880, ama 26 sano ka dib, markii Charles Louis Alphonse Laveran, oo ahaa takhtar Faransiis shaaca ka qaaday in kaneecadu keento Duumada. Dhinaca xikmadda markuu ka hadlayey wuxuu yiri 10-kii qof ee Soomaali ah shan baa gabayda. Dhinaca ciidanka markuu ka hadlayey ragga Soomaalida dhammaan wuxuu ku tilmaamay dagaal yahan, farda-fuul ah, nooc kasta oo hub yahayna ku dagaallami yaqaan. Georgo Rafaelo oo faransiis ahaa ayaa isna ku jiray raggii gumaystaha u sahamiyey dhulka Soomaaliya. Ninkaas oo maray meelo badan oo bad iyo berri isugu jira wuxuu Soomaaliya ku tilmaamay, Masartii labaad, dhanka xadaarada iyo dhismayaasha taariikhiga ah.

Markii ciidankii reer Yurub ka quusteen in ay galaan dhulka Soomaaliya ayaa Ingiriisku wuxuu ciidan ka abaabulay waddanka Masar. Ciidankaas waxa hoggaaminayey Maxamed Rawf Baashaa. Ciidankaasi markay tageen Harar, waa la soo dhoweeyey, waxayna u sheegeen suldaankii xukumay Harar in ay u yimaadeen in ay xoojiyaan jihaadka lagula jiro Xabashida. Nasiib darro, waxay ahaayeen rag calooshood u shaqaystayaal ah, oo hoosaasinayey hoggaankii Soomaalida. Ciidankii Masaaridu waxay magaalada Harar ku dileen Suldaan Amiir Maxamed binu Cabdi Shakuur 11 Oktober 1875-tii. Saddex sano guduhoodna waxay Masaaridu ku wareejisay Ingiriiska dhammaan magaalooyinkii Soomaalida.

Dhinaca Muqdisho, waxay waligeed ahayd magaalo ay xukumaan hoggaamiyayaal Soomaali ah. Markii u horraysay oo magaaladaas ay gacanta u gasho hoggaamiye aan Soomaali ahayn waxay ahayd 1807. Xilligaas waxaa magaalada Muqdisho soo weeraray Saciid Barqash, Suldaankii Sansibaar, oo kaashanaya ciidamo Ingiriis ah. Waxaa kula dagaallamay ciidankii Siciid Barqash iyo kuwii Ingiriiska degaanka magaalada Muqdisho Imaam Cumar Hilowle. Markay gacanta ku dhigeen magaaladiina waxay u geysteen burburin, barakicin iyo dhac aan taariikhda lagu arag. Akhristow, ku baraarug, in Muqdisho waligeed ahayd magaalo Soomaali. Qoraallada ku dooda in ay ahayd magaalo carbeedna ay tahay taariikh aan waxba ka jirin. Saldanadii Siciid Barqash waxay Muqdisho ka talinaysay 90 sano oo kaliya, muddaddaasna waxay ka bara kiciyeen dadkii Soomalida ahaa ee degganaa magaalda Muqdisho kumanaanka sano, waxay sidoo kale bur-burin u geysteen dhismayaashii taariikhiga ahaa ee Soomaalida. Waxa la weriyaa in dhammaan dadkii Soomaalida ahaa ee degganaa magaaladaas laga baro kiciyey. Markii danbena, sida taariikhdu sugtay, waxay ka gateen Talyaaniga.

Dhinaca Xeebta Jabuuti, Faransiisku isagoo welwel ka qaba fariisinka Ingiriisku ka samaystay Cadan, ayuu sahammo aan kala go' lahayn u soo diray magaalooyinka Saylac, Jabuuti iyo Musawac. Xilliga, sahammada Faransiisku ku doonayey in ay degaan ku yeeshaan xeebaha Badda Cas ee Soomaaliya bilaabmatay waxa lagu qiyaasaa 1826-dii. Raggii la soo diray waxa ka mid ahaa

Kambi iyo Roceyo Diricar. 1858-dii ayaa Faransiisku dardar geliyey danayntii uu danaynayey in uu fariisin ku yeesho dhulka Soomaalida. Faransiisku xilligaas wuxuu soo diray wafdi ballaaran oo soo maray magaalooyinka Saylac, Berbera iyo Tojorra. Faransiisku wuxuu markii danbe heshiis la galay cuqaashii Denkeliga. Heshiiskaas wuxuu qorayey in Faransiisku ilaaliyo Obokh ilaa Musawac.

Haddaan wax yar dib ugu noqonno duullaankii Amxaaradu ku soo qaadday magaalada Harar. Laba weji ayuu lahaa. Wajigii hore waxaa qabsaday ciidammo calooshood u shaqaystayaal ah oo Masaari ah. Ciidankaasi waxay dileen Suldaankii, waxay kala eryeen ciidammadii, waxayna sir fara badan oo la xiriirta qaabka dagaalka Soomaalida u gudbiyeen Ingiriiska. Wajigii labaad, waxa uu isugu jiray Ingiriiska oo sir fara badan u gudbiyey Amxaarada iyo taakulayn ciidan oo quwadihii kale ee Kirishtaanku soo gaarsiiyeen Xabashida. Ugu horrayn, ciidanka Xabashida waxa lagu qalabeeyey qalab military kii waqtigaas ugu casrisanaa adduunka. Tusaale ahaan, Warsame (2003) buuggiisa'Taxanaha Taariikhda Soomaalida' mar uu ka sheekaynayo sida loo hubeeyey ciidankii Amxaarada wuxuu soo guuriyaa in 1885-1887 ciidanka Amxaarada loogu deeqay madaafiic, qoryo, seefo iyo rasaas aad u fara badan. Tusaale ahaan, Faransiisku wuxuu siiyey 24 madfac, 5800 oo qori iyo rasaastoodii;Talyaanigu wuxuu isla sannadkaas ugu deeqay Boqor Mililik 5000 oo qori iyo saanad sare u dhaafaysa hal malyuun.

Weerarkii Xabashidu ku soo qaadday Harar wuxuu ku soo beegmay xilli Masaaridu khiyaamo dhabar jab ah ku samaysay Soomaalida. Maxamed Sabri wuxuu qoray 'in Xabashidu aysan waligeed qabsan karteen Harar, haddaan Masaarida loo adeegsan'. Si kastaba ha ahaatee, markii ciidankii calooshiis u shaqaystaha ee Masaaridu ka baxeen Harar, dib ayaa ciidammadii Soomaalidu is abaabuleen, waxayna jihaad aan mid la mid ah taariikhdu qorin la galeen ciidankii cadowga. Ciidankii Amxaaradu markay qabsadeen Harar waxay ka geysteen xasuuq aan mid la mid ihi taariikhda Afrika ka dhicin. Taariikhyahannada qaarkood waxay qiyaasaan in xasuuqii, Baytul Maqdis, Saliibiyiintu ka sameeyeen kaliya uu ka fool xumaa kii Amxaaradu ka gaysatay Harar. Waxa taariikh-yahanno badani qiyaasaan in Harar lagu gawracay dad sare u dhaafaya 20,000 oo qof. Xaaji Aadan Af-Qalooc oo sifaynaya naxariis darrada iyo axmaqnimada Amxaarada wuxuu yiri 'Suldad xabashiyeed nimay heshaa waa sac kuu taliye; san-ku-neefle aad shaabahdaan baan dunida saarnayne'.

In kastoo buuggaagta qaarkood qoraan in heshiis dhex maray qaar ka mid ah hoggaamiyayaashii Soomaalida iyo gumaystaha, haddana, waxa la xaqiijiyey in heshiisyada xooggoodu been abuur yihiin. Heshiisyada laga been sheego waxa ka mid ah, heshiiska la yiraahdo wuxuu dhex maray Talyaaniga iyo Suldaankii Hobyood; kan dhex maray Talyaaniga iyo Cuqaashii Siwaaqroon ee Xaafuun; kan dhexmaray Talyaaniga iyo Boqor Cismaan Boqor Maxamuud Boqor Yuusuf,

Boqorkii Majeerteen; kan dhexmaray Talyaaniga iyo Suldaankii Muqdisho; Talyaaniga iyo Suldaannadii Gelledi iyo Wacdaan; Talyaaniga iyo Cuqaasha Tunni; Talyaaniga iyo Suldaankii Abgaal; Talyaaniga iyo Odayaashii Lafoole; Talyaaniga iyo Xaaji Cali Ciise; Talyaaniga iyo odayaashii Shiidle, Mubaarak iyo Jawhar. Taariikhda runta ahi waxa weeye in hoggaamiyayaashaas dhammaantood ka soo horjeesteen gumaysiga dagaal aan kala go' lahaynna la galeen, qaarkood ku shahiideen macrakooyinkaas, qaarna ku dhinteen xabsiyadii gumaysiga. Ragga kale oo lagu been abuurto waxa ka mid ah Sheekh Ibraahim, Suldaankii Saylac; iyo Axmad Magan oo metelayey odayaashii NFD.

Markii gumaysigu qabsaday geyiga Soomaaliya, la isuma dhiibin ee halgamayaal fara badan oo hor leh ayaa ka soo ifbaxay Soomaaliya. Waxaa halgamayaashaas calanka ugu dheer taagtay, halgankii Daraawiishta oo uu hoggaaminayey Sayid Maxamed Cabdulle Xassan. Macrakooyinkii ugu waaweynaa ee Daraawiishtu la galeen gumaysiga Ingiriiska waxa ka mid ahaa: Afbakayle, Caana Xarigle, Beerdhiga, Fardhiddin, Eeragooye, Cagaarweyne, Gunburo, Daratoole, Berdaale, Jidbaale, Jiidali, Ruuga iyo Dulmadoobe. In kastoo, halgankii Sayidku lahaa dul-duleello waaweyn, haddana ujeeddada uu u dagaallamayey mar walba qorraxda way ka caddayd. Sayidka oo ujeeddada uu u dagaallamayo saafayana wuxuu yiri:

> *Dadku wuxuu jeclaystaa waxaan duxi ka raacayne*
> *Dagaalkii nasaarada anaa daalib ku ahaaye*
> *Daliilkii rasuulkii anaaa doonayoo helaye*
> *Doofaarka eyga ah anaan deris ka yeelayne*
> *Dalka ma lihid anigaa ku iri doora weynaha'e*
> *Anaa diiday maantuu lahaa deeqan iga hooye'*

Halganka Daraawiishtu kuma ekayn degannada Waqooyi Barri oo kaliya ee Daraawiishtu waxay sidoo kale saldhig weyn ku lahaayeen magaalada Beledweyn. Daraawiishtu qalcado caan ah oo la kala oran jiray Lamagalaay iyo Irda Aammin ayay ku lahaayeen magaaladaas, abbaanduulahooduna wuxuu ahaa halyey caan ah oo la oran jiray 'Cagadhiig'. Kacdoonnadii ka dhacay degaankaas waxa ka mid ahaa kii uu hoggaaminayey 'Indhaceel' ee ka dhacay Gaala Karoor oo wax yar u jirta Buula Barde.

Halgankii Daraawiishtu wuxuu soo afjarmay ka dib markii ciidankii Ingiriisku cir iyo dhul ka weerareen xaruntii waynayd ee Daraawiishta, Taleex. Dagaalkaas oo socday muddo bil ku dhow waxaa ka qaybgalay diyaarado fara badan, gawaari gaashaaman, madaafiic nooc kasta leh, iyo ciidanka lugta oo tiradoodu sare u dhaafayso 10,000 oo askari. Soomaalidu waxay tiraahdaa, 'libin waxaa ugu fiican midda cadawgaagu kuu qiro', halgankii Sayidku wuxuu noqday halgankii u horeeyey ee gumayste cir iyo dhul labadaba ka weeraro. Sayidka oo ka waramaya weerarkii bahalnimada ahaa ee xooggaggii saliibiyiintu ku soo qaadeen Taleex waa tuu lahaa:

'Dab wax gubi dayuurado kufrigu nagu dul gawdiidshey
Dunbuq sumuc ah degelkaan ka kacay dahab wixii yiiley
Dakhal jabay wixii daar bur-buray ama bukaar duugmay
Dedibtii bannaanayd wixii dab iyo maal jiifay
Diric iyo waxay sheekh dileen ama duq waayeel ah
Muxajabad daboolnayd wixii gaal dukhuulahayey
Lo' daruur ah wixii deeble geel nalaka sii daayey
Darrawgii qabsaday reerkayaga dalankicii gaaray
Dulihii shareernaa wixii daal na caga gooyey'

Sayidku, wuxuu Soomaalida uga tegey dardaaran mudan in biyo dahab ah lagu qoro, dardaaran mudan in qof kasta oo Soomaaliya xifdiyo, dardaaran mudan in caways kasta lagu af-bilowdo. Waxaa tuducyada gabaygaas ka mid ahaa:

Dadow maqal dabuubtaan ku oran ama dan ha u yeelan
Ama dhaha darooryiba jiryow doxorku yeelkiise
Nin ragey dardaaran u tahee doqon ha moogaado
Dawo lagama helo gaal haddaad daawa dhigataane
Waa idin dagaayaa kufriga aad u dabacdeene
Dirhamkuu idiin qubahayaad dib u go'aysaane
Marka hore dabkuu idinka dhigi dumar sidiisiiye
Marka xiga daabaqadda yuu idin dareensiine
Marka xiga dalkuu idinku oran duunya dhaafsada e
Marka xiga dushuu idinka raran sida dameeraha e
Mar hadaan dushii Adari iyo Iimey dacal dhaafay
Maxaad igaga digataan berruu siin la soo degine

Dhinaca Saldanadii Majeerteeniya iyo Saldanadii Hobyo, Talyaanigu wuxuu weerar bad iyo berri ah ku qaaday sannadkii 1925-dii. Markii u horraysay waxaa badda ka duqeeyey maraakiibtii dagaalka ee Talyaaniga. Waxay si naxarsii darro ah u duqeeyeen magaalooyin dhisnaa wax ka badan 3000 oo sano; magaalooyinkii awoowayaashood (Roomaankii) si kasta intay isugu dayeen geli kari waayeen. Ciidammadii Talyaanigu ku qabtay labadaas saladano xooggoodu waxay ahaayeen Talyaani, Carab iyo Eretriyaan. Waxaa kale oo jiray ciidammo calooshood u shaqaystayaal ah oo Soomaali ah oo Talyaanigu u bixiyey 'Duubcad', 'Baando' iyo 'Gogle'. Saldanadii Hobyo waxa Talyaanigu gacanta ku dhigay 1925-tii, Saldanadii Majeerteenyana 1927-dii. Waxa taariikhyahano fara

54

badani isku raacsan yihiin in dagaalkii Talyaanigu ku qaaday Saldanada Majeerteenya ahaa dagaalkii ugu cuslaa ee dhexmara gumaysi iyo gumaysi diid.

Dhinaca Banaadir iyo Shabeellada Hoose waxa ka soo baxay halyeeyo qaadan waayay gumaysigii Talyaaniga. Kacdoonka Banaadir waxa hoggaaminayey rag ay ka mid ahaayeen Shiikh Xassan Barsame iyo Sheekh Cabdi Abiikar Gaafle oo labaduba ka mid ahaa culimadii diinta. Dhinaca Shabeellada Hoosena waxa hoggaaminayey Shiikh Maxamuud Muumin, Maxamed Cumar, Maxamed Muuse Maxamed, Cali Maxamed Cumar Barrow iyo rag kale. Macrakooyinka taariikhdu aysan hilmaami karin waxa ka mid ahaa macrakadii Keli Asayle, macrakadii Dhanaane, Macrakadii Fiinlow iyo macrakadii asbuuca ka socotay degaanka Afgooye. Macrakooyinkaas oo Talyaaniga ay ka soo gaaray khasaare naf iyo maalba isugu jira, hadallada qiirada leh ee mujaahidiintu ku naftooda ku kicin jireen waxaa ka mid ahaa "*reer Jano waa jid-galeen, reer Jaxiima iska jooga*". Akhristow, haddaad rabto in aad qiimayso quwadda mujaahidiintaasi kala hortageen Talyaaniga, bal sawiro: Talyaaniga waxa lagu wareejiyey dhulka Soomaaliya 1888-dii, laakiin wuxuu qabsaday Magaalada Jawhar 1912-kii. Degaankii Saldanadii Hobyo 1925-tii, degaankii Saldanadii Majeerteeniyana 1927-dii.

In kastoo la hayo dhanbaalo badan oo dhexmaray hoggaamiyayaashii Soomaalida iyo gumaysiga, haddana, si loo qariyo hoggaan-wanaagga iyo qiyamka hoggaamiyayaashaas, dhanbaaladaas badidooda ama waa la qariyaa ama si guracan baa loo soo bandhigaa. Tusaale ahaan, dhanbaaladii dhexmaray Ingiriiska iyo halgamayaashii Soomaalida, sida Sayid Maxamed, wax yar oo ka mid ah ayaa la soo bandhigaa, laakiin dhanbaaladii dabka ka kululaa ee dhexmaray Talyaaniga iyo hoggaamiyayaashii Soomaalida, Sida Boqor Cismaan iyo Sheekh Xasan Barsame, intooda badan waa la qariyey. Si aad sawir uga qaadatid heerka hoggaamin iyo qiyam ee qaar ka mid ah halyayadaas, aan kula bayaan Sheekh Xasan Barsame uu kaga jawaabay warqad Talyaaniga u diray Sheekha. Bayaankaas oo Sheekhu qoray Maarso 1924-tii, kuna qornaa af-Carabi Sheekhu wuxuu u qoray sidan: "*Bismilaahi Raxmaani Raxiim.... waan helay warqaddaadii waana fahmay nuxurkii ay xanbaarsanayd..... Waxaad leedihiin shuruuc idiin gooni ah, annaguna waxaan leenahay shuruuc noo gooni ah, mana aqbalno shuruuc aan shuruucdayada ahayn. Waayo, shuruucdayadu waa shuruucda Allaah iyo Rasuulkiisa (SCW)....haddaad timaado dhulkayaga waxaan kuula dagaalamaynaa sidaan ula dagaalanay Amxaarada....intaan ku hoos noolaan lahayn gumaysina, waxaan ka doorbidaynaa in aan dhimano*".

In kastoo *maandeeq* laga qadiyey, haddana dadka dega labada webi dhexdoodu qayb weyn ayay ka qaateen halgankii lala galay gumaysiga. Buuggaagta taariikhda Soomaalidu badanaa ma xusaan halgankii Gosha ee uu hoggaaminayey Nasiib Buunto. Sida Kusow (2004) soo guuriyey, 1892-dii Nasiib Buunto wuxuu xukumay tuulooyin sare u dhaafaya 46 oo ku teedsan jiinka labada webi ee Jubba iyo Shabeelle. Warar sir ah oo sahamiyayaashii gumaysigu u direen xarumohoodii ayaa iyana xaqiijiyey in Buunto xukumay ciidan sare u dhaafaya 40,000 oo ku hubaysan 1000 buntukh, falaaro iyo waramo. Halgankaas oo soo bilowday 1890-kii waxaa markii hore ujeeddadiisu ahayd la dagaalanka adoonsiga, laakiin waxaa markii danbe loo leexiyey la dagaalanka gumaysiga. Mukhtaar (2004) wuxuu ku doodaa in halgankii Buunto la galay Talyaaniga uu hakiyey in Talyaanigu si deg-deg ah isugu fidiyo dhulka caro sanka ah ee u dhexeeya labada webi.

Dhinaca NFD waxa kacdoonka hoggaaminayey Sheekh Cabdullaahi Mursal. Sheekh Cabdullaahi iyo mujaahidiintii la socday waxay Ingiriiska jiif iyo joog u diideen mudo 10 sano ah, ilaa markii danbe, gobolka NFD loo kala jarjaray magaalo magaalo, la saaray cunaqabatayn, ayna isu gudbi waayeen. Waxaa sidoo kale kacdoonkaas loo adeegsaday hubka noocyadiisa kala duwan. Taariikhyanno dhowr ah ayaa qora in meelaha qaarkood sun lagu biifiyey (biological and chemical war).

Markii ay soo afjarmeen halgankii Daraawiishta, halgankii Saldanadii Majeerteenya iyo halgankii Saldanadii Hobyo, waxa jihaadku intii muddo ah ka sii socday degaannadii Saldanadii Ximan iyo Ceelcad. Warsame (2003) iyo rag kale ayaa qora in gaashaanbuuraysi dhex maray ciidammo ka soo kala jeeda saddexdaas saldano. Dhinaca daraawiishta waxa watay Abshir Dhoorre, dhinaca Majeerteenya waxa watay Xirsi Boqor, dhinaca Hobyona waxa watay Cumar Samatar.

Markii gumaystuhu is yiri 'allaylehe haddaad ka faraxalatay' kacdoonkii Soomaalida, ayaa waxa bilaabmay kacdoon dardartiisii qaba oo ay horkacayeen hoggaamiyayaal taariikhda baalal dahab ah ka galay. Dhinaca Xeebta Jabuuti, dhaq-dhaqaaqa gobonnimo doonka waxaa horkacayey Cali Bahdoon, Xaaji Saciid, Maxamuud Xarbi iyo rag kale oo fara badan. Dhinaca Somali-Land, halyeeyadii ka soo baxay waxaa ka mid ahaa Xaaji Faarax Oomaar iyo Sheekh Bashiir.

Dhinaca Koonfurta waxaa ka aasaasmay kacdoon ay horkacayeen hoggaamiyayaal dhallinyaro ah oo ku bahoobay naadigii SYL. Dhallinyaradaas waxaa ka mid ahaa: Yaasiin Xaaji Cismaan Sharmarke, C/Qaadir Sakhaawadiin, Xaaji Maxamed Xuseen Xaamud, Maxamed Cali Nuur, Cali Xasan Cali (Bardoora), Dheere Xaaji Dheere, Maxamed Muuse Nuur, Daahir Xaaji Cismaan, Maxamed C/Laahi Faarax, Khaliif Hodow Macallin, Maxamed Faarax Hilowle, Cismaan Geedi Raage, Maxamed Cismaan Baarbe. Ragga kale oo xubnaha firfircoon ka noqday naadigii SYL magaca iyo maamuuska weynna ku leh bulshada Soomaalida dhexdeeda waxa ka mid ah: C/Rashiid Cali Sharma'arke iyo C/Laahi Ciise.

Hoggaamiyayaasha soo maray Soomaalidu kuma ekayn dhinaca dagaalka iyo siyaasadda oo kaliya, ee waxaa jiray rag wacdaro ka muujiyey dhinaca saxaafadda iyo diblomaasiyadda. Tusaale ahaan, waxa taariikh-yahano badani aamminsan yihiin in, warqaddii C/Qaadir Shiikh Aw-Aadan ku soo qoray wargeyska New Times, ee ka soo bixi jiray carriga Ingiriisku, wax weyn ka bedeshay qaabkii Ingiriisku ula tacaamuli jiray Soomaalida. Ragga dhanka suugaanta halyeeyada ku ahaa waxaa ka mid ahaa: Xaaji Aadan Af-Qalooc, Cismaan Yuusuf Cali Keenadiid iyo Yuusuf Colaad Carab. Xaaji Aadan isagoo ka hadlaya dadaalkuu u galay kicinta iyo baraarujinta guud ahaan Afrika, gaar ahaan Soomaaliya waa isagii lahaa: 'wax badan baan ajnabiga uga digay reer Ifriiqiya'e; wax badan baan albaabada tumoo soo ordaay iriye'. Yuusufna isagoo indhihiisa tiiraanyo iyo murugo ka muuqato waa tuu lahaa: 'Nin addooni maantadan ma jiro anniga mooyaane; Ohey iyo Ohey maxaa tolkay uunka hoos mariyey'. Dhinaca diblomaasiyadda, waxa xusid mudan odayaashii iyo waxgaradkii u baqoolay xarunta Qaramada Midoobey ee New York si ay cabasho uga muujinaya markii dhulka Hawd lagu daray Itoobiya. Raggaas waxaa ka mid ahaa: Suldaan Bihi Fooley, Suldaan C/Laahi Suldaan Diiriye; Suldaan C/Raxiim Suldaan Diiriye; Dubbe Cali Yare iyo C/Laahi Ciise.

In kastoo ay soo ifbaxeen hoggaamiyayaal dhallinyaro ah, oo sida Afrax (2002) tilmaamay ay ka muuqatay 'qiyam qaran doonnimo', sida: Aadan Cabdulle Cismaan (Aadan Cadde) oo noqday Madaxweynihii ugu horreeyey ee Soomaaliya iyo Cabdirashiid Cali Sharmaarke oo noqday Raysul wasaarihii ugu horeeyey ee Soomaaliya, haddana libintii xorriyadda inteeda badan waxa marwalba loo celin jiray raggii halgamayaasha ahaa ee gumaystaha hortaagnaa sannadaha faraha badan. Tusaale ahaan Axmed Ismaaciil Diiriye (Qaasim), isagoo Cadan jooga, markii xornimada la qaatay waa tuu lahaa:

'Allow yaa Darwiishkii farriin debecsan gaadhsiiya
Allow yaa dadkaagii yidhaa dawladnimo qaaday
Allow yaa dabbaaldeg iyo farax kala dul eedaama
Dhaaxuu ku daakiray xaqoo naga dahsoonaaye'

Hammigga, raggii hoggaanka qabtay, markii xorriyadda la qaatay 1960-kii, wuxuu ahaa mid hiraal iyo han wayni ka muuqdo. Si ay u soo celiyaan dhulalkii ka maqanaa Soomaaliya sida NFD, Soomaali Galbeed iyo Xeebta Jabuuti, waxay markiiba bilaabeen in ay dhisaan ciidan tiro iyo tayo fiican leh. Xaaji Aadan Af-Qalooc, gabaygiisa 'Calankii la taag' waa tuu lahaa: 'Ummaddii la googooyey buu ururinaayaaye'. Cali Cilmi Afyarene waa isagii lahaa 'War soomaali waa maqantahaye seexashada diida'. Nasiib darro, waxay mar labaad magan u noqdeen cadowgii gaamurey ee geyiga Soomaaliya: cadowgii Saliibiyiinta. Tusaale ahaan, Saadiq Eenow, buuggiisa 'Dagaalkii Ogaadeenya' wuxuu ku soo guuriyey in Maraykanku gebi ahaanba diidey in ay Soomaaliya u dhisaan ciidan military. Waxa kaliya oo ay ogolaadeen in ay u dhisaan ciidan Boolis ah, oo isagana ay shuruudo ku xireen. Hoggaankaas, niyadda birta ah lihi, kamaysan harin hammigoodii ahaa in ay dhistaan ciidan xoog badan. 1962-dii ayaa

57

C/Rashiid Cali Sharma'arke booqasho uu ku tegey magaalada Moosko, wuxuu hoggaankii Soofiyeetka ku qanciyey in Soomaaliya ay u dhisaan ciidan qalab sida oo gaaraya 20,000 oo askari oo ku qalabaysan qalabkii ugu tayada fiicnaa ee ay ku qalabaysnayeen ciidamadii WARSO.

Meesha hoggaankii sare ee Soomaaliya ku mashquulsanaa dhisidda ciidan qalab sida oo tayo iyo tiro leh, odayaasha, waxgaradka iyo dhallinyarada degaammaddii wali ku hoos jiray gacanta gumaysiguna waxay ku gudo jireen siday u bilaabi lahaayeen kacdoon. Raggii dhaq-dhaqaaqaas horkacayey waxa ka mid ahaa: Ugaas Biixi Fooley, Ibraahim Xaashi Maxamuud, Garaad Maqtal Daahir Axmed iyo rag kale. Dawladii Amxaaradu iyagoo ka jawaabaya kacdoommadaas ayay ciidamo soo dhoobtay 'xudduud beeneedka' dheer ee ay la leedahay Soomaaliya. Xilligaas ciidanka Xabashidu tiro ahaan wuxuu sare u dhaafayey 40,000 oo askari, wuxuuna ku qalabaysnaa hub isugu jira diyaarado, gawaari gaashaaman iyo madaafiic casri ah. Dhinaca Soomaalida tirada ciidanku waxay dhammayd 3000 oo askari. Sidii asalka Soomaalidu ahaan jiray, 07/02/1964 ayaa geesiyaashii niyadda birta ah lahaa weerar fool-ka-fool ah ku qaadeen ciidankii Amxaarada. Goobaha dagaallada ba'ani ka dheceen oo laga kiciyey gumaystaha waxaa ka mid ahaa: Togwajaale, Goroyocawl, Wardheer, Feer-feer iyo Doolow.

In kastoo isbeddel ku yimid maammulkii sare ee Soomaaliya, Raysal-wasaarena loo doortay C/Risaaq Xaaji Xuseen 1964-tii, haddana isbeddel kuma imaan hiyigii dib loogu xoraynayey dhulalka Soomaaliya ee gacanta ugu jiray cadowga. C/Risaaq, oo aad loogu ammaano, in uu dhisay dawlad hannaan maammul leh, xukuumaddiisii waxay soo afjarantay 1967-dii. Waxa xilligaas madaxweyne noqday C/Rashiid Cali Sharmaarke, Raysul-wasaarana Maxamed Ibraahim Cigaal. Mar kale ayaa cadow isu kaashaday Soomaaliya, ilaa lagu khasbay in ay saxeexaan in dhul Soomaaliyeed gacan cadow ku sii jiro.

16/10/1969-kii ayaa madaxweynihii Soomaaliya, Cabdirashiid Cali Sharmaarke lagu toogtay magaalada Laascaanood, shan maalmood ka dibna waxa taladii dalka la wareegay S/Gaas Maxamed Siyaad Barre. Kacaankii militeriga ahaa, inkastoo jaahwareer dhanka mabda'a ah, musuqmaasuq iyo hoos-u-jeednimo hareeraysay, haddana, waxa la oran karaa riyaddii ahayd in Soomaaliya ka xorrowdo gumaysiga madow qayb ahaan way sii dhaqaajiyeen. Dagaalkii ka qarxay degaammada Soomaali Galbeed, 7/7/77, ayaana arrintaas markhaati buuxda u ah. Dagaalkaas oo ay ka qaybgaleen ciidanka Xooga Dalka Soomaaliyeed, ciiddanka Daraawiishta, Booliska iyo Jabhadihii Ogaadeenya, ciiddan ahaan Soomaalidu guulo taariikhda galay ayay ka soo hooyeen, siyaasad ahaanse waa lagaga guulaystay. Guusha siyaasadda ee gumaysigu gaaray ma aha mid ay gacantooda ku gaareen ee waa mid ay sidii caadadu ahayd ugu soo hiiliyeen cadowgii soo jireenka ahaa ee aan 5000 oo sano ka hortaagnayn xeebaha Soomaaliya. Tusaale ahaan, dagaalkaas waxa Xabashida la soo saftay, oo si toos ah uga qayb qaatay: Yuhuudda, Soofiyeetka, Maraykanka, Yurub oo dhan, Laatiin Ameeriak iyo qaar badan oo ka mid ah caqli laawayaal carbeed. Isbahaysiga gaalo noocay tahayba ay isu bahaysteen sidii ay u jebin lahaayeen awooddii curdanka ahayd ee Soomaalida ayaa daliil markhaati ma doonto ah u noqotay caddaawadda soo jireenka ah ee dhammaan waddammada gaaladu u hayaan Soomaaliya.

Haddaan soo ururiyo, waxaan si kalsooni ku jirto u oran karaa, Soomaaliya waa waddanka kaliya ee ay la dagaallameen dhammaan quwadahii adduunka ugu waaweynaa: Islaamka hortii (Giriiggii, Roomaankii iyo Faaris); quwadihii adduunka ugu waaweynaa xilligii daggaalkii Saliibiyada (Talyaani, Faransiis, Ingiriisi, Jarmal, iyo dabadhilifyo ay adeegsatay sida Masar); iyo quwadihii adduunka ugu waaweynaa xilligii dagaalkii qaboobaa (Soofiyeetkii, Maraykanka, Yuhuudda, Ingiriiska, Faransiiska, iwm). Sidaas oo ay tahay, Soomaaliya waa waddanka kaliya ee gumaysi habeen ku ledi waayey, waa waddanka kaliya ee loo adeegsaday hub nooc kasta oo uu yahay; waa waddanka kaliya ee loo qaybiyey lix (marka lagu daro Suqadara). Waxaas oo dhan asbaabta loo yeelayaana waa geesiyaashii, halyeeyadii, hoggaamiyayaashii ka soo baxay waddankaas.

Marka la isu geeyo sawirrada ku xardhan looxaadka hirograafiyada ee laga helay Ahraamta Masar, muuqaallada quruxda badan ee badmareennadu ka bixiyeen xeebaha Soomaaliya, iyo hoggaamiyayaashii ka soo ifbaxay dhulka Soomaalida sebenkii gumaystaha, iyo sebenkii dagaalka qabow, waxaan muran ka jirin in Soomaalidu tahay ummad taariikh dheer leh, ummad ay ka soo dhexbaxeen hoggaamiyayaal aqoon iyo waaya'aragnimo fiican leh. Ummad ay soo ifbaxeen hoggaamiyayaal beddeley taariikhda Geeska Afrika.

Aasaaska hoggaaminta

"Waxaan ka dhignay hoggaamiyayaal dadka ku hannuuniya Diinta Alle. Waxaanna u waxyoonay in ay sameeyaan wax walba oo fiica"
(Anbiyaa, 21:73)

Marka isbar-bar dhig lagu sameeyo heerka horumar ee sharikaadka, hay'adaha iyo waddammada, kala fiicnaantooda, qayb ahaan waxa loo aaneeyaa hoggaanka. Si loo ogaado waxa hoggamiyeyaasha sharikaadka, hay'adaha ama waddammada meel marka noqday kaga duwan yihiin kuwa kale, waxa waagii hore la fiirin jiray sifooyinka gaarka ku ah hoggaamiyahaas. Sida qaalibka ah, hoggamiyayaashu ma laha sifooyin isku mid ah. Sidoo kale sifada ku habboon xaalad ama bay'ad ayaa la arkaa in aysan ku habboonayn xaalad ama bay'ad kale. Tusaale ahaan, meesha sifooyinka geesinnimo, kalsooni iyo u babac dhigid khatar ay ku habboon yihiin xaalad ama bay'ad; garaad, daacadnimo, iyo dulqaadna ku habboon yihiin xaalad iyo bay'ad kale; waxa laga yaabaa in hammi sare, ka miro dhalin, iyo mas'uuliyad ku habboonaadaan xaalad kale.

Afar qaybood ayaa cutubkaani ka kooban yahay: qaybta koowaad waxay kormar gaaban ku samaynaysaa aragtiyaha qaddiimka ah ee hoggaaminta. Qaybta 2aad waxay wax ka taabanaysaa qaabdhaqanka hoggaamiyaha. Qaybta 3aad waxay wax yar ka bidhaaminaysaa aragtiyaha cusub ee hoggaaminta. Qaybta 4aadna waxay wax ka taabanaysaa aragtida Islaamka ee ku aaddan hoggaaminta.

Aragtiyihii hore ee hoggaaminta

Shiinayskii hore (Sun Tzu)

Sun Tzu, qoraagii ugu horreeyey oo sifeeya hoggaamiyaha, qiyaastii 1500 oo sano ka hor dhalashadii Nabi Ciise (CS), wuxuu sifooyinka hoggaamiyaha ku soo koobay shan sifo: garaad, kalsooni, bini-aadamnimo, geesinnimo iyo adayg'. Du Mu (803-852 ka hor dhalashadii Nabi Ciise), oo ka mid ah ragga darsay buugga Sun Tzu, markuu fasirayey dabeecadaha hoggaamiyaha wuxuu yiri: 'garaadku' waa awoodda wax lagu qorsheeyo; 'bini'aadaminimadu' waxay la xiriirtaa jacayl iyo naxariis loo hayo shacabka; 'geesinimadu' waa in fursaddu markay ku soo marto laga faa'iidaysto; 'adayggu' waa in anshax iyo kala danbayn la abuuro.

Jia Lin (618 ka hor dhalashadii Nabi Ciise), oo isna ka mid ahaa raggii sharraxay buugga Sun Tzu wuxuu yiri 'garaadka kaligiis dadkuu hoggaamiyaha ka horkeenaa; kalsoonida faraha badani cidlay hoggaamiyaha dhigtaa; geesinnimo kaligeed ihi waxay horseeddaa kacdoon joogto ah; ad-adaygga faraha badani waa naxariis darro iyo axmaqnimo. Sida kaliya ee lagu noqon karo hoggaamiye dhammaystiran waa in shanta sifoba la yeesho.

Sun Tzu wuxuu ku soo gabagabeeyey, hoggaamiye kasta waa maqlay shantaas sifo, midkii weeleeya waa guulaysanayaa, kii kalena meel cidlo ah baa looga tagaa.

Giriiggii hore (Socrates iyo Plato)

Qoraallada laga sameeyey dagaalkii Trojan (fiiri tusaale ahaan, *Iliad of Homer*) waxay muujiyaan in dagaalyahanka, oo makaano sare ku lahaa mujtamacii Giriigga ee casrigaas, uu ahaa hoggaamiyaha. Sidaas aawadeed, Giriiggii hore, marka laga hadlo hoggaamiye waxa laga hadlaa 'abaanduulaha dagaalka'. Dagaalyahanku (hoggaamiyuhu) si uu guul uga soo hooyo goobta dagaalka wuxuu aqoon fiican u lahaa 'tabaha dagaalka'. Wuxuu sidoo kale caan ku ahaa 'go'aan qaadasho'.

Muuqaalkii hoggaamiyaha iyo miisaankii la saari jiray labadaba waxa beddeley Socrates (470-399 ka hor dhalashadii Nabi Ciise). Socrates, oo aragtiyihiisii hoggaaminta uu soo bandhigay ardaygiisii Plato, wuxuu hoggaaminta u sameeyey tiirar xoog badan oo ay ka mid ahaayeen siyaasadda iyo akhlaaqda. Plato, buuggiisii 'Republic', wuxuu ku soo bandhigay muuqaalka ay yeelan karto magaalo horyaal ah (ideal city) iyo muuqaalka uu yeelan karo hoggaamiyaha horyaalka (ideal leader) ah ee ku haboon magaaladaas.

Plato, wuxuu ku tegey, in bini'aadamku danayste yahay. Danaha ugu weyn ee uu baadigoobayona wuxuu u arkey 'awood' ay ku xukumaan dadka kale iyo wax kasta oo bini'aadamka agtiisa qiimo ka leh. Plato, wuxuu sidoo kale arkay in sharciga loo dejiyey si loo xakameeyo baahidaas bahalnimada ah. Plato, hoggaamiyaha wuxuu u arkay qof wax kasta ka suuroobaan si uu u gaaro himiladiisa. Si uu u gaaro himiladiisa, hoggaamiyuhu wuxuu dadka isu tusaa in uu yahay qof jecel, danahoodana ka hormarinaya danihiisa gaarka ah. Laakiin xaqiiqadu arrintaas waa ka fogtahay, waayo ujeedadooda ugu weyni waa in uu xukunka haysto. Hoggaamiyahaas dabeecadihiisa waxa ka mid ahaa ad-adayg iyo xeelad badni (cunning).

Dhinaca kale Plato wuxuu arkay in qof kasta uusan noqon karin hoggaamiye. Dadka noqonaya hoggaamiyayaashu waxay lahaayeen dabeecado gaar ah oo qaarna *dhalasho* lagu helo qaarna *waaya'argnimo*. Tusaale ahaan, wuxuu qabay in hoggaamiye aan laga dhigin qofka loogu jecel yahay ee laga dhigo qofka ugu xikmadda iyo caqliga badan. Mar Plato la waydiiyey dadka uu u xalan lahaa hoggaamiyenimada, wuxuu yiri '*waxan xulan lahaa kuwa beenta neceb, runta jecel, aan lexejeclada badnayn, dad la dhaqanka fiican, dhimashada ka biqin, xusuus fiicanna leh*'. Dadka sifooyinkaas leh ayuu u yaqaanney 'hoggaamiye dhab ah'.

Plato, wuxuu sidoo kale qabay, in dabeecadaha kore yihiin bilowga qofka lagu xusho. Wuxuu arkay, sida 'bir-tumuhu' birta dabka u geliyo oo markay caddaato uu dube ula dhaco ilaa ay noqoto sidii la rabay, in waxbarashadu dabeecadaha qofka tunto oo ka saarto waxa xun waxa fiicanna nafaqayso. Wuxuu oran jiray, '*aqoontu waa furaha waxa fiican*'. Hoggaamiyaha barta waxa fiicani wuxuu helaa xikmad. Xikmadduna waa furaha go'aammada fiican ee wax ku oolka ah. Aqoontu waa furaha siyaasadda fiican, shuruucda fiican, iyo barnaamijta fiican oo dhan.

Plato wuxuu ku tegey in hoggaamiyaha barta xikmadda oo kaliya uu dadka si dadnimo ama bini'aadaminimo ku salaysan ula dhaqmi karo. Si uu arrintaas u bayaamiyo, wuxuu hoggaamiyaha ku metelay Takhtar. Takhtarku wuxuu yaqaannaa jirka bini'aadamka iyo waxyaabaha lagu daaweeyo. Sida takhtarku qof kasta u anfaco waa in hoggaamiyuhu qof kasta u anfaco. Sida takhtarka hammigiisu u yahay in uu sare u qaado caafimaadka bini'aadamka, waa in himilada hoggaamiyuhuna noqotaa horumarinta shacabka uu hoggaamiyo.

Thomas Aquinas (1225-1274)

Thomas, oo ku soo beegmay xilli Muslimiintu meel fiican ka gaareen funuunta hoggaaminta, wuxuu aragtiyihiisa xooggooda ka soo qaatay qoraalladii culimada Islaamka. Nasiib darro, Thomas, meeshuu sheegi lahaa in uu aragtiyahaas ka soo qaatay qoraallada laga sameeyey qaabdhaqankii wanaagsanaa ee hoggaamiyayaasha Muslimiinta, wuxuu ku dooday in afkaarahaas uu kala soo dhexbaxay daraasad dheer oo uu ku sameeyey Diinta Kiristaanka iyo qoraaladii Plato.

Thomas, oo aad ugu ololayn jiray boqortooyooyinka, ayaa hoggaamiyaha (boqorka) ku tilmaami jiray macallin, badbaadiye, iyo baxnaaniye. Wuxuu oran jiray, boqorka maskaxdiisa iyo maankiisa waa in aysan marna ka bixin sidii dadka uu hoggaamiyo ay u heli lahaayeen nabadgeliyo iyo nolol fiican.

Niccilo Machiavelli (1469-1527)

Machiavelli, oo ahaa diblomaasi Talyaani ah, wuxuu buuggiisii ugu horreeyey ee hoggaaminta ugu magac daray 'The Prince'. Maadaama xilliga uu noolaa ay si aad ah uga duwanayaynd xilligii Thomas, aragtiyaha buuggiisu xanbaarsanaana si aad ah ayay uga duwanaayeen aragtiyihii Thomas ee ku salaysnaa diinta. Machiavelli wuxuu noolaa waqti ganacsi; waqti awoodda dhabta ahi gacanta ugu jirtay ganacsatada iyo dadka bangiyada leh (bankers).

Sida magaca buuggiisa laga dhadhansanayo, buuggu wuxuu ka hadlayey, hoggaamiye aan hoggaaminta dhaxlin, ee ku gaaray 'siyaasad' ama 'dhaqaale'. Buuggu wuxuu hoggaamiyahaas siinayaa talooyin la xiriira siduu u wajihi lahaa saaxiibbadiis, cadawgiisa, dhibaatooyinka, iyo hirarka siyaasadeed ee had iyo goor isbeddelaya. Wuxuu u sheegayaa waqtiga ay tahay in shacabka loo naxariisto iyo waqtiga ay tahay in la karbaasho. Sidoo kale, Machiavelli, wuxuu qabay in hoggaamiyuhu samayn karo wax kasta oo gaarsiin kara himilooyinkiisa. Waxa hadalladiisa ka mid ahaa xikmadda caanka noqotay ee tiraahda '*Meesha loo socdo (himilada) ayaa jidaysa waddada*' (The end justifies the means). Ugu danbayn Machiavelli wuxuu arkay in hoggaamiyaha meel gaari kara yahay mid wax saadaalin kara.

Aragtida sifada (1880-1940)

"Ninkaan aabbihii saafi jirin looma aammino'e"
Xaaji Aadan Afqalooc

Carruur fasalka 1aad ee Dugsiga Hoose ah (5 jirro) ayaa macallinkii mid walba waxa uu siiyey hal xabbo oo nacnac ah. Wuxuu u sheegay in alaab uu xafiiska ka soo qaadanayo oo uu maqnaanayo 10 daqiiqo. Wuxuu sidoo kale u sheegay in cunug kasta marka uu doono nacnaciisa cuni karo., laakiin, ilmihii suga (aan nacnaca cunin) inta uu soo noqonayo uu siin doono laba xabbo oo nacnac ah oo kale. Sawirqaade (camera) fasalka ku dheggan ayaa laga daawanayey waxa ilmahaasi sameeyaan. Qaar markiiba nacnicii afkay gashadeen oo waa cuneen. Qaar hadba siday dhinac uga taabanayeen ayay markii danbe adkaysan waayeen oo nacnicii intay fiiqdeen cuneen. Qaar kalese way adkaysteen oo waxay sugeen macallinkii.

Waxa laga yaabaa in dad badani is waydiiyaan calaaqaadka sheekadani la leedahay hoggaaminta. Dabagal qaatay 40 sano oo lagu sameeyey carruurtaas ayaa muujiyey: in carruurtii dulqaadka muujiyey ay noqdeen kuwo kaga fiicnaaday nooc kasta oo nolosha ah kuwii aan dulqaadka muujin. Tusaale ahaan, dhinaca waxbarashada iyo dhinaca shaqada labadaba, carruurtaasi waxay noqdeen kuwo ka fiicnaada kuwii kale. Sidoo kale, qaar ka mid ah carruurtii dulqaadka muujiyey ayaa noqday hoggaamiyayaal, meesha kuwaan muujin midkoodna uusan noqon hoggaamiye. Daraasaddaasi waxay muujisay in dulqaadka ama qofku in uu xakameeyo oo ka adkaado dareenka iyo rabitaanka naftiisa ay tilmaan u tahay in uu noqonayo qof ku fiican hoggaaminta.

In kastoo sheekada nacnaca iyo sheekooyin kalaba muujiyaan in hoggaamiyenimada lagu dhasho ama sida Drucker (1975) tilmaamo, hoggaamintu tahay *'wax aan la baran karin, dadkana la bari karin'*. Haddana, dhinaca Islaamka, Ibn-Khalduun hortiis ma jirin qof wax ka qora sifooyinka hoggaamiyaha. Dhinaca Galbeedkana, Galton (1869) hortiis ma jirin qof wax ka qoray sifooyinka hoggamiyayaasha. Ibn-Khalduun, sifooyinka uu ku soo guuriyey buuggiisa waxaa ka mid ah: naxariis, saamixaad, dulqaad, marti soor, ballan oofin, xushmo loo hayo dadka waaweyn iyo culimada, caddaalad, garab istaagga shareecada, iyo ka fogaansho khiyaamo iyo isdabamarin. Galton, oo aragtidiisu aysan wax weyn ka duwanayn kuwii Giriiggii hore, wuxuu aamminsanaa in hoggaamiyenimadu tahay wax lagu dhasho, la kala dhaxlo oo jiilba jiil u gudbiyo. Daraasadii Galton iyo kuwii ka danbeeyey ee lagu sameeyey hoggaamiyayaashu waxay badi fiirin jireen sifooyinka gaarka ah ee hoggamiye leeyahay. Sifo waa astaan ama calaamad ka soocda qof dadka intiisa kale. Sifooyinka sida aadka ah loo fiirin jiray waxa ka mid ahaa:

- Garaadka (qiimaynta xaaladda iyo aftahannimada)
- Horyaalnimada ciyaaraha iyo waxbarashada
- Qaangaarnimada dhanka dareenka iyo caadifada
- Han sarraynta, ka miro dhalinta iyo isku kalsoonida
- Dad la dhaqanka
- U darbanaanta in uu magac iyo mansab helo

Aragtida sifadu waxay ka duushaa in hoggamiyuhu leeyahay muuqaal (physical), awood (abilities) iyo dabeecado (characteristics) ka duwan dadka intiisa kale. Si loo sinji sooco hoggamiyaha fiican, sifooyinka la darsi jiray waxa ka mid ahaa: dhererka, muuqaalka, caqli badnida, isku-kalsoonida iyo hal-abuurnimada. Tusaale ahaan, Edwin Gheselli daraasad uu ku sameeyey 300 oo hoggaamiye, sifooyinka muhiimka ah wuxuu ku soo ururiyey lix sifo:

1. **Hig-sasho** – waxay diyaar u yihiim in ay mas'uuliyad dhabarka u ritaan, dabadeedna dadaal iyo hawlkarnimo muujiyaan si ay u gaaraan waxa ay higsanayaan.
2. **Caqlibadni** –qiimayn, qaabfikir iyo guddoomin sax ah.
3. **Go'aan** – waxay gaari karaan go'aan adag iyagoo aan ka shakisanayn.
4. **Kalsooni** – waxay isu arkaan dad awood wax qabad leh.
5. **Isdirid** – waa kuwo hawl isu diri kara.
6. **Horjooge** – waa kuwo dadka ka shaqaysiin kara.

Horumar laga gaaray cilmi-nafsiga iyo cilmiga bulshada afartamaadkii (1940) iyo kontomaadkii (1950) ayaa cilmibaarayaasha ku soo kordhiyey nidaamyo cusub oo ay u cabbiri karaan sifooyinka. Daraasadahaasi waxay fiiriyeen sifooyinka shakhsiga sida hal-abuurnimada iyo kalsoonida; sifooyinka muuqda sida da'da iyo fir-fircoonida; heerka aqoonta iyo aftahannimada; dad la dhaqanka iyo caan-nimada; hawlkarnimada iyo ka jibo keenidda hawlkasta.

Shaxda 3.1 *sifooyinka hoggaamiyaha*

Dabeecadda qofka	Dad la dhaqanka	Qoyska
• Hawl-kar • Dhabar adayg	• Bulshay • Wax wada qabsi • Diblomaasi	• Waxbarasho • Guur-guur
Karti iyo Garaad	**Hawl qabadnimada**	**Dabciga (personality)**
• Aqoon • Qiimayn • Go'aan adayg	• Guul ka gaarid • Mas'uuliyad • Sabir	• Kalsooni • Daacadnimo iyo sharaf • Boholyow hoggaamin • Niyad fiican • Aan cidna ku tiirsanayn

Daraasado kale ayaa sifooyinka u kala qaada kuwo guud (caam ah) iyo kuwo gaar ah (shaqada la xiriira). Kuwa shaqada la xiriira oo daraasadahaasi carrabka ku dhufteen waxa ka mid ah: geesinnimada, u dulqaadashada iyo ku sabridda dhibaatooyinka, isla beddelidda iyo la qabsiga xaaladaha, iyo dareen maskaxeed. Sida shaxda kore ka muuqata, sifooyinka hoggaamiyaha fiican waxaa lagu soo ururiyaa lix sifo: Sifooyin la xiriira dabeecadda qofka (sida, hawl-karnimo iyo dhabar adayg); sifooyin la xiriira dad la dhaqanka (sida, bulshaynimada, wax wada qabsiga iyo diblomaasiyadda); sifooyin la xiriira karti iyo garaad (sida, aqoonta, qiimaynta xaaladda iyo go'aan adaygga); sifooyin la xiriira hawl qabadnimada (sida, guul ka gaaridda hawlaha la qabanayo, dareenka mas'uuliyadeed iyo ku sabirka wixii ka soo gaara); sifooyin la xiriira dabciga (sida, kalsoonida, daacadnimada iyo sharafta, u boholyowga hoggaamin, niyad fiicnida iyo ku tiirsanaanta naftiisa); iyo ugu danbayn sifooyin la xiriira qoyska uu ka soo jeedo (sida, waxbarashada iyo guur-guurka)

Paul von Hindenburg, hoggamiyihii Jarmalka Dagaalkii 1aad ka dib, ayaa mar wax laga waydiiyey qaabka uu u xusho hoggamiyayaasha wuxuu soo bandhigay sawirka hoose. Sida ka muuqata sawirkaas, Hindenburg wuxuu isticmaali jiray laba sifo: garaadka (intelligency) iyo fir-fircoonida (vitality). Dhinaca garaadka wuxuu fiirin jiray in qofku yahay mid caqli badan ama in uu yahay damiin. Dhinaca firfircoonidana, sidoo kale, wuxuu fiirin jiray in uu yahay mid fir-fircoon iyo mid caajis ah.

Sawirka 3.1 *Qaacidadii Hindenberg*

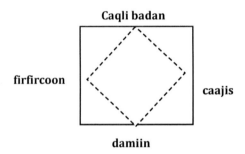

Caqli badan

firfircoon — caajis

damiin

Qaacidada Hindenberg waxa in mudo ah loo isticmaali jiray marka ciidanka loo kala saarayo kii loo tababari lahaa sarkaal dagaal, sarkaal maammul iyo askari. Tusaale ahaan, haddii qofku noqdo mid fir-fircoon oo caqli badan, waxa loo diyaarin jiray in uu noqdo sarkaal dagaal; hadduu noqdo mid fir-fircoon laakiin damiin ah, waxa laga dhigi jiray askari; hadduu noqdo mid caqli badan laakiin caajis ah, waxa laga dhigi jiray sarkaal maammul (ka shaqeeya xafiisyada); hadduu noqdo mid damiinnimo iyo caajisnimo isku darsaday, meeshaa looga tegi jiray.

1948-dii, mar uu Stogdill isha mariyey wax ka badan 100 daraasadood oo lagu sameeyey sifooyinka hoggamiyayaasha, waxa u soo baxay in dhowr sifo ay markasta soo noq-noqdaan. Dhowrkaas sifo waxa ka mid ahaa: garaad, kalsooni, niyad fiicni, sharaf, dad-la-dhaqan, iyo dareen mas'uuliyadeed. Stogdill wuxuu kaloo shaaca ka qaaday in sifooyinka qaarkood si gooni ah ugu xiran yihiin xaaladda.

Gardner (1990), buuggiisa 'Leadership', wuxuu ku soo gudbiyaa 14 sifo oo uu ku doodo in qofka lihi xaalad kasta, waqti kasta iyo goob kasta hoggaamin karo. Sifooyinkaasi waxa ka mid ah: karti iyo dadnimo; garaad iyo qiimayn xaaladeed; u hamuumanaan mas'uuliyadeed; aqoon xirfadeed; fahan dhammaystiran oo la xiriira dadka uu hoggaamiyo; xirfad dad la dhaqan; hami sare; awood dad kicineed; geesinnimo iyo hal'adayg; kalsooni iyo ammaano; isku kalsooni; dhabar adayg; iyo la qabsi xaalad kasta.

Mire (2000), sifooyinka la'aantood qof uusan hoggaamiye noqon karin, wuxuu ku soo ururiyaa shan sifo: waddaninimo, tacliin, hufnaan, karti badni, iyo bisayl siyaasadeed. Samatar iyo Samatar (2002) iyana waxay ku soo ururiyaan afar: kalsooni nafeed; hiraal, aqoon maammul iyo qiyam.

Kouzes and Posner (1995) daraasad ay ku sameeyeen 2,615 hoggaamiye ee ugu magaca dheer waddanka Maraykanka, waxa u soo baxay in sifooyinka ugu waaweyn ee hoggaamiyayaashaasi kaga duwanaayeen hoggaamiyayaasha kale ay ka mid ahaayeen:

- **Daacadnimada**: hoggaamiyaha waxa la oranayaa waa daacad marka qawlkiisa iyo ficilkiisu is waafaqaan.
- **Aqoonta**: dadku ma raacaan hoggaamiye ay ogyihiin in aqoontiisu hoosayso, ee waxay raacaan qof ay ogyihiin in uu garanayo waxa uu ka hadlayo. Aqoontu, ma aha wax la sheegto, shahaadooyin derbiyo la suro, ee waa wax qofka laga arko. Qofka aqoonta lihi meel kasta oo uu joogo ummadduu anfacaa.
- **Hiraal** (vision): hoggaamiyuhu waa in uu garanayo meeshuu ummadda u wado. Waa in uu garanayo waddada la marayo si loo gaaro meeshaas. Waa in uu garanayo caqabaadka ka sokeeya iyo sida looga gudbayo. Hoggaamiye aan hiraal lahayni wax weyn kama duwana qof indho la.
- **Qof dadka kiciya**: hoggaamiyuhu waa qof isku kalsoon, deggan, aamminsanna meesha loo socdo. Waa qof dadka kicin kara oo dhiirri gelin kara. si hoggaamiyuhu u noqdo qof wax dhiirri gelin kara oo kicin kara, waa in uu yahay qof lagu kalsoonaan karo, dulqaad iyo samirna caan ku ah.
- **Naxariis**: hoggaamiyuhu waa in uu noqdo mid dadka ugu naxariista sida hooyadu ilmeheeda ugu naxariisato.
- **Wada tashi**: Hoggaamiyuhu wuxuu wax ku hoggaamiyaa wada tashi.
- **Sinnaan iyo caddaalad**: hoggaamiyuhu waa in uu noqdo qof aan agtiisa qofna lagu dulmin, isna wax dulmin. Sidoo kale waa in wax kasta oo uu qabanayo u qabto si caddaalad ah.
- **Xishood**: hoggaamiyuhu waa in uu noqdo qof ka xishooda xumaanta

Aragtida qaabdhaqanka (behavioural theory)

Meesh aragtida sifadu ku dooddo in dad yar oo leh sifooyin gaar ahi noqon karaan hoggaamiye, aragtida qaabdhaqanku waxay ku doodaa in qofkasta oo qaata qaabdhaqan hoggaamin oo sax ihi noqon karo hoggamiye fiican. Meesha aragtidii hore ka duulaysay sifooyinka qofka, aragtidani waxay ka duushaa qaabdhaqanka qofka. Waxa intaas weheliya in aragtidani ku dooddo in qofku wax ka beddeli karo qaabdhaqankiisa oo uu baran karo qaabdhaqanno cusub.

Kaligitalis/dimoqraadi

Daraasaddii aasaaska u noqotay aragtida qaabdhaqanka ayaa hoggaamiyayaasha u kala saarta keligitalis iyo dimoqraadi. Meesha kaligitalisku yahay hoggamiye awoodda hal meel isugu keena, dadkana ku xukuma xoog, dabagal, iyo cabsigelin. Demoqraadigu waa hoggaamiye awoodda qaybiya, soona dhoweeya ka qayb-qaadasho.

Sawirka hoose oo ay soo bandhigeen Tannenbaum iyo Schmidt (1973) ayaa hoggaaminta ka dhigtay mid aan ku koobnayn labada darf ee kaligitaliska iyo dimoqraadiyadda oo kaliye ee ay yeelan karto wajiyo badan oo iskudhafan, muuqaalka ay hoggaamintu yeelanaysaana uu ku xiran yahay nooca shirkadda iyo xaaladda. Sida ka muuqata sawirka hoose, hoggaamiyuhu wuxuu noqon karaa mid kaligiis go'aan gaara, dabadeedna dadka ku amra in ay fuliyaan. Dhinaca kalena wuxuu noqon karaa mid awood buuxda siiya dadka si waxa ay qabanayaan iyagu go'aan uga gaaraan, dabadeedna u fuliyaan.

Sawirka 3.2 *kaligitalis iyo dimoqraadi*

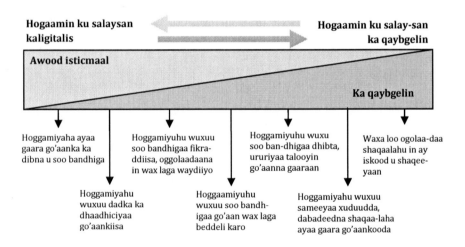

Source: *Harvard Business Review. An exhibit from Robert Tannenbaum and Warren Schmid, "how to choose a leadership pattern" (May-June 1973).*

Daraasad la xiriirta arrintaas kore oo uu daadihinayey Ralph Stogdill (1940) laguna sameeyey Jaamicadda Iowa ayaa hoggaamiyayaasha u kala saartay *kuwo qaddarin siiya shaqaalaha* iyo *kuwo qaddarin siiya shaqada*. Meesha kooxda kore xushmeeyaan shaqaalaha, qiimeeyaan aragtidooda ku aaddan shaqada, waxna ka waydiiyaan waddadii la mari lahaa si loo gaaro ahdaafta shirkadda. Kooxda danbe, waxay shaqaalaha u diraan shaqada, kuna hoggaamiyaan gacan bir ah si loo fuliyo qorshaha shaqada. Daraasaddaasi waxay muujisay in waxsoosaarka nidaamka kaligitaliyuhu fiican yahay inta hoggaamiyuhu goobta shaqada joogo, meesha nidaamka demoqraadigu fiican yahay marka hogganku uusan goobta shaqada joogin. In waxqabadku fiican yahay marka hoggaamiyuhu goobta shaqada joogo, waxa lagu fasiray cabsi laga qabo hoggaamiyaha. Daraasaddaasi waxay muujisay in waxsoosaarka iyo qaabdhaqanka shaqaalaha labaduba ku xiran yihiin qaabdhaqanka hoggaamiyaha, i.e. hadduu yahay hoggaamiye xun ishiisa ayay iska fiiriyaan, hadduu yahay hoggaamiye fiicanna waxay u shaqeeyaan si daacadnimo ku salaysan.

Daraasad kale oo lagu sameeyey Jaamicadda Michigan oo uu horkacayey Rensis Likert ayaa qaadday waddo ka duwan middii ay qaadeen reer Iowa. Daraasaddaasi waxay isbarbardhig ku samaysay hoggaamiyayaasha hawl-qabadka leh iyo kuwa aan hawlqabadka lahayn. Daraasaddaas oo hawl-qabadnimada hoggamiyaha ku cabbirtay waxsoosaarka shaqaalaha ayaa soo bandhigtay laba qaabdhaqan oo hoggaamiyayaashu leeyihiin. Meesha nooca hore noqdeen kuwo ahmiyad siiya shaqaalaha (employee-centred), kuwa danbe waxay noqdeen kuwo ahmiyad siiya shaqada (job-centred). Kuwa hore waxay taageero aan hagrasho lahayn u fidiyaan shaqaalaha; waxay abuuraan jawi shaqo oo ku salaysan is-fahan iyo is-ixtiraam; waxay ka hortagaan wax kasta oo carqalad ka dhex dhalin kara shaqaalaha. Hogganka ahmiyadda siiya shaqadu waxay awoodda isugu geeyaan sidii shaqada loo qorshayn lahaa loona fulin lahaa. Kooxdaani waxay caan ku yihiin yool samayn iyo hawl fulin.

Blake and Mouton (1985) ayaa iyagoo ka duulaya labadaas daraasadood ee Iowa iyo Michigan waxay soo bandhigeen shax hoggaamiyayaasha u qaybinaysa shan nooc. Sida ka muuqata shaxdaas, dhinacna wuxuu cabbirayaa xushmada hoggaamiyuhu u hayo shaqada, dhinacna xushmada uu u hayo shaqaalaha. Sidoo kale dhinac walba waxa uu leeyahay 9 lambar oo muujinaya heerka hoggaamiyuhu ka joogo arrintaas.

Sida ka muuqata sawirka 3.3, hoggaamiyuhu ahmiyadda uu siiyo shaqada iyo shaqaaluhu labaduba aad u hooseeyaan, waa mid faqri ka ah dhanka hoggaaminta, saalixna aan u ahayn in uu wax hoggaamiyo. Waxaa ka soo horjeeda oo dhinaca kale taagan, hoggaamiyaha ahmiyad weyn siiya shaqada iyo shaqaalaha. Hoggaamiyahaasi waa hoggaamiyaha dhabta ah ee u qalma ama ku habboon hoggaaminta. Haddii ahmiyad la siiyo shaqada oo kaliya, hoggaamiyahaasi wuxuu noqdaa sida kuwa maammula dabakaayooyinka, dhinaca kalena haddii ahmiyad la siiyo shaqaalaha oo kaliya, wuxuu noqdaa kuwa maammula naadiyada (clubs). Ugu danbyan waxa jira hoggaamiyayaal ahmiyad dhex-dexdhexaad ah siiya shaqada iyo shaqaalaha labadaba.

Sawirka 3.3. *Shaxda hoggaaminta ee Blake iyo Mouton (1985)*

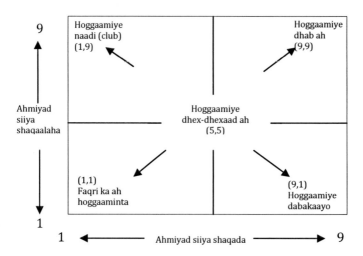

Source: *The leadership Grid from Leadership Dilemma*

Su'aalo badan ayaa la iska waydiiyaa labada nooc ee daraasaduhu hoggaamiyayaasha u kala saaraan. Su'aalahaas waxa ka mid ah: in labadaas qaabdhaqan yihiin kuwa ugu muhiimsan; in labadaas qaabdhaqan laga wada heli karo hal hoggaamiye; in qaabdhaqannadaasi yihiin kuwo ku xiran xaaladda iyo in ay yihiin kuwo ku xiran hoggaamiyaha; iyo in hoggaamiyaha aan ku fiicnayn sifooyinkaas uu baran karo ama sare u qaadi karo.

Daraasado dhowaan la sameeyey ayaa ka duula xiriir gaar ah oo dhex mara hoggaamiyaha iyo qofkasta oo ka mid ah shaqaalaha. Aragtidaan oo loogu yeero hoggaaminta shaqsiga (individualised leadership) waxay ku doodaa in hoggaamiyuhu xiriir gaar ah la yeesho qof kasta oo ka mid ah dadka uu hoggaamiyo. Nooca xiriirkaas ayaana go'aamiya qaabka ay u wada dhaqmayaan hoggaamiyaha iyo qofkaasi. In kastoo daraasadahaani aysan bayaamin sida xiriirkaani u samaysmo iyo cidda bilowda, haddana waxa jira waxyaabo badan oo muujinaya in nooca xiriirka uu saldhig u yahay kalsooni dhexmarta hoggamiyaha iyo la-hoggaamiyaha. Kalsoonidaasi inkastoo ay badanaa ka bilaabmato dhanka la-hogaamiyaha (shaqaalaha), haddana way ka bilaabmi kartaa hoggaamiyaha.

Daraasado kale oo dhowaan lagu sameeyey xiriirka dhexmara hoggaamiyaha iyo la-hoggaamiyaha ayaa iftiimiyey in xiriirkaasi maro maraaxil saddex ah: (1) markay isku cusub yihiin, hoggaamiyaha iyo la-hoggaamiyuhu midba midka kale ayuu tijaabiyaa; (2) marka ay is fahmaan, waxay samaystaan qaab shaqo oo labaduba ku qanacsan yihiin; (3) marka xiriirkoodu adkaado wuxuu isu beddelaa qaabdhaqan midba midka kale uu saadaalin karo.

Daraasado fiiriyey dibaatooyinka ka dhalan kara hoggaaminta shaqshiga ah ayaa muujiyey in dadka qaarkood dareemi karaan in aan la siin tixgelinta ay mudanyihiin. Daraasaddaasi waxay bidhaamisay in dadku kala duwan yihiin. Kala duwanaanshahaasina keenayo inaan qof walba loola dhaqmin sida ku habboon.

Aragtida ixtimaalka (contingency theory)

Markii, labadii aragtiyood oo hore, bidhaamin waayeen sifooyin iyo dabeecado sinji-sooc ku samayn kara hoggaamiye fiican, ayaa baadigoobkii wuxuu afka saaray jiho cusub. In katoo daraasadihii sifooyinka iyo qaabdhaqanku wali sii socdeen, haddana waxa markan loo jeestay dhinaca ixtimaalka (contingency). Aragtida ixtimaalku waxay ka duushaa in nooca hoggamintu ku xiran yahay xaaladda. Sida ka muuqata sawirka hoose, aragtidani waxay tiraahdaa waxqabadnimada hoggaamiyuhu kuma xirna hoggaamiyaha oo kaliye ee waxay sidoo kale ku xiran tahay la-hoggaamiyaha iyo xaaladda.

Sawirka 3.4 *Aragtida ixtimaalka*

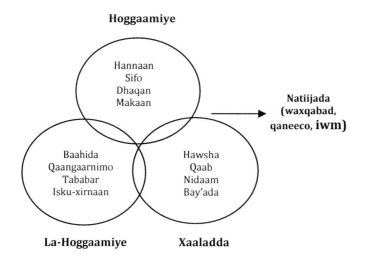

Aragtidaani waxay wax weyn ka beddeshey fikraddii laga haystay hoggaaminta, maadaama aragtideedu ku soo ururtay in uusan jirin hal nooc oo hoggaamin oo fiican. In hoggaamintu noqoto mid fiican iyo in kale waxay ku xiran tahay xaaladda iyo la-hoggaamiyaha

Aragtididaani waxay leedahay moodeelo kala duwan oo ay soo bandhigeen aqoonyahanno kala duwani (sida, Fiedler, Hersey and Blanchard, Vroon-Jago iyo aragtida path-goal). Inta aynaanse u gudbin aragtiyaha kala duwan ee dadkaas aan waxoogaa ka taabanno saddexda waaxood ee moodeelku ka kooban yahay.

Hoggaamiyaha

"The crowd will follow a leader who marches twenty steps in advance; but, if he is a thousand steps in front of them, they do not see and do not follow him"
Georg Brandes

Marka aan fiirinayno hoggaamiyaha, waxan fiirinaynaa qof ahaan wuxuu ku soo siyaadinayo hoggaaminta. Waxaasi waxay noqon karaan taariikh nololeed, khibrad, dabeecad, dhiirrigelin ama waxyaalo kale. Waxay kaloo noqon karaan sida uu u wajaho xaaladaha ka hor yimaada; ma degganaan ayuu ku qaabilaa mise dareen caadifad leh. Tusaale ahaan, hoggaamiyaha si deggan u dhegaysta oo ugu dhug yeesha wararka naxdinta iyo dareenka aan fiicnayn ku gadaaman waxaa lagula soo dhiirradaa warka fiican iyo kan naxdinta leh labadaba, meesha hoggaamiyaha xaruuriga ah oo qofka farriinta soo gaarsiiya maryaha ka siiba aan wax war ah la soo gaarsiin.

Dhinacyada kale oo muhiimka ah waxa ka mid ah in hoggaamiyaha la doortay iyo in kor lagaga keenay; in laga yaqaan meeshaas oo uu dallacaad ku gaaray jagada iyo in daaqad laga soo geliyey. Meesha hoggaamiyayaasha shacabku doorteen ama laga yaqaan goobta oo la wada og yahay in ay jagadaas u qalmaan ay magac iyo sumcad ku leeyihiin goobta hadalkooda iyo tilmaamohoodana dhug loo yeesho, hoggaamiyaha aan la dooran ama daaqada laga soo geliyey qiimo iyo qaddarin weyn kuma laha goobtaas.

La hoggaamiyaha

"Fail to honor people, they fail to honor you"
Lao Tzu

La hoggaamiyuhu ama shacabku waa qayb weyn oo ka mid ah hoggaaminta. Inkastoo qorayaashu, aysan, xilliyadii hore siin jirin ahmiyad weyn, haddana waa la dareemi karaa in rabitaanka, filashada, garaadka, dhiirranaanta iyo waxqabadka la hoggaamiyuhu qayb weyn ka qaadan karaan wax qabadka hogaamiyaha.

Tusaale ahaan, waxa la wariyaa in mid ka mid ah taabiciintu, Cali Bin abi-Daalib (RC) ku yiri, waxa kaa fiicnaa xilligii Abu-Bakar (RC), Cumar (RC) iyo Cismaan (RC). Cali (RC) oo markaas ahaa Amiirka Mu'miniita wuxuu ugu jawaabay, Abu-Bakar, Cumar iyo Cismaan annagaa shacab u ahayn, annigana idinkaa ii ah. Taasi waxay muujinaysaa in dadka la hoggaamiyo qayb weyn ka yihiin hannaanka hoggaaminta.

Xaaladda

Waxa la yiraahdaa, qaabka hoggaamiyuhu ula dhaqmo shacabka ama dadka uu hoggaamiyo qayb ahaan waxay ku xiran tahay xaaladda. Daraasadaha ka hadla xaaladdu ma aha kuwo cusub, qaarkood (fiiri Person, 1928) waxay dib ugu laabanayaan bilowgii qarnigii tagay. Daraasadahaas xooggoodu waxay ku doodaan in xaaladda ama waqtigu soo saaro hoggaamiye. Tusaale ahaan, waxa la yiraahdaa hoggaamiyayaasha magaca lihi waxay badanaa soo baxaan xilliyada lagu jiro duruufaha adag sida: waqtiyada jaahwareerka dhaqaalaha, kacdoonka shacabka, ama isbeddellada keena kacaan (revolution).

Daraasado kale (fiiri, Merton 1957) ayaa soo bandhigay in qaabdhaqanka hoggaamiyuhu qayb ahaan ku xiran yahay sida hoggaamiyuhu u qiimeeyo xaaladda. Hunt iyo Osborne (1982) waxay xaaladda u kala qaadaan mid gaar ah (micro variables) iyo mid guud (macro variables). Meesha midda hore la xiriirto nooca shaqada iyo muuqaalladeeda, midda danbe waxay la xiriirtaa bay'adda iyo saamaynta ay ku yeelan karto xaaladda. Meesha cilmibaarayaasha xooggoodu awoodda saaraan xaaladda gaarka ah, Hunt iyo Osborne waxay ku doodaan in xaaladda guud saamayn aan ka yarayn xaaladda gaarka ah ku leedahay waxqabadnimada hoggaamiyaha.

Isku soo duuduuboo xaaladdu waxay ka kooban tahay saddex hir oo kala sarreeya. Waxa ugu hooseeya hawsha (task); waxa xiga nidaamka (organisation); waxa ugu sarreeya bay'adda (environment). Xaaladdu kuma koobna saddexdaas arrimood oo kaliya, ee waxaa sidoo kale saamayn ku leh waxyaabo badan oo ay ka mid yihiin: cimilada, culayska shaqada, wada shaqaynta kooxda.

Aqoon kasta oo aan u leenahay hoggaamiyaha iyo la-hoggaamiyaha, haddana, haddii aan aqoon dhammaystiran loo lahayn xaaladda sawirka hoggaamintu ma aha mid dhammaystiran.

Moodeelka Fieldler

Moodeelka Fiedler wuxuu is waafajiyaa hannaanka hoggaamin iyo xaaladda. Sidaan sare ku soo xusnay hoggaamiyuhu wuxuu noqon karaa mid ahmiyad siiya shaqaalaha ama shaqada. Meesha xaaladdu noqon karto mid saacdidda hoggaamiyaha ama mid aan-saacidin. Lafdhabarta moodeelka Fiedler waa sidii la isu waafajin lahaa hannaanka hoggaamin iyo xaaladda. Isagoo ka duulaya iswaafajintaas ayaa Fiedler wuxuu soo bandhigaa dhowr muuqaal oo hoggaamintu yeelan karto.

1. Hoggaamiyaha ahmiyadda siiya shaqadu wuxuu waxqabad fiican yahay marka xaaladdu tahay mid ama aad u saacidi karta ama aan aad u saacidi karin. Waxa laga yaabaa in dad badani qariibsadaan arrintaas. Aan faallo gaaban ka bixinno:

    a. Xaaladda aadka u saacidaysa hoggaamiyaha: shaqadu waa qeexan tahay, qof kastana waa fahansan yahay hawsha looga baahan yahay; waxa kaliya oo loo baahan yahay waa qof jiheeya shaqaalaha.

    b. Xaaladda aan saacidayn hoggaamiyaha: waxa lama huraan ah in la sameeyo qaab shaqada loo fuliyo iyo jihayn; cidda kaliya oo xaaladdaas ka miro dhalin kartaana waa hoggaamiye adag oo ka fekera shaqada hortiisa taalla oo kaliya.

2. Hoggaamiyaha ahmiyadda siiya shaqaaluhu wuxuu waxqabad fiican yahay marka xaaladdu dhex-dhexaad tahay. Marka xaaladdu dhex-dhexaadka tahay, xiriirka ka dhexeeya hoggaamiyaha iyo shaqaaluhu waa mid fiican, hoggaamiyahana waa la jecel yahay. Xiriirka fiican iyo jacaylku waxay keenayaan in uu shaqaalaha niyadda u dhisi karo waxna u diri karo isagoon wajigabax la kulmin.

Si loo isticmaalo moodeelkaan, waxa muhiim ah in: (1) hoggaamiyuhu aqoon u leeyahay naftiisa; ma wuxuu ahmiyad siiyaa shaqaalaha mise shaqada; (2) hoggaamiyuhu waa in uu qiimayn ku sameeyo xaaladda si uu u ogaado in xaaladdu tahay mid saacidaysa iyo inkale.

Aragtida Hersey iyo Blanchard

Aragtida ay soo bandhigeen Hersey iyo Blanchard waxay ahmiyad gooni ah siisaa la-hoggaamiyaha (follower). Aragtidaani waxay ku doodaa in diyaarsanaanta la-hoggaamiyuhu aad u kala duwan tahay. Diyaarsanaanta laga hadlayo waa aqoonta, xirfadda iyo waayo aragnimada la-hoggaamiyuhu u leeyahay shaqada. Aragtidaani waxay tiraahdaa nooca hoggaamin waxay ku xiran tahay heerka diyaarsanaan ee la-hoggaamiyaha.

Sida Hersey iyo Blanchard soo gudbiyeen, hoggaamiyuhu wuxuu qaadaa 4 waddo middood. Waddada uu xulanayaana waxay ku xiran tahay heerka diyaarsanaanta ee shaqaalaha. Afartaas hab waxay kala yihiin: u sheegid, ka iibin, ka qaybqaadasho iyo mas'uuliyadda qaar ku wareejin:

- U sheegidda waxa la isticmaalaa marka qiimayn badan loo hayo shaqada, qiimayn yarna loo hayo shaqaalaha. marka laga duulayo nidaamkaan, hoggaamiyuhu wuxuu siiyaa la-hoggaamiyaha tilmaan buuxda oo la xiriirta sida hawsha loo qabanayo.

- Marka ahmiyad sare loo leeyahay shaqada iyo shaqaalaha labadaba, waxa la isticmaalaa iibin. Marka la isticmaalayo nidaamkaan, hoggaamiyuhu wuxuu soo bandhigaa hawsha la qabanayo, dabadeedna waxaa su'aalo la waydiiyaa hoggaamiyaha si si fiican loogu fahmo hawsha.
- Ka qaybqaadasho waxa la isticmaalaa marka ahmiyad weyn loo hayo shaqaalaha, ahmiyad yarna loo hayo shaqada. Hoggaamiyuhu wuxuu aragtidiisa u soo gudbiyaa la-hoggaamiyaha, kuna dhiirrigeliyaa in ay ka qayb qaataan go'aanka.
- Mas'uuliyadda oo qaar la wareejiyo waxay timaadaa marka ahmiyad weyn aan loo hayn shaqada iyo shaqaalaha midna. Hoggaamiyuhu wuxuu mas'uuliyadda go'aanka iyo fulinta labadaba ku wareejiyaa la-hoggaamiyaha.

Dhinaca kale, marka la ogaado heerka diyaarsanaan ee la-hoggaamiyaha, afarta hab ee aan sare ku xusnay midkood ayaa lagu fuliyaa. Tusaale ahaan, haddii heerka diyaarsanaantu hooseeyo waxaa la isticmaalaa 'u sheegid'; haddii heerka diyaarsanaantu yahay dhex-dhexaad waxa la isticmaalaa 'ka iibin'; hadaii heerku yahay mid sare waxa la isticmaalaa 'ka qaybgelin'; ugu danbayn hadduu yahay mid aad u sarreeya waxa la isticmaalaa 'mas'uuliyad ku wareejin'.

Marka la raacayo aragtidaan, waxa marka hore la ogaadaa heerka diyaarsanaanta ee la-hoggaamiyaha, dabadeedna waxa la isticmaalaa nidaamka hoggaamin ee ku habboon.

Aragtida 'Path-Goal'

Aragtidani waxay tiraahdaa 'hawsha hoggaamiyuhu waa in uu sare u qaado waxqabadka la-hoggaamiyaha si loo gaaro ahdaafta'. Laba waddo midkood ayuu hoggaamiyuhu sare ugu qaadi karaa waxqabadka la hoggaamiyaha: (1) in uu la-hoggaamiyaha tusiyo waddada lagu gaaro abaalmarin; (2) in uu sare u qaado waxyaabaha la-hoggaamiyaha agtiisa qiimaha ka leh.

Aragtidaan waxa gundhig u ah saddex walxood: qaabdhaqanka hoggaamiyaha; xaaladda; iyo isticmaalka abaalmarinta. Qaabdhaqanka hoggaamiyuhu afar midkood buu sida qaalibka ah noqdaa: *taageere* (supportive); *amar-siiye* (directive); *ka qaybgeliye* (participative); *sare-u-qaade* (achievement-oriented). Taageeruhu wuxuu ahmiyad wayn siiyaa xaaladda nololeed iyo baahida la-hoggaamiyaha. Hoggaamiyuhu waa mid fur-furan, soo dhowayn fiican, dadkana isku wadi karta. Amar-siiye waa hoggaamiye loo-taliyaha u sheega hawsha laga rabo in ay fuliyaan. Hoggaamiyuhu waa mid awoodda saara

75

qorshaynta, waqti dejinta, iyo qiimaynta. Wuxuu sidoo kale muujiyaa baahida loo qabo in sharciga la raaco.

Sawirka 3.5. *Aragtida 'path-goal theory'*

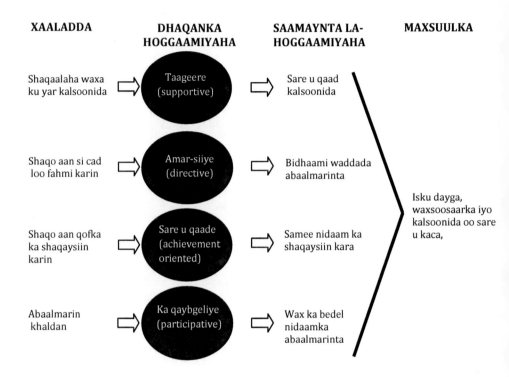

Ka qaybgeliye waa hoggaamiye go'aamadiisa kala tashada loo-taliyayaasha. Dabeecadihiisa waxa ka mid ah: fikrad iyo talo waydiin iyo dhiirrigelin in laga qaybqaato go'aamada. Wuxuu sidoo kale loo-taliyayaasha ugu tagaa goobtooda shaqada. Sare u qaaduhu wuxuu bidhaamiyaa himilooyin sare oo in la higsado ay lama huraan tahay. Hoggaamiyahu wuxuu awoodda saaraa sidii tayada sare loogu qaadi lahaa. Wuxuu sidoo kale muujiyaa kalsoonida uu ku qabo shaqaalaha, haddii loo baahdana waa saacidaa.

Sidaan sare ku soo xusnay, maxsuulku qayb ahaan wuxuu ku xiran yahay xaaladda iyo qaabdhaqanka hoggaamiyaha. Tusaale ahaan, marka kalsoonidu ku yartahay shaqaalaha, nidaamka taageeridda ayaa ah nidaamka ugu fiican ee sare u qaadi kara kalsoonida shaqaalaha shirkaddana gaarsiin kara ahdaafteeda. Sidoo kale, haddii shaqadu tahay mid aan si cad loo fahmi karin oo u baahan bayaamin, nidaamka amarsiinta ayaa ah nidaamka ugu habboon.

Moodeelka Varoom-Jargo

Moodeelkaan wuxuu si gooni ah isu kor taagaa sida nidaamka ka qaybgelintu saamayn ugu yeelan karo tayada go'aanka iyo mas'uuliyadda ka dhalata go'aankaas. Sidaas aawadeed, wuxuu ka lug bilaabaa dareen salka ku haya in hoggaamiyaha ay ka hor yimaadaan carqalado u baahan xallin. Go'aammada lagu xallinayo carqaladahaasna, ama si gooni ah uu u gaaro hoggaamiyahu ama si wadajir ah ay u gaaraan hoggaamiyaha iyo shaqaalaha oo wada jira. Moodeelkaani waa mid camali ah oo si toos ah u muujinaya heerka ka qaybgelin ee la-hoggaamiyayaasha si loo gaaro go'aan.

Saddex waaxood ayuu moodeelkaani ka kooban yahay: qaabka ka qaybgelinta; su'aalo baaritaan ku samaynaya xaaladda go'aanka; iyo sharciga go'aan gaarista. Moodeelku wuxuu isticmaalayaa shan hab oo ka qaybgelin ah oo ka bilaabma in hoggaamiyaha kaligiis go'aanka gaaro (decide); in uu qof-qof ugala tashada (consult individually); in uu koox-koox ugala tashado (consult group); in uu sahlo sidii shaqaaluhu go'aan u gaari lahaayeen (facilitate); iyo ugu danbayn in uu mas'uuliyadda qaar wareejiyo (delegate).

Sidee hoggaamiyuhu ku go'aansadaa qaabka ka qaybgelin ee ugu fiican? Ka qaybgelintu waxay ku xiran tahay walxo dhowr ah oo tayada go'aanku ugu horrayso. Waxa sidoo kale ka mid ah waayo'aragnimada shaqaalaha, iyo muhimmadda ay leedahay in shaqaalaha go'aanka wax laga wadaajiyo.

Aragtiyaha cusub ee hoggaaminta

Aragtida burjiga (charisma)

Wixii ka horeeyey Weber waxa la aamminsanaa in burjigu yahay 'hibo', sidaas aawadeed, qofka burjiga leh waa la barakaysan jiray, mararka qaarkoodna waaba la caabudi jiray. Dadka weeleeya burjiga waa la jecel yahay; waa la maqlaa; agtoodaana badanaa lagu urursan yahay. Waxay leeyihiin ruuxiyad dadka dareenkooda kicisa. Hoggaamiyaha burjiga lihi wuxuu gaarsiiyaa dadka heer aysan arkin caqabadaha hortooda yaalla ee ay arkaan himilada oo kaliya. Waxay ku yeeshaan dadka saamayn gaarsiisan xad qofku uusan maya dhihi karin; xad qofku dab iyo biyo toonna uusan ka joogsanayn. Waa heerka Zun Tzu ku tilmaamo 'in la-hoggaamiyuhu u dagaallamo, u dhaawacmo, una dhinto hoggaamiyaha isagoo aan cabsi iyo khatar midna maskaxdiisa iyo maankiisa ku jirin'. Zhang Yu (960-1278) oo ka mid ah raggii sharraxay 'The Art of War' wuxuu yiraahdaa, heerkaas waxa lagu gaari karaa, marka dadka loola dhaqmo si naxariis, kalsooni iyo caddalad ku salaysan.

Hoggaamiyaha burjiga lihi wuxuu degaa maskaxda iyo maanka dadka. Hoggaamiyayaasha noocaas ihi, sida qaalibka ah, waxay soo ifbaxaan xilliga duruufaha adagi jiraan, waayo xilligaas waxa loo baahan yahay hoggaamiye dhisa niyadda, yareeya cabsida iyo argagaxa, dadkana gaarsiiya hadafkooda. Hoggaamiyayaasha noocaas ihi xilligaas waxay dadka u dilaaciyaan indhaha, waxay sidoo kale sare u qaadaan waxsoosaarka.

Burjigu waa hibo Eebbe bixiyo, way adag tahay in la iska doondoono. Waayo waa wax ka imaanaya qalbiga ee ma aha wax ka imaanaya bishimaha; waa wax run ah, ee ma aha wax dadka lagu beerlaxawsanayo.

Hoggaamiyaha burjiga lihi waxyaabo badan ayuu kaga duwan yahay hoggaamiyayaasha kale. Waa mid la jecel yahay; waa mid la rumaysan karo; wuxuu iftiimiyaa meesha la higsanayo; wuxuu huwan yahay huga xikmadda iyo garashada; wuxuu leeyahay dareen hooyo iyo garasho aabbe; wuxuu dadka gaarsiiyaa farriin qoraxda ka cad, malabka ka macaan, reexaantana ka udgoon. Waa farriin qofka qalbigiisa gelaysa oo aan u baahnayn in waqti badan lagu lumiyo bayaaminteeda.

Hoggaamiyaha burjiga lihi dadka ma khasbo, misana agtiisaa la tuban yahay oo isagaa tilmaan laga dhowrayaa, waayo: waa runsheege, waa aammin, waa qof lagu kalsoon yahay oo aan sinaba looga shakin karin. Waayo, wax kasta oo la qabanayo isagaa dadka uga horreeya oo tijaabo noqda. Hoggaamiyaha burjiga lehi waa beddele; wuxuu dadka si xayaabo tir leh ugu xardhaa meesha loo socdo (hiraalka); waa afmaal, goob ka hadal ah, oo markuu afka kala qaado sharqantu dento; wuxuu kiciyaa dadka; wuxuu dhisaa niyadda; waa isku-tole; waa qof dhiig leh, dareenkiisu taagan yahay; waa qof isku kalsoon laguna kalsoon yahay; waa geesi aan cabsi qalbigiisu aqoon; wuxuu caan ku yahay istaraatiijiyo iyo qaabfeker hal-abuur ku dheehan tahay;

House (1976) ayaa dabeecadaha hoggamiyayaasha burjiga leh ku tilmaamay: kuwo muuqda, hankoodu sarreeyo, iskuna kalsoon. Hoggamiyayaashaasi badanaa:

- Waxay noqdaan tusaale fiican oo lagu dayan karo;
- Waxay xushmo dheeri ah tusiyaan raciyadooda;
- Waxay muujiyaan siday uga gun gaari lahaayeen waxay aamminsanyihiin ama aydiyoolajiyadooda;
- Waxay raciyadooda u sheegaan in ay meel fog gaari karaan, waxayna tusiyaan siday ku gaari lahaayeen;
- Waxay dadka ku dhiirrigeliyaan in ay wax qabtaan si ay u gaaraan himilooyinkooda.

Burjigu, waa seef laba af leh, qofna wuxuu u isticmaalaa dhinaca fiican (sida Gandhi, Churchill, Kennedy), qofna dhinaca xun (sida Hitler, Charles Manson).

Aragtida xiriirka (relational theories)

"I don't think of leadership as a position.
I don't think of leadership as a skill.
I think of leadership as a relationship"
Phil Quigley

Laga soo bilaabo 1970-kii waxaa aad u xoogaystay aragti ku doodda in xiriirka dhex mara hoggaamiyaha iyo la-hoggaamiyuhu qayb ka yahay waxqabadka. Aragtidaasi waxay ku doodaa in haddii la rabo in sare loo qaado waxsoosaarka iyo qaneecadu ay lama huraan tahay in xiriirka la hagaajiyo. Dad la dhaqanka ayay aragtidaani ka dhigtaa waxa ugu weyn ee hoggaamiyaha ka dhiga mid waxqabad fiican leh.

Adeege (servent leader)

"The first responsibility of a leader is to define reality.
The last is to say thank you. In between, the leader is a servant"
Max De Pree (1989)

Meesha shaqada hoggaamiyuhu ahaan jirtay in uu xaqiijiyo himilooyinka sharikaadka, maanta, shaqada ugu muhiimsan ee hoggaamiyuhu waa in uu xaqiijiyo himilooyinka shacabka. Hoggaamiyaha xaqiijiya himilooyinka shacabka ayaa loo yaqaan adeege.

Adeeganimadu waa aragti cusub. Aragtiyaha aan qaybaha hore ee cutubkaan ku soo aragnay waxa ka mid ahaa **kaligitaliye**, ka qaybgeliye iyo mas'uul ka dhige. Kaligitaliyuhu wuxuu ahaa hoggaamiye kaligiis go'aamada gaara. Shaqadiisu kuma ekayn heerka hoggaaminta oo kaliya, ee waxa uu ahaa mid wax kantaroola oo ciqaab iyo abaalmarin labaduba gacantiisa ku jiraan. Shaqaaluhu, agtiisa wax xuquuq ah kuma lahayn, codkoodana cidi dheg uma jalaq siin jirin.

Ka qaybgelintu (participative) waxay soo bilaamatay sideetamaadkii (1980s). Xilligaas, hoggaamiyayaashu waxay bilaabeen in ay shaqaalaha waydiiyaan aragtidooda, la tashina la sameeyaan. Inkastoo sida magaca laga dareemayo, shaqaaluhu cod heleen, haddana wali awoodda iyo go'aamada waxa iska lahaa hoggaanka sare. Shaqaalaha waxa laga filaa in ay talooyin la xiriira sidii sare loogu qaadi lahaa tayada soo bandhigaan, dadka ay la shaqeeyaanna qaab fiican oo iskaashi iyo hawlwadaag ku dhisan ula shaqeeyaan. Hawlaha hoggaanku

79

waxay wali ahaayeen kuwo mas'uul ka ah maxsuulka, qaabdhaqankoodana waxa ku soo biiray in ay noqdaan kuwo wax haga.

Mas'uul ka dhige, waa hoggaamiye awoodda wax ka siiya shaqaalaha. Shaqaaluhu waxay wax ka qaabeeyaan himilooyinka iyo qaabka lagu gaarayo. Nidaamkani waa mid isu soo dhoweeya hoggaamiyaha iyo shaqaalaha, bila niyadda iyo mooraalka shaqaalaha, awood ilaa xad ahna siiya shaqaalaha. Sharikaadka isticmaala nidaamkani waxay dhammaan soo tebiyaan in isbeddel weyni ku dhacay heerka waxsoosaar ee shaqaalaha.

Adeeguhu, meeshii mas'uul-ka-dhiguhu gaarsiiyey shaqaalaha ayuu hal geeddi ka sii raraa. Adeege, waa hoggaamiye, danaha guud ka hormariya danaha gaarka ah; hadafkiisa kowaad waa in uu u adeego shaqaalaha, macaamiisha, maalgeliyayaasha iyo bulshadda oo dhan. Waa qof ahimiyaddiisa ugu weyni salka ku hayso in uu adeego. Robert Wood Johnson, milkiilihii Johnson & Johnson, mar uu ka hadlayey nidaamka hoggaamin ee uu shirkaddiisa gaarsiiyey heerka sare, wuxuu yiri 'waxaan ahay adeege'. Rasuulku (SCW) isagoo ka hadlaya muhimmaddaas wuxuu yiri xadiis micnihiisu yahay "qofka loo dhiibo hoggaanka ummad oo aan ku dadaalin, ka welwelin (noloshooda, diintooda, iwm), jannada ma galo"[16]. Cumar (RC) markii loo doortay Khaliifada wuxuu yiri ' la iima dooran in aan idin garaaco ama lacagtiina qaato, waxa la ii doortay in aan diinka Alle idin baro, idiinna adeego'[17]

Waxa fikradda adeegenimada aad u qaadaa dhiga casrigan ninka loogu yeero Robert Greenleaf. Robert wuxuu yiraahdaa "Hoggaamiyuhu marka hore waa adeege: waxa uu maskaxda iyo maanka ku hayaa in uu dadka u adeego. Wuxuu ka **_welwelaa_** sidii dadka uu u adeegayo dhinac kasta u horumari lahaayeen. Wuxuu mar walba is waydiiyaa in dadka caafimaadkooda, caqligooda, iyo dhammaan baahidooda uu wax ka beddelayo. Robert Greenleaf, buuggiisa 'Servent Leadership' mar uu ka hadlayay aasaaska adeeganimada, wuxuu yiri adeeguhu waa qof:

1. Danaha guud ka hormariya danaha gaarka ah;
2. Si kal iyo laab ah u dhegaysta dadka kale. Kalsoonida waxa saldhig u ah dhegaysiga. Qofka loo dhegaysto si kal iyo laab ah, waxa sare u kacaya kalsoonida uu ku qabo hoggaamiyaha;
3. Aammin ah, lana aammini karo;
4. Nafaqeeya ama sare u qaada caqliga iyo jirka shaqaalaha. Sida jirku ugu baahan yahay raashin isu dheelli tiran, ayaa caqliguna ugu baahan yahay

---

[16] Saxixul Muslim, V. 1, chapter 44, xadiith no. 264
[17] Al Buraey, Mohamed (1985), Administrative development: An Islamic perspective, London, KPI

iimaan iyo aqoon. Adeeguhu wuxuu awoodda saaraa in qofkasta noqdo qof dhammaystiran dhinaca caqliga iyo jirka labadaba.

Sida qaalibka ah, hoggaamiyaha adeegaha ahi wuxuu si sahal ah ku kasbadaa kalsoonida shacabka. Adeeguhu, waa hoggaamiye, ku dhexnool shacabka, waa hoggaamiye dareensan rabitaankooda maanta iyo kan mustaqbalka labadaba, waa hoggaamiye jecel in uu ogaado duruufaha hortaagan shacabka, isla markaasna u guntada siduu wax uga qaban lahaa. Hoggaamiyaha adeegaha ihi waa mid: albaabkiisu u furan yahay qof kasta; yaqaan sida loola hadlo shacabka; xaalad kasta oo lagu jirana diyaar u ah in uu caawiyo shacabka. Hoggaaminta noocaan ihi waxay abuurtaa kalsooni, dhega furnaan iyo sharciga oo si miisaaman loo isticmaalo.

Max DePree, mar uu sifaynayey hawlaha hoggaamiyaha adeegaha ahi qabto, wuxuu ku tilmaamay in 'mas'uuliyadda ugu horraysa ee hoggaamiyuhu tahay bidhaaminta hiraalka. Midda ugu danbaysaana tahay in uu u mahadnaqo qofkasta. Bidhaaminta iyo mahadnaqa dhexdooda, hoggaamiyuhu waa in uu noqdo adeege iyo qaamaysane. Qaamaysnaantu waxay la xiriirtaa qoomamayn iyo cafis waydiisasho la xiriirta waxyaabaha uu hoggaamiyuhu qaban karay laakiin uusan qaban.

Adeeguhu waa hoggaamiye ummaddiisa ka ilaaliya waxa xun oo dhan: caddaalad daradda, cabsida, faqriga, gaajada, iwm. Waxa arrintaas si fiican u bayaamiyey xadiithkii micnihiisu ahaa "<u>dhammaantiin waxaad tihiin ilaaliye qof kastna wuxuu mas'uul ka yahay wuxuu ilaalinayo. Hoggaamiyuhu waa illaaliye, ninku waa ilaaliye, xaasku waa ilaaliso</u>". Xadiis kale oo uu Abu-Hurayra weriyey ayaa isna micnihiisu ahaa "<u>Hoggaamiyuhu waa gaashaanka shacabka. Waxay ka dagaallamaan dhabarkiisa, wuuna ilaaliyaa.</u>

Wax beddela (transformational leaders)

"Some men see things the way they are and ask why,
I see things as they could be and ask why not."
Bobby Kennedy

Hoggaamiyaha wax beddelaa, saamayn baaxad weyn ayuu ku leeyahay shacabka uu hoggaamiyo. Waxaaba, mararka qaarkood, la yiraahdaa wuxuu awooddaa in uu cusboonaysiiyo mujtamac dhan. Hoggaamiyaha noocaan ahi, wax weyn ayuu kaga duwan yahay hoggaamiyayaasha kale, tusaale ahaan, kala-beddele. Kala-beddele, waa hoggaamiye fahma baahida shacabka, dabadeedna u yabooha abaalmarin dabooli karta baahidaas haddii ay fuliyaan hawl. Kala-beddele, wuxuu awoodda saaraa maanta, wuxuu isku hawlaa in hawshu u socoto si fiican. Hoggaamiyaha noocaan ihi wuxuu ku fiican yahay qorshaynta iyo maaraynta, waxay awoodda saaraan shaqada oo kaliya. Hoggaaminta noocaan ihi, maadaama ay bayaamiso waxa laga filayo shacabka, xilliyada qaarkood way ka wax ku oolsan tahay noocyada kale ee hoggaaminta.

Dhinaca kale, beddele, waa hoggaamiye isbeddel la taaban karo ku sameeya dadka iyo shaqada labadaba. Wuxuu iftiimiyaa hiraal cusub iyo istaraatiijiyadii lagu gaari lahaa hiraalkaas; wuxuu u shaqeeyaa qaab ikhtiraac iyo halabuurnimo ku dheehan tahay. Meesha, hoggaamiyayaasha kale isticmaalaan abaalmarin iyo ciqaab si ay u fuliyaan hawlaha looga baahan yahay, beddele wuxuu shacabka ka dhex abuuraa kalsooni iyo walaaltinimo; waa tusaale fiican

Beddele, waa hoggaamiye dareen bini-aadam leh; wuxuu leeyahay garaad iyo garasho xeeldheer; wuxuu si habsan isha uga dhexbixiyaa bay'adda ku xeeran; wuxuu dadka ku soo jiitaa dabeecad wanaagsan, degganaan iyo garasho.

Beddele, dhowr wax oo waaweyn ayuu kaga duwan yahay hoggaamiyayaasha kale:

1. Wuxuu shaqaalaha u beddelaa hoggaamiyayaal. Mar kasta oo shaqaalaha la siiyo xorriyad ay ku qaabeeyaan shaqo maalmoodkooda, waxa sare u kaca kalsoonida shaqaaluhu ku qabaan hoggaamiyaha. Waxay dadka ka dhaadhiciyaan hiraalka iyo himiladda, waxay qeexaan xudduudaha xorriyadda ee shaqaalaha, waxay dadka u beddelaan dhammays. Waxay dadka ku qalabeeyaan aalad wax kasta u tusinaysa si ka duwan oo badanaa ka fiican sidii hore.
2. Waxay bilaan himmada shaqaalaha. Waxay shaqaalaha dareensiiyaan in noloshu ka ballaaran tahay in la qabto inta loo diray oo kaliya. qofku wuxuu noqdaa mid isku kalsoon, aamminsan inuu qaban karo wax kasta. Waxay dadka ka dhaadhiciyaan in ay noqdaan furaha beddelka.
3. Waxay maanka iyo maskaxda qof kasta ku sawiraan meesha loo socdo. Waxay riyadooda mustaqbalka la wadaagaan shaqaalaha, ilaa shaqaaluhu gaaraan heer ay la riyo noqdaan hoggaamiyaha. Dadku markay arkaan meesha loo socdo iyo saamaynta waaga cusubi ku yeelan doono noloshooda waxay qabtaan hawl dheeri ah oo ka badan midi laga filayey.

Haddaan soo ururiyo, beddele, wuxuu beddelaa maanka iyo maskaxda qofka, wuxuu bilaa niyadda shakhsiga, wuxuu dadka tusaa meesha loo socdo, wuxuu qof walba dareensiiyaa waxyaabaha meeshaasi kaga fiican tahay meesha maanta la deggan yahay.

Islaamka iyo hoggaaminta

Islaamka, hoggaaminta waxa saldhig u ah rumaysnaanta **Allaah** iyo isu dhiibid isaga oo kaliya la isu dhiibo. Ujeeddada ugu weyni waa in Allaah la raalli geliyo. Shaqada hoggaamiyuhuna waxay ku soo ururtaa: in wixii khayr ah la sameeyo; iyo in Diinka Alle dhulka lagu xukumo. Si hoggaamiyuhu khayr u sameeyo, waa in niyaddiisu khayr tahay. Hoggaamiyaha niyaddiisu khayrka tahay wuxuu ku sugan yahay xaqqa, ma welwelo, mana argagaxo marka xaaladdu adkaato.

Sifada ugu muhiimsan ee hoggaamiyaha islaamku leeyahay waa sifada 'Iimaanka'. Waxay rumaysan yihiin Allaah iyo Rasuulkiisa (tawxiid). Waxay isu dhiibeen Allah. Waa adeegayaal oo waxay fuliyaan amarrada Eebbe (SW). Fikraddooda, maskaxdooda iyo caqligooda waxay ka hor mariyaan Diinka Eebbe. Qofka rumaysan Allah, wuxuu sidoo kale rumaysan yahay **Aakhirada**. Wuxuu rumaysan yahay in lala xisaabtami doono. Arrintaas waxa ka dhasha in qofku noqdo qof caaddil ah oo ka soo dhalaala mas'uuliyadda uu dhabarka u ritay.

Mararka qaarkood waxa dhaca in la wajaho kala xulasho laba hoggaamiye oo Muslim ah: mid aqoon fiican u leh Islaamka, laakiin aqoontiisa hoggaamintu liidato iyo mid aqoon yar u leh Islaamka, laakiin aqoontiisa hoggaamintu aad u sarrayso. Sida culimo badani ku tageen (fiiri kitaabka Al-Siyaasah Al-Sharciya ee Shekhul Islaam Ibnu-Taymiya) waxa la hormarinayaa midka aqoonta hoggaaminta ku fiican. Waxa culimadaasi tusaale u soo qaataan magacaabiddii Rasuulku (SCW) u magacaabay Camar Ibn Caas (RC) in uu hoggaamiyo qaswadii Daatal Salaasil. Camar xilligaas wuxuu Islaam ahaa afar bilood oo kaliya.

Hoggaamiyaha aan aqoonta fiican u lahayn hoggaamintu, aqoon kastoo uu u leeyahay diinta Islaamka, waa aabbaha fashilka. Haddii hoggaamiyuhu ku liito xukunka sharciga, waxa inta ka dhimman u buuxinaya shuurada iyo culimada ku hareeraysan, haddiise uu ku liito hoggaaminta waxa booskaas bannaan u buuxinaya dad meel xun ka tuura. Soomalida dhexdeeda, waxa tusaale fiican ugu filan fashilkii Maxaakiimta Islaamiga. Hoggaamiyayaashii Maxaakimta, waxa la isku raacsan yahay in ay ku jireen rag culimo ah, cubbaad ah, taqwo iyo dhowr-sanaanna lagu yaqaan. Laakiin, dhinac kasta oo laga fiiriyey, waa laga dhex waayey, haba yaraatee, dad wax ka fahansan hoggaaminta. Burburkii lagu naafoobey ee soo gaaray Soomaalida, oo mid la mid ihi uusan taariikhda soo gaarinna, waxa gundhig u ahaa aqoon darro la xiriirta dhanka hoggaaminta.

Qofka Iimaanka Ilaahay ku irsaaqo, waa qof nabad kula nool naftiisa, waa **qof nabad kula nool Allaah**, waa qof nabad kula nool khalqiga Eebbe. Moudduudi (Eebbe ha u naxariiste) markuu sharraxayo Islaamka iyo Iimaanka, wuxuu yiraahdaa "Iimaanku waa iniintii, Islaamkuna waa mirihii iniintaasi dhashay". Taas oo micneheedu yahay, qofkii Eebbe ku irsaaqo Iimaan, wuxuu noqdaa qof ku dhaqma Islaamka, meesha kan Iimaankiisu hooseeyo/liito uusan si fiican ugu dhaqmin Islaamka. Hoggaamiyaha ku dhaqma Islaamku marna ma hilmaamo in hoggaamintu tahay ammano lagala xisaabtamayo. Waxa la wariyaa in Cali Bin Abi-Daalib (Eebbe ha ka raalli noqdee) warqad u diray Malik Al-Ashtar oo ahaa Waaliga Masar. Wuxuu yiri *"Marna ha hilmaamin in haddaad Reer Masar xukunto, adigana Khaliifadu ku xukumo. Allaahna Khaliifada kor ka xukumo"*

Marka qofku isu dhiibo Allaah, oo uu noqdo Islaam toosan, waxa Eebbe ku irsaaqaa **cabsida Alle** (taqwaa). Taqwadu waa dareen qofka qalbigiisa dega. Waa dareen qofka mar walba xusuusiya in Eebbe la xisaabtamayo. Qofka Eebbe ku irsaaqo taqwada waxa laga arkaa acmaashiisa: waa qof ka fog xumaan oo dhan; waa qof aamminsan maalinta qiyaamaha; ooga salaadda; wixii Eebbe ku irsaaqayna wax ka bixiya; waxay rumaysan yihiin wixii Eebbe ku soo dejiyay Rasuulka oo waxyi ah iyo wixii waxyi lagu so dejiyey ambiyadii hore; waa kuwo ku dheggan caddaaladda; waxay xiriiriyaan qaraabada; waxay ka hor yimaadaan xumaanta; waxay oofiyaan ballamaha; waxay ku sabraan dhibta. (Suuratul Baqara, aayadaha 2-5 iyo 177).

Meesha taqwadu la xiriirto cabsida Eebbe, **ixsaanku** waa jacaylka Allaah. Jacaylka Allaah wuxuu dadka ku dhiirri geliyaa in ay Alaah raalli geliyaan. Rasuulku (SCW) markuu ixsaanka fasirayay, wuxuu ku fasiray "in Eebbe loo caabudo sida adiga oo arkaya; haddii aadan adigu arki karin, Allaah, isaga ayaa ku arka". Dareenka la xiriira in Eebbe kuu jeedo waxa ka dhalanaya in qofku noqdo mid dhowrsoon.

Hoggaamiyaha Eebbe ku irsaaqo iimaanka, Islaamnimada, taqwada, iyo ixsaanku waxay caan ku yihiin:

- **Caddaalad**. Kelmada 'cadli' laba micne ayay leedahay luqada carabiga. Mid waa midda aan naqaan ee caddaaladda, midna waa dheellitirnaan (balance). Dheellitirnaantu waa sifo muhiim ah oo hoggaamiyuhu u baahan yahay. Caddaaladu waa waxaan gorgortan gelin; waa waxaan isu tanaasul iyo meel dhexe isugu imaansho gelin; waa wax loo siman yahay (qof yar iyo mid weyn; taajir iyo faqiir).
- **Ammaano** (trust). Ammaanadu waa mas'uuliyad. Qofkii khiyaama waxa lagu ammaanaystay wuxuu la mid yahay qof Allaah iyo Rasuulkiisa khiyaamay (Anfaal, 27). Rasuulkana waxa laga weriyey xadiis micnihiisu yahay "qofkii lix ii ballan qaada, waxan u ballan qaadayaa Jannada. Lixdaasna waxa ka mid ahaa Ammaanada". Hoggaamintu waa ammaano. Si hoggaamiyuhu uga soo baxo ammaanada waa in uu: run sheeg noqdo; ballamaha oofiyo; ka fogaado xumaanta (sida sinada); xishood iyo caddaaladna ku caan baxo.
- **Samafal** (righteousness). Hoggaamiyayaasha samafalka Eebbe ku irsaaqay: waxay caan ku yihiin caddaalad iyo iimaan; waxay caawiyaan dadka dhibaataysan, iyagoo ugu dhowaanaya Allaah; waxay sameeyaan

camallada wanaagsan oo dhan; waxay fuliyaan ballamaha; waxay ku sabraan wixii dhib ka soo gaarta.

- **Mujaahada** (struggle). Waxay ku jihaadaan naftooda, waxay ka horyimaadaan baahida iyo rabitaanka naftooda; waxay har iyo habeen isha ku hayaan niyadooda iyo ficilladooda. Waxay dadka kale u sheegayaan iyagaa marka hore sameeya.
- **Ballan** Oofin (keeping a promise). Ballan la'aantu waxay ka mid tahay calaamadaha munaafiqa. Munaafiqiintuna waa kuwa naarta ugu hooseeya. Hoggaamiyaha islaamka ihi waa mid ballanta oofiya intii awooddiis ah.

Hoggaamintu waa ammaano, waa mas'uuliyad, waa xil. Ammaanadu waa culays; waa culays qofkii yaqaanna, micnaha culays, uusan ku deg-degin. Waxyaabaha la inaku ammaanaystay waxa ka mid ah nafta, jirka, maalka, carruurta, iwm.

Islaamku ma dhiirri geliyo, in qof isu soo taago, oo uu dalbo mas'uuliyad. Rasuulku (SCW) isagoo ka digaya arrintaas ayuu wuxuu yiri xadiis micnihiisu yahay "ha raadinnina mas'uuliyad, qofkii mas'uuliyad dalbada oo markaas loo dhiibo mas'uuliyadda, isaga iyo mas'uuliyadda ayaa la isaga dhex baxaa (wax gargaar ah kama helo Allaah). Haddiise laguu garto addigoon raadin, waxaad helaysaa gargaarka Alle"[18]. Culimadu waxay ka soo reebaan dhowr xaaladood. Marka qofku arko masiibo soo socota oo uu ogyahay in uu leeyahay aqoonteeda iyo waayo aragnimadeeda. Ujeeddadiisuna tahay in uu gacan ka geysto sidii looga badbaadi lahaa masiibadaas. Tusaale ahaan, Nabi Yuusuf (CS). Ibnu Kathiir markuu ka sheekaynayo arrinta noocaas oo kale ah wuxuu ku xiraa shuruudo badan oo ay ka mid yihiin: niyad fiican oo sax ah.

Soomaalida iyo aasaaska hoggaaminta

Laga soo bilaabo Shiinayskii hore, ilaa laga soo gaaro casrigaan, waxaan soo taxnay waxyaabaha laga fiirin jirey ama lagu xulan jirey hoggaamiyayaasha. Tusaale ahaan, Sun Tzu, wuxuu hoggaamiye ka dhigi lahaa qof: garaad fiican, naftiisa ku kalsoon, geesi ah, dadka ula dhaqma si bani'aadanimo ku salaysan, ad-adayg iyo ragannimona caan ku ah. Plato, wuxuu hoggaamiye ka dhigi lahaa qof: beenta neceb, runta jecel, aan lexejeclo badnayn, dad la dhaqan fiican, aan dhimashada ka biqin, xusuus fiicanna leh. Ragga ku tegey in hoggaamiyuhu leeyahay sifooyin la sinji sooci karo waxay arkaan in hoggaamiye laga dhigo qof: dhinaca kartida iyo garaaddka, aqoon fiican leh, xaaladaha qiimayn kara, go'aan adaygna caan ku ah; dhanka dabeecadda, qof hawl karnimo iyo dhabar adayg

---

[18] Saxiixul Muslim, Vol. 3 pagge 1013

lagu yaqaan; dhanka dad la dhaqanka, qof bulshay ah; dhanka hawl-qabadnimada, qof mas'uul ah, sabir badan, jecelna in uu waxa uu qabanayo guul ka gaaro; dhanka dabciga, qof naftiisa ku kalsoon, daacad ah, sharaf leh, niyad fiican; dhanka qoyska, qof ka soo jeeda qoys waxbarasho leh. Dhinaca qaabdhaqanka waxaan sheegnay in hoggaamiye dhab ah uu noqon karo qof ahmiyad siiya shaqaalaha iyo shaqada labadaba. waxaan sidoo kale sheegnay, markaan ka hadlaynay aragtida ixtimaalka, in qiimaynta aan lagu koobin hoggaamiyaha oo kaliya ee qiimaynta lagu darro la-hoggaamiyaha iyo xaaladda.

Markaan ka hadlaynay aragtiyaha cusub ee hoggaaminta, waxaan sheegnay, in hoggaamiye uu noqon karo qofka: dadka xukunka ka qaybgeliya; mas'uul ka dhiga; una adeega. Dhinaca Islaamka waxaan sheegnay in qof Eebbe ku irsaaqay iimaan, taqwo iyo ixsaan uu wax hoggaamin karo.

Haddaba aan iswaydiinnee, maxay Soomaalidu ku xulan jireen hoggaami-yayaasha? Waxaan ka soo sheekaynay, cutubkii hore, in hoggaamiyayaashii hore ee Soomaalida lagu xulan jiray: aqoon, waaya'aragnimo, garaad, geesinnimo, dhaqan wanaag, deeqsinimo, xikmad iyo run. Waxaan sidoo kale soo xusnay in miisaankaasi dhalan rogmay markii gumaystuhu soo galay geyiga Soomaalida. Laga soo bilaabo waqtigaas, ilaa maanta, hoggaamiyayaashii soo maray Soomaaliya laba nooc ayay ahaayeen: kuwo la doortay iyo kuwo xukunka xoog ku maroorsaday. Nooca la doorto, oo ilaa hadda aan la garanayn wax lagu dooran jiray, waxay ku ekaayeen sebenkii rayidka (dawladii shibilka ahayd). Nooca danbe, oo hareeyey siyaasadda Soomaaliya laga soo bilaabo markii Siyaad Barre xukunka marooqsaday, wuxuu soo maray maraaxil. Marxaladdii hore, 10-kii sano ee u horraysay, in kastoo aan laga faa'iidaysan, haddana waxa wali wax ka sii noolaayeen aqoon yahan qiyam iyo sharaf huwan; siyaasi danta guud ka hormariya danta gaarka ah iyo ganacsade xalaal quute ah. Horumarkii waddanku ku tallaabsaday tobankaas sanona, 1969-1979, inteeda badan, waxaa loo aaneeyaa waxoogaagaas ka sii harsanaa dadkii hore ee qiyamka lahaa.

In kastoo, Idaajaa laga hayo 'Leego cidi kama danbayn', haddana, sida Samatar iyo Samatar (2002) soo bandhigeen, laga soo bilaabo, xukuumaddii daakhiliga, tayada hoggaanka Soomaalida, maalinba maalinta ka danbaysa, waxa ku socday hoos u dhac ama waxa luuqadda juqraafiga loogu yeero 'lisan iyo rifan'. Hoos u dhacaasna waxaa markhaati u ah baroor diiqda loo sameeyo xukuumad kasta markay dhacdo. Tusaale ahaan, Yam-Yam oo saluugsan nidaamkii xukuumaddii Siyaad Barre waa tuu lahaa: *'Maxaad noogu dhalateen kuwii hore ma dhaantaane'*. Abshir Bacadle oo dalbanaya in Siyaad Barre la soo celiyo waa tuu lahaa *'Duqii doona ducona ugu dara waad na dubateene'*.

Hoos u dhaca dhanka tayada ee maanta ka muuqata saaxada hoggaaminta, qayb ahaan, waxa mas'uul ka ah siyaasiyiintii waaya'aragnimada lahaa oo siyaasadda ka fariistay; dadkii aqoonta iyo damiirka lahaa oo ka xishooday in ay dhex boodaan *'dhidarro xumo-ka-sheegga dadkooda dheef ku raadinaya*'; iyo mujtamicii oo uu ku dhacay khalal dhanka qiyamka ah. Hoos u dhaca waxaa sidoo kale saldhig u ah 'magan' loo noqday cadawgii soo jireenka ahaa ee Soomaaliya. Cadawga maganta loo noqday, waa cadawgii Raabeh (1986) uu soo bandhigay mashruuciisa iyo himilooyinkiisa ku aaddan Soomaaliya. C/Risaaq Xaaji Xuseen, Raysulwasaarihii hore ee Soomaaliya, oo magan u noqoshada Itoobiya iyo ujeedooyinka qarsoon ee ay leedahay ka hadlayaana wuxuu yiri: *"Taliska Meles Zenaawi ee Itoobiya marnaba ma qarsan sida uu ugu raad-joogo meel-marinta himilada haliilka joogtada ahi weheliyo ee muddada qarniyada ah uu dalkaasi ku soo taamaayey; taas oo ah isballaarinta iyo dhul-ka-gogashada dalalka deriska la ah sida soomaaliya. .....Meles Zenaawi wuxuu isku deyayaa inuu qorshihiisa ku meelmariyo hab doqon-ma-garato ah iyo hannaan la dahaaray, isaga oo ay la tahay sidaas inuu ku gaari karo fulinta himiladiisa ku kooban qabsashada iyo xalaalaysiga dhammaan Soomaaliya amaba qaybo ka mid ah"*. Magan u noqoshada caddawgana, sidaan hore ku soo sheegnay, waxa gundhig u ah soo bixitaanka hoggaamiye-sheegtayaal aan qiyam iyo anshax toonna lahayn. Hoggaamiyeyaal sheegtayaal aan aqoon iyo waaya'aragnimo toonna lahayn; hoggaamiye sheegtayaal aan hiraal iyo himilooyin lahayn; hoggaamiye-sheegtayaal ragga qaarkiis ku meteleen subxaanyo ama abeeso.

Afrax (2002) wuxuu ku doodaa in qarannimo aysan soo noqonayn ilaa la helo wax uu ugu yeero 'dhaq-dhaqaaq maskax furan' oo 'dadka danta u haga'. Dhaq-dhaqaaq iftiinsha xalka; dhaq-dhaqaaq dadka u jiheeya dhanka xalku jiro; dhaq-dhaqaaq ujeeddadiisu tahay dad dhisid. Waa yaabe! Dhaq-dhaqaaqaas yaa yagleelaya, haddii maskax guur (brain drain) ku dhacay Soomaaliya. Haddii intii caqliga iyo dammiirka lahayd nin waliba intuu albaabka hoosta ka xirray ku 'baroortay' heestii Maxamed Ismaaciil (Barkhad-cas) ee mireheeda ay ka mid ahaayeen *'aan ooyee albaabka ii xira'*, ama ay qaateen taladii Yam-yam, markuu lahaa 'halgankiyo *midnimadiyo; kuwii calanka soo muday, aan barooranee maye'*

Badbaado qaran, waxay imaan kartaa oo kaliya, marka aan beddelno nafteenna. Markaan dib u raacno raadkeenna, si aan u ogaanno meesha wax ka khaldameen. Markaan khalad-sax ku samayno waxaan ku xulanno iyo waxaan ku qiimayno hoggaamiyayaasha. Haddii kale, xaalkeennu wuxuu weligiis ahaanayaa, sidii Dhoodaan cabbiray: *'ruqo dabada laga fuushan yahay ruuxna kicin waaye'*. Badbaado qaran waxay imaanaysaa: markaan baadigoobno hoggaamiye leh sifooyinka Sun Tzus iyo Plato soo bandhigeen; badbaado qaran waxay imaanaysaa markaan baadigoobno hoggaamiye qiyam iyo sharaf leh; badbaado qaran waxay imaanaysaa markaan baadigoobno hoggaamiye hiraal samayn kara, ummaddana u dhaqaajin kara dhanka hiraalkaas; badbaado qaran waxay imaanaysaa markaan baadigoobno hoggaamiye adeege ah, hoggaamiye waxa beddeli kara. Badbaado qaran waxay imaanaysaa marka siyaasiga ruug-caddaaga ah talo la waydiiyo; marka aqoon yahanka aragti laga qaato; marka culimada ku xeeldheeraatay aqoonta diinta laga dalbado in ay wax kasta u bandhigaan kitaabka iyo sunnaha. Badbaado qaran waxay imaanaysaa markaan hog dheer ku ridno miisaanka khaldan ee ku salaysan *'yaa inooku shar badan'.*

Dhinaca sharikaadka, horumar la taaban karo waxay gaarayaan, markay xushaan: hoggaan aqoon leh; hoggaan karti leh; hoggaan dabci iyo dad la dhaqan leh; hoggaan ahmiyad siiya shaqada iyo shaqaalaha; hoggaan fahansan shaqaalaha iyo xaaladda labadaba; hoggaamiye sare u qaada waxqabadka shaqaalaha; hoggaan talooyinka ka qaybgeliya shaqaalaha iyo dadka shirkaddu saamaynta ku leedahay (stake holders); hoggaan shaqadiisu tahay adeege; hoggaan wax beddela; hoggaan leh qiyam iyo sharaf.

Qaybta

Tiirarka iyo udub-dhexaadka Hoggaaminta

Tiirarka iyo udub-dhexaadka hoggaaminta: Guudmar

"Waxaan ahay nin arkaaya, waxaan uunku u jeedin"
Maxamed Xaashi Dhamac (Gaariye)

Marka laga sheekaynayo hoggaaminta, moodeello fara badan, oo ujeeddadoodu tahay in la bayaamiyo sifooyinka, dabeecadaha iyo qaab dhaqanka hoggaamiyaha ayaa la soo bandhigaa. Tusaale ahaan, Locke (1991) wuxuu soo bandhigay moodeel la isticmaali karo marka hoggaamiye la xulanayo. Moodeelkiisu wuxuu ka kooban yahay afar walxood: dhiirrigelinta iyo sifooyinka; aqoonta, xirfadda iyo awoodda; hiraalka; iyo hirgelinta hiraalka. Quin (2004) iyo Luthans iyo Avolio (2003) waxay soo bandhigaan moodeel kala saari kara hoggaamiyaha u qalma jagada hoggaaminta iyo kan aan u qalmin (hoggaamiye-isu-ekeysiiyaha). Rag kale oo Goleman (1995) ku jiro waxay ku doodaan in hoggaamintu ku xiran tahay heerka caadifad-garaadka qofka. Aragtiyaha kale ee sharraxa hoggaaminta ee aan ku soo aragnay cutubkii hore waxaa ka mid ahaa: aragtida sifada; aragtida qaabdhaqanka; aragtida ixtimaalka iyo aragtiyaha cusub. Dhammaan aragtiyahaasi waxay muuqaal ka bixiyaan hoggaamiyaha waxqabadka iyo dad isku wadka leh; hiraal samayn kara; dadkana gaarsiin kara himilooyinkooda.

Moodeellada hoggaaminta ee buugaagta iyo joornaallada hoggaamintu soo bandhigaan, badidoodu waxay salka ku hayaan aragtiyo reer Galbeed oo aan ku habboonayn dunida inteeda kale. Tusaale ahaan, sifooyinka, dabeecadaha, qaabdhaqanka iyo waxyaabaha kale ee ay ka hadlaan, marka laga soo tago waxyaabo caam ah oo bini'aadamka oo dhammi waddaagaan, intooda badani ma sharixi karaan, muuqaalna kama bixin karaan hoggaamiyayaasha dunida inteeda kale. Kenis (1977) oo is bar-bar dhig ku sameeyey farqiga u dhexeeya hoggaamiyayaasha Maraykanka iyo Turkiga, wuxuu muujiyey in ay ku kala duwan yihiin nidaamka hoggaamin iyo filashada la-hoggaamiyaha labadaba.

Dorfman et al. (1997), oo iyana is bar-bar dhig ku sameeyey shan waddan, waxay daboolka ka qaadeen in nidaamka hoggaamin ee waddammadaasi si aad ah u kala duwan yahay. Kala duwanaanshahaasna qayb ahaan waxay ku sharraxeen, kala duwanaanshaha dhaqammada iyo caadooyinka.

Sidani (2008) is bar-bar dhig uu ku sameeyey moodeellada hoggaaminta ee reer Galbeedka iyo model uu kala soo dhex baxay kitaabka *Muqaddimah* ee Ibn-Khalduun, wuxuu muujiyey, in kastoo muuqaalka guud ay labada moodeel isaga eg yihiin, haddana hoos ahaan si aad ah ayay u kala duwan yihiin. Tusaale ahaan, labada moodeelba waxay ku doodaan in soo bixitaanka iyo aqbalaadda hoggaamiyuhu ku xiran tahay saddex arrimood: sifooyinka iyo dabeecadaha hoggaamiyaha; sifooyinka iyo dabeecadaha la-hoggaamiyaha; iyo bay'adda. Laakiin markaad fiirisid waxyaabaha mid walba ka kooban yahay waxaad arkaysaa in marka laga soo tago magacyada guud aysan wax kale wadaagin.

Haddaba aan iswaydiinee, moodeel noocee ah ayaa sharixi kara ama hummaag u samayn kara qofka mudan in uu qabto hoggaanka siyaasadeed, kan sharikaadka iyo kan hay'adaha khayriga ah ee Soomaalida. Markaan dhisanyno shaandho lagu kala saaro hoggaanka ku habboon Soomaalida, waa in aan marka hore aqoon dhamaystiran u leenahay taariikhda, dhaqanka iyo caadooyinka Soomaalida. Waa in aan sawir buuxa ka haysano xaaladda dhabta ah ee hadda hoggaammada Soomaalidu, noocay doonaan ha noqdeene, ku sugan yihiin. Waa in aan si buuxda u naqaano caqabaadka hortaagan, waxyaabaha keenay caqabaadkaas, iyo sida ku haboon ama ugu mudan ee ay tahay in loo xalliyo caqabaadkaas. Sidoo kale, waa in muuqaal fiican laga haysto guud ahaan caalamka gaar ahaan degaammada ku xeeran Soomaaliya. Waayo, haddii kale waxaa soo baxaya moodeel soo bandhiga qof ku habboon gudaha, laakiin aan la anba qaadi karin dibedda, ama qof ku habboon dibedda, laakiin aan ku habboonayn gudaha.

Ka dib, markaan waqti dheer akhriyey taariikhda Soomaalida iyo maraaxishii ay soo martay. Markaan u kuurgalay duruufaha qallafsan ee soo wajahay hoggaamiyayaasha Soomaalida nooc kasta oo ay yihiin. Markaan arkay meesha adduunku marayo, jihada uu u socdo iyo xawliga uu ku socdo. Waxaan soo bandhigay moodeel bidhaamin kara hoggaamada ku habboon Soomaalida. Moodeelkaasi wuxuu ka kooban yahay udub-dhexaad iyo afar-tiir. Udub-dhexaadka iyo tiirarku waxay ka mid yihiin waxyaabaha astaanta u ah, oo la'aantood uusan dhismi karin aqal-Soomaaligu. Aqal-Soomaaligu waa hoy dadka badidiisu aqoon fiican u leeyihiin (ama gudihiisa ha ku soo koreen, ama sawir ha ka arkeene). Aqalku, dhinac marka laga fiiriyo waa wax si sahal ah loo sameeyo (waxa uu ka samaysan yahay oo dhan waxaa laga helaa bay'adda reerku deggan yahay), dhinac kale marka laga fiiriyo waa dhismo u dhisan qaab isu dheellitiran oo u babac dhigi kara dabayl, roob, qabow, iyo kulayl intaba.

Sida aqal-Soomaaligu u leeyahay tiirar iyo udub-dhexaad ayaa hoggaamintuna u leedahay tiirar iyo udub-dhexaad. Sida sawirka hoose ka muuqata, udub-dhexaadka hoggaamintu waa dabciga iyo qiyamka. Tiirarkuna waa: qaabaynta hiraalka, war-gaarsiinta, dad soo jiidashada, iyo horkicista isbeddeleda.

Inkastoo ay badan yihiin tiirarka hoggaaminta ee buuggaagta hoggaamintu qaadaadhigaan, haddana, markaan waraysanay dad badan oo isugu jira hoggaamiyayaal siyaasadeed, kuwo dhaqan, ganacsi iyo ururro bulsho, waxa soo baxay in afartaan tiir iyo udubdhexaadkaani yihiin kuwa Soomaalidu ugu baahida badan yihiin. Annagoo ka duulayna xikamdii, Sun Tzu, ayaan waxaan leenahay qofkii weeleeya afartaas tiir iyo udub dhexaadkoodu wuxuu noqonayaa hoggaamiye la mahadiyey, hoggaamiye guulaysta, hoggaamiye raad ka taga. Qofkii sahlada, hadduu noolaadona wuxuu ku noolaanayaa ciqaab adduun (magac xumo, dagaal joogto ah, iwm), hadduu tagana wuxuu ka tegayaa magac iyo maamuus xun oo gaarsiiya heer marka magaciisa la soo qaado la inkaaro ama sidii Abshir Bacadle lahaa: "*quruumaha danbaa kugu naclada ficilka qaarkiise*".

Sawirka 2.1 *Tiirarka iyo udub-dhexaadka hoggaaminta*

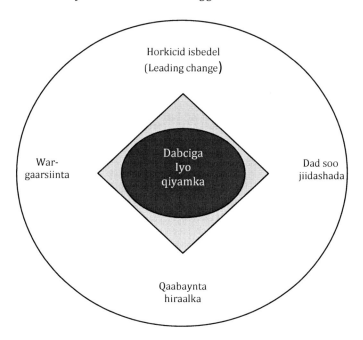

91

In kasta oo aan mid walba cutub dhamaystiran ku sharixi doonno, misana haddaan midwalba waxoogaa ka taabto, waxaan oran karnaa: dabci wanaaga iyo qiyamku waa udub-dhexaadku ama bu'ada hoggaaminta. Hoggaamiye aan dabci fiican iyo qiyam lahaynna hoggaamiye ma noqdo. Hadduu noqdo siduu doono ha ku noqdee, maxsuulku, sidaan indheheena ku aragnay, wuxuu noqdaa, *'fashil aan dhammaanayn'*. Warren Bennis, Max De Pree, Jim Kouzes, Jim Shafer, iyo Stephen Covey, dhammaantood 'hoggaamintaba waxay ku soo koobeen dabciga iyo qiyamka'. Waxayna yiraahdaan qof aan labadaas walxood ku fiicnayn hoggaamiye ma noqon karo.

Dhinaca hiraalka, waxa la yiraahdaa noloshu waa hiraal; ummad aan hiraal lahayn halaag baa u danbeeya; hiraalku waa furaha nolosha. Marka laga hadlayo shaqada hoggaamiyaha, 50% waxa lagu soo koobaa samaynta hiraalka. Ummad aan hiraal lahayni waxay la mid tahay 'dun murugtay' ama 'jinac duullaan' la cariyey. Meel ay ka socoto iyo meel ay u socoto toonna la garan mayo.

Hoggaamiyuhu markuu sameeyo hiraalka, waa in uu hiraalka dadka gaarsiiyo, ka dhaadhiciyo, cabsiiyo, ilaa hiraalku maankooda iyo maskaxdooda ku qormo. Iyadoo arrintaas laga duulayo ayaa la yiraahdaa 50% shaqada hoggaamiyuhu waa gudbinta, ka dhaadhicinta iyo gadidda hiraalka. Ujeeddada ka danbaysa ee dadka looga dhaadhicinayo hiraalka, loo soo jiidanayo, waa in ay isbeddel ku dhaqaaqaan.

Haddaad u fiirsato hoggaamiyayaashii soo maray Soomaaliya (hoggaamiyayaashii rayidka ahaa, hoggaankii milatariga iyo hoggaammo ku sheegyadii ka danbeeyey), waxaad arkaysaa in dhammaantood ku liiteen udub-dhexaadka iyo afarta tiir ee hoggaaminta. Mabaadi'da ay dooorteen ayaana markhaati ugu filan. Tusaale ahaan, meesha dawladii rayidku qaadatay xeerarkii iyo hannaankii maammul ee gumaystaha, dawladii militarigu qaadatay shuuciyad iyo diin la'aan, kuwa maanta hoggaamiyayaasha sheegtaa waxay qaateen xeerarka xayawaanka oo ku salaysan 'sida loo kala xoog badan yahay ha la isu xukumo ama 4.5'.

Cutubka

Dabciga iyo Qiyamka

"Daar bur-burtay in la dhiso waa fududdahay
Damiir bur-burayse in la dhiso ma fududa"
Cali Axmed Raabeh

Dabciga iyo qiyamku waa bu'da ama tiir-dhexaadka hoggaaminta. Qof aan dabci wanaagsan iyo qiyam toosan lahayna hoggaamiye ma noqon karo. Qiimaha dabciga iyo qiyamku leeyiniin waxaad ku garan kartaa martabada la gaarsiiyo. Qorayaasha qaarkood hoggaaminta gebigeedaba waxay ku soo ururiyaan dabciga iyo sharafta (fiiri tusaale ahaan, Warren Bennis). Qaarkalena waxay ku tilmaamaan tiirka ugu muhiimsan hoggaaminta (fiiri tusaale ahaan, Jim Kouzes).

   Guud ahaan cutubkani, laba qaybood ayuu ka kooban yahay: dabciga iyo qiyamka. Qaybta hore waxay muuqaal ka bixinaysaa Muhimmadda dabciga wanaagsan iyo sida sare loogu qaado dabciga. Qaybta labaad waxay kormar ku samaynaysaa qiyamka. Ugu danbayn, waxaan toosh ku ifinaynaa qiyamka iyo dabciga hoggaamiyayaasha Soomaalida ee sebenkaan.

Dabciga hoggaamiyaha

Waxaa la yiraahdaa, dabcigu waa 'qaabdhaqan qof ku dhegey'. Qaabdhaqankaas, marna wuxuu noqdaa mid muuqda oo dadka kale arki karaan, marna wuxuu noqdaa mid qarsoon oo gundhig u noqda sida qofku ula falgalo fikradaha, ashyaada iyo dadka kale. Dabciga wanaagsani wuxuu ku jiraa waxyaabaha Eebbe ku ammaanay Rasuulkiisa (SCW)[19]. Rasuulkuna (SCW) wuxuu inoo sheegay in *'dadka kuwa ugu dabciga wanaagsani, yihiin kuwa ugu dhamaystiran dhanka iimaanka'*[20]. Wuxuu sidoo kale Rasuulku inoo sheegay in *'dadka kan ugu dabciga wanaagsani, yahay kan ugu akhyaarsan'*[21]. Dabciga wanaagsani wuxuu qofka mu'minka ah gaarsiiyaa: in miisaankiisa sare loo qaado; in guri looga dhiso Jannada meesha ugu sarraysa; iyo in uu deris la noqdo Rasuulka (SCW) maalinta qiyaamaha.

Marka la sifaynayo hoggaamiyaha dabciga wanaagsan sifooyinka lagu sifeeyo waxaa ka mid ah:

- Waxay ku kalsoon yihiin talona saartaan Allaah;
- Waxay ku toosan yihiin dariiqa Eebbe;
- Waxay oofiyaan ballamaha;
- Danaha guud ayay ka hormariyaan danaha gaarka ah;
- Waa sabir iyo dulqaad badan yihiin;
- Waxay horumarin joogto ah ku sameeyaan xirfaddooda iyo aqoontooda;
- Waa kuwo qaabilaad iyo dad soo dhoweyn leh;
- Waa kuwo wax aammina lana aammino;
- Waxay ku fiican yihiin wadashaqaynta;
- Waxay caan ku yihiin dadaal iyo hawlkarnimo, quusna ma yaqaannaan;
- Waxay isla beddeli karaan isbeddellada ku imaanaya bay'adda;

Guud ahaan, dabciga shan walxood ayaa lagu cabbiraa: af-gaabnida (extraversion), dad la socodnimada (agreeableness), miyirka[22] (conscientiousness), degganaanta dhanka caaddifada (emotional stability), iyo qaabilaadda waxyaabaha cusub (openness to new experiences).

Af-gaabnidu waxay la xiriirtaa heerka fur-furnaanta qofka, bulshaynimada, iyo hadal badnida. Aamusnaanta faraha badan iyo dad ka dhex baxsanaantu waxay calaamad u yihiin af-gaabni siyaado ah. Hoggaamiyayaasha

---

[19] Suuratul Qalam; 4
[20] Saxiix Jaamic Saqiir, 1232
[21] Riyaadhu Saalixiin; xadiiska 630
[22] Miyir = deganaansho, digtoonaan iyo isjirid wax u qabasho si aan wax deg-deg keena u dhicin

muujiya af-gaabnidu badanaa waxay noqdaan kuwo xukun adag. Hoggaamiyaha xukunka adagi waa mid si uu saamayn ugu yeesho dadka uu hoggaamiyo, wax kasta kantaroola. In kastoo aan wali si fiican loo ogayn xiriirka ka dheexeeya af-gaabnida iyo tayada hoggaaminta, haddana waxa muuqata in hoggaamiyayaal fara badan oo magac leh casrigaan ay yihiin kuwo af-gaaban. Tusaale ahaan, daraasad dhowaan lagu sameeyey waddanka Maraykanka ayaa muujisay in 4 ka mid ah 10-kii hoggaamiyeba noqdeen kuwo af-gaaban[23].

Dad la socodnimadu waxay la xiriirtaa dhexgalka, iskaashiga, fahanka, iyo kalsoonida qof u hayo dadka kale. Hoggaamiyaha ku fiican dhexgalku waa mid fur-furan, dadka soo jiita, oo saaxibbo badan leh. Meesha kan xir-xiran uu dadka ka fongoran yahay, saaxiibbadiisuna aad u yar yihiin. Haddaan u soo noqonno saamaynta dad-la-socodnimadu ku leedahay heerka waxqabad ee hoggaamiyaha, waxa muuqata in casrigii hoggaamiyuhu ahaa mid xir-xiran, waji macbuus ah, oo markii la arko la kala cararo ay dhammaatay. Hoggaamiyayaasha horumarka gaarsiin kara dawladaha, sharikaadka iyo hay'adaha casrigaani waa kuwo: fur-furan, dad la socod leh, lagu farxo, la jeclaysto, laguna kalsoonaado. Qalbi furnaan, soo dhowayn, iyo u dhimrin ayaa ka mid ah waxyaabaha sare loogu qaadi karo dad-la-socodnimada.

Miyirku wuxuu qofka ka dhigtaa mid deggan, mas'uul ah, la isku hallayn karo, jecelna in uu ka jibo gaaro hadafkiisa. Miyirka badanaa waxa lala xiriiriyaa hawsha la qabanayo ee lalama xiriiriyo wadashaqaynta ka dhexaysa hogaamiyaha iyo la-hoggaamiyaha.

Hoggaamiyaha leh sifada **degganaanta caadifadeed** waa mid: kalsooni buuxda ka muuqato; u dulqaadan kara walaaca iyo welwelka; khaladaadkana u arka wax nolosha ka mid ah. Dhinaca kale hoggaamiyaha caaddifiga ahi waa mid ay ka muuqato: kacsanaan, walaac iyo niyad xumi. Badanaa kalsooni buuxda kuma qabaan naftooda, haddii hawsha ay qabanayaan la dhaliilona waxay muujiyaan dareen xun oo niyad jab ugu horeeyo.

Hoggaamiyaha **qaabbilaadda u lihi waxyaabaha cusubi** waa mid wax sawiran kara (imaginative), hal-abuur leh (creative), diyaarna u ah in uu tijaabiyo fikrado cusub. Hoggaamiyayaasha tayadaan lihi waa kuwo jecel safarka, farshaxanka, akhriska, iwm. Waxyaabaha sare u qaada qaabbilaad u yeelashada waxyaabaha cusub waxa ka mid ah safarka iyo dhexgalka dhaqammada iyo caadooyinka kale.

Daraasado dhowr ah oo lagu sameeyey xiriirka ka dheexeeya shanta walxood iyo dabciga hoggaamiyaha ayaa muujiyey in walxaha qaarkood qayb weyn ka yihiin waxqabadnimada hoggaamiyaha. Tusaale ahaan, daraasad Hogan *et al.* (1994) soo bandhigay ayaa muujisay in afar ka mid ah shanta walxood qayb weyn ka yihiin dabciga hoggaamiyayaasha waxqabadka leh. Daraasaddaasi

---

[23] Del Jones, 'Not all successful CEOs are extrovert', USA today (June 6, 2006), p. 1

waxay muujisay hoggaamiyayaasha dabcigooda ay ka mid yihiin af-gaabnida, dad-la-socodka, miyirka iyo degganaanta dhanka caadifadu ay badanaa noqdaan kuwo horumar gaarsiiya sharikaadka ay maammulaan.

Laba dabci oo kale oo saamayn weyn ku leh heerka waxqabadnimo ee hoggaamiyaha, aadna looga hadlo ayaa la xiriira kaligi talisnimada iyo sida qofku u sharraxo dhacdooyinka soo food saaraya (locus of control). Dadka qaarna dhacdooyinka ku dhaca mas'uuliyaddeeda, wanaag iyo xumaan, iyagaa dhabarka u rita, qaar kalena waxay wax kasta korka ka saaraan bay'adda, waqtiga iyo dadka kale. Kooxda hore waa kuwo naftooda kicin kara kantaroolina kara, waa kuwo wax qabad u leh mujtamaca, intaasna macluumaad raadinaya. Kooxdaas hore oo soo jiidan kara dadka ayaa badanaa noqda hoggaamiyayaal marka loo fiiriyo kooxda danbe oo eedeeya bay'adda, waqtiga iyo dadka kale.

Dadka leh dabciga kaligi talisnimada (authoritarianism) waa kuwo xushmo iyo maamuus u haya sharciga, aan ka hor imaan madaxda, ad-adayg ka muuqdo, wax ku qiimeeya sharciga, caadifadoodana aan muujin. Dadka noocaas ihi badanaa ma jecla in xukunka lala wadaago, waxayna isticmaalaan awood si ay u fuliyaan hawlaha shirkadda. Hoggaaminta noocaan ihi in kastoo xaaladaha qaarkood ay shaqayso, waxay u badan tahay mid adduunka ka sii dhammaanaysa.

Qiyamka

Qiyamku waa aasaaska hoggaaminta. Qiyam, waa wax qofka agtiisa qaddarin ku leh, aan si dhaqso ah isu beddelin, saamaynna ku yeesha dabeecadda, qaabdhaqanka iyo garashada qofka. Qiyamku waa cabbir, waa miisaan, waa waxa qofku ku kala saaro xumaanta iyo wanaagga. Qiyamku kuma xirna diin, degaan, dal iyo dabaqad midna. Qof kasta, diin kasta oo uu aamminsan yahay, meel kasta oo uu ku nool yahay iyo dabaqad kasta oo uu ka tirsan yahay waa yeelan karaa qiyam wanaagsan.

Qiyamku wuxuu saamayn ku yeeshaa nolosha hoggaamiyaha oo dhan. Hoggaamiyuhu waa tusaale, waa macallin, waa indhaha iyo dhegaha mujtamaca. Si uu u guto mas'uuliyaddaas waa in qiyamka iyo sharaftu ka muuqato noloshiisa oo dhan. Tusaale ahaan, hoggaamiyaha beenta sheega, ballanfurta badan, wax isdaba mariya, laaluushka qaata, aan caddaalad aqoon, macquul ma aha in uu dadka uu hoggaamiyo ka fisho in ay yeeshaan sifooyinkaas.

Qiyamku waa halbeegga ugu muhiimsan ee lagu cabbiro hoggaamiyaha. Hoggaamiyaha laguma qiimeeyo waxqabadkiisa oo kaliya ee waxaa sidoo kale lagu qiimeeyaa qiyamka iyo sharafta uu muujiyo. Ragga qaarkiis (fiiri Gardner, 1990) waxayba ku doodaan in qof aan qiyam lahayni hoggaamiye noqon karin, waayo, waxay yiraahdaan qiyamku wuxuu ka mid yahay aasaaska hoggaaminta. Sidoo kale, qiyamka waxa lagu oddorosaa qofka hoggaamiye noqon doona mustaqbalka. Aristotle (304-322 BC) qiyamka wuxuu ku tilmaamay astaanta ugu weyn ee lagu garto qofka hoggaamiye noqon doona mustaqbalka.

Beekun iyo Badawi (1999) qiyamka la'aantiis qof Muslim ahi uusan hoggaamiye noqon karin waxay ku soo koobeen: daacadnimo, caddaalad, ballan oofin, iyo run sheeg. Hadii si kale loo yiraahdo, waa in qofka hoggaamiyaha noqonayaa nadiif ka yahay oo ka xalan yahay dabeecadaha iyo muuqaallada munaafiqiinta.

Daraasad kale oo Kouzes iyo Posner (2002) ku sameeyeen waddammada Maraykanka, Japan, Scandenavianka, Malaysiya, Ustaraaliya, Mexico iyo Singabuur, ayna ka qayb qaateen dad ka badan 75,000 oo qof oo ka shaqeeya sharikaadka iyo hay'adaha waaweyn, ayaa muujisay in daacaadnimadu (honest) tahay waxa ugu horreeya ee ay ka fiirinayaan hoggaamiyaha. Waddammada qaarkood, sida Malaysia (95%), Ustaraaliya (93%) iyo Kanada (88%) waxayba sheegeen in aysan macquul ahayn in ay daba galaan hoggaamiye aan daacad ahayn. Mar la waydiiyey sida ay ku qiimeeyaan daacadnimada, waxay isku raaceen in daacad lagu tilmaami karo 'qofka qowlkiisa iyo ficilkiisu is waafaqaan'.

Daraasad kale oo Barker iyo Coy ku sameeyeen hoggaamiyayaasha sharikaadka waaweyn ee waddanka Ustaraaliya ayaa muujisay in hoggaamiyayaashaasi lix nooc oo dhaqanwanaag ah ay caan ku yihiin. Lixdaas nooc waxay kala ahaayeen: tawaaduc, geesinnimo, qiyam, naxariis, xikmad iyo farxad.

Massey (1979) wuxuu ku doodaa in qiyamku ku xiran yahay: waalidka, saaxiibbada, waxbarashada, diinta, warbaahinta, degaanka, tiknoolojiyada iyo dhacdooyinka xilligaas taagan. Sidoo kale, Massey wuxuu qabaa, in qiyamka mujtamacu isla beddelo dhacdooyinka waaweyn ee soo wajaha mujtamacyada. Tusaale ahaan, wuxuu yiraahdaa, jiilkii kacay xilligii hoos u dhaca dhaqaalaha, sodonaadkii (1930s), waa ka qiyam duwan yihiin kuwii kacay lixdanaadkii (1960s). Sidoo kale, kuwii kacay casriga internetku waa ka qiyam duwan yihiin kuwii hore. Dhinaca Soomaaliya, tusaale ahaan, waxan oran karnaa jiilkii kacay dagaalka sokeeye waa ka qiyam duwan yihiin jiilkii kacay xilligii xorriyadda.

Kuczmarski iyo Kuczmarski (1995) iyagu waxay arkaan in qiyamku ku xiran yahay: waaya'aragnimadii carruurnimada iyo dhaqanka qoyska; dhacdooyinka qofka soo mara oo wax ka beddela noloshiisa; xiriirka qofku la leeyahay dadka muhiimka ah. Bass (1990) wuxuu isna yiri qiyamku wuxuu ku xiran yahay waxbarashada iyo garaadka qofka. Hofstede (1980) wuxuu isna arkaa in dhaqanka waddanku saamaynta ugu xoogga badan ku leeyahay qiyamka.

Daraasado badan ayaa muujiyey in hoggaamiyayaasha qiyamka lihi u dhaqmaan qaab anshax ah. Sidoo kale daraasadahaasi waxay muujiyeen in xaaladaha qaarkood sare u qaadaan ama hoos u dhigaan qaab dhaqanka anshaxa ku salaysan. Tusaale ahaan, haddii hoggaamiyuhu aamminsan yahay ama ogyahay in hoggaamiyayaasha kale u dhaqmaan qaab anshax ah, waxa sare u kacaya qaab dhaqanka anshaxa ku salaysan ee hoggaamiyahaas, sidoo kale haddii uu jiro nidaam adag oo cambaareeya ama ciqaaba qaab dhaqanka xun waxay u badan tahay in hoggaamiyayaashu u dhaqmaan qaab anshax ku salaysan.

Qiyamku dhowr qaab ayuu saamayn ugu yeeshaa hoggaamiyaha: qiyamku wuxuu saamayn ku yeeshaa sida hoggaamiyuhu u qiimeeyo xaaladda; wuxuu sidoo kale saamayn ku yeeshaa xiriirka dhexmara hoggaamiyaha iyo la-hoggaamiyaha; ugu danbayn qiyamku wuxuu hagaa dookha hoggaamiyaha iyo sida hoggaamiyuhu u dhaqan geliyo hawlaha.

Qiyamku wuxuu hagaa qaab dhaqanka iyo dabeecadda hoggaamiyaha. Waa gundhigga go'aammada hoggaamiyaha. England iyo Lee (1974) waxay taxaan dhowr hab oo qiyamku saamayn ugu yeelan karaan hoggaamiyaha:

1. Qiyamku waa saldhigga fahanka dhibaatada
2. Qiyamku waa aaladda lagu dhaliyo xalka
3. Qiyamku wuxuu saamayn weyn ku yeeshaa horumarka qofka iyo hay'adda
4. Waa waxa lagu kala sooco waxa xun iyo waxa fiican
5. Waa shaandhada kala reebta waxa la aqbali karo iyo waxa aan la aqbali karin
6. Waa mastaradda lagu cabbiro heerka horumar ee hoggaamiyaha.

Daraasado kale oo dhowaan lagu sameeyey anshaxa ayaa muujiyey in sida hoggaamiyuhu isu arko saamayn weyn ku leedahay qaab dhaqanka anshaxa ku salaysan ee hoggaamiyahaas. Sidoo kale, waxa daraasadahaasi muujiyeen in hoggaamiyuhu isagoo fahansan muhimmadda iyo qiimaha qiyamka, haddana, in ay marmar u dhaqmaan si dhinac marsan qiyamka. Tusaale ahaan, waxa dhici kara in hoggaamiyuhu aamminsan yahay in xalku sidaas ku jiro. Tusaale ahaan, Tony Blair, Ra'iisal wasaarihii hore ee UK, inkastoo uu arkay in dagaal lagu qaado Ciraaq ay ka soo horjeeddo qiyamka iyo shuruucda dawliga ah, haddana, wuxuu qabay in xalku sidaas ku jiro[24]. Si hoggaamiyayaashu u bannaystaan ama qiil ugu helaan wax qiyamka ka soo horjeeda, waxay u bixiyaan magacyo kale. Tusaale ahaan, waxaad arkaysaa in mar-mar argagixiso loogu yeero 'difaac', laaluush loogu yeero 'hawl fududeyn' iwm. Waxa sidoo kale dhaca in hoggaamiyuhu jebiyo xeerarka qiyamka iyo anshaxa isagoo ku doodaya in arrintaas wax ka xumi dhici karaan ama eedda cid kale korka ka saara. Tusaale ahaan, waxaad arkaysaa falalka waxshinimada leh ee Maraykanku ka fuliyo meelo ka mid ah dunnida Islaamka, sida Afgaanistaan, Ciraaq, Soomaaliya iyo meelo kale uu ku andacoodo in uu la dagaallamayo argagixiso, haddii uusan sidaas yeelinna wax ka xumi dhici lahaayeen. Ama sida, Yuhuuddu intay magaalo madaafiic, diyaarado, taangiyo iyo

[24] Khudbad Tony Blair ka jeediyey shirkii Ururada Shaqaalaha 10 Sebtember 2002

wax kasta oo wax gumaada u adeegsato hadhow eedda korka ka saarto dhalinayro dhagxaan tuuraysa oo tiraahdo 'iyagaa bilaabay'.

Si hoggaamiyuhu isu ogaado in uu qiyam iyo sharaf xanbaarsan yahay waa in uu iswaydiiyo su'aalo jawaabohoodu adag yihiin; waa in uu furo albaabo aanu horay u furin; waa in uu ku safro dhul lamadegaan ah waqti mugdi ah; waa in uu dab holcaya gacmaha la galo. Waa in uu naftiisa xaqa u bandhigo. Waa in uu isi saaro miisaanka Eebbe. Waa in uu af-caashiisa iyo aq-waashiisa miisaamo. In nafta runta loo sheego waa wax aad u adag: way ka adagtahay waxyaabaha aan sare ku soo xusnay oo dhan. Si qofku qiyamkiisa iyo sharaftiisa wax uga ogaado laba waddo middood ayuu qaadi karaa: isagaa naftiisa qiimayn kara ama wuxuu waraysan karaa dadka uu hoggaamiyo. Hadduu qaadayo waddada danbe waa in uu waraysto dad neceb iyo kuwo jecel labadaba, waa in uu dhegaysto saaxiibadiis iyo cadowgiisa, waa in uu dhegaysto macalimiintiisa iyo la taliyayaashiisa. Hadduuse qaadayo waddada hore wuxuu iswaydiin karaa su'aalo muhiim ah sida: Maxaad u taagan tahay? Maxaad rumaysan tahay? Maxaad neceb tahay? Maxaad jeceshahay? Maxaa kaa farxiya, kaa nixiya, kaa caraysiiya, kaa yaabiya? Maxaa maskaxdaada ka shaqaysiiya oo jiif iyo joog kuu diida? Maxaad ka damacsan tahay naftaada iyo noloshaada? Iwm.

Waxaan sare ku xusnay in qiyamku yahay aasaaska hoggaaminta, laakiin wali ma iftiimin sida lagu aqoonsado hoggaamiyaha anshaxa fiican. Kousez iyo Posner (2002) ayaa waxay soo bandhigaan shaandho lagu kala ogaanayo in hoggaamiyuhu qiyam leeyahay iyo in kale. Shaandhadaas waxa ka mid ah:

- Ma is waafaqsan yihii qawlka iyo ficilka hoggaamiyuhu;
- Ma yihiin kuwo waxay dadka kale ka rabaan iyagu marka hore naftooda ku tijaabiya;
- Ma oofiyaan ballamaha.

Iyagoo arrintaas ka duulaya ayaa Kousez iyo Posner (2002) waxay ku doodaan in xeerka 1aad ee hoggaamintu yahay: '*haddii aadan rumaysnayn qofka farriinta xanbaarsan, ha rumaysan farriinta uu xanbaarsan yahay'.*

Hoggaamiyaha anshaxa fiican iyo kan anshaxa xun

Hoggaamiyaha anshaxa xumi: waa mid islawayn oo ku mashquulsan magaciisa iyo muuqaalkiisa; waa beenlow khiyaamo iyo ballanfur badan; wuxuu caan ku yahay caddaalad darro iyo ceebaynta dadka kale; waa axmaq aan naxariis aqoon; waa damiir laawe aan dadka kale xusuusan; dibindaabyada iyo dullayntu waa caadadiisa; waa dhabcaal, waa fulay, waa dulli aan dadka caddaalad darrada hus ka oran.

Dhinaca kale, hoggaamiyaha qiyamka lihi: waa run sheege; waa deeqsi; waa daacad; waa caaddil; waa mid u naxariista dadka; waa ballan oofin badan yahay; waa mas'uul; waa adeege; waa ururshe; waa isku tole; waa xoreeye; waa nabdeeye; waa dhise; wuxuu horistaagaa dulmiga nooc uu yahayba.

Dhinaca ganacsiga, qiyamka macnihiisu ma aha in la hilmaamo faa'iido iyo koboc. Qiyamka macnihiisu waa in la dareemo in hadafku ka sarreeyo faa'iido: hadafku waa 'u adeegidda mujtamaca'. Hoggaamiyaha hadaf ka dhigta arrintaas, waxyaabaha kale oo dhan, faa'iido, koboc, sumcad, iwm, iyagoo lugohooda ku soconaya ayay u yimaadaan.

Haddaan sidaas u kala saarnay hoggaamiyaha anshaxa fiican iyo kan anshaxa xun, su'aasha iswaydiinta lihi waxay tahay, sidee loo noqdaa hoggaamiye anashax iyo mooraal leh? Anshaxu ma aha wax sahal ku yimaada, waa wax loo galo dadaal si loo gaaro. In la yeesho anshax wanaagsan waxa ka culays badan marar badan in la joogteeyo anshaxa wanaagsan. Si aad u yeelatid anshax wanaagsan:

1. Baro, dhaqangeli, dabadeedna ku dheg hab dhaqan sare oo anshax ku salaysan;
2. Muhiimad sii waxyaabaha wanaagsan iyo shaqaalaha daadihinaya waxyaabahaas labadaba;
3. Noqo tusaale lagu daydo;
4. Naftaada iyo dadka kaleba daacadnimo u muuji;
5. Meesha ka saar 'cabsi iyo lagama hadlaan';
6. Noqo mid ka gubta oo ka dagaallama wixii anshaxa iyo hab-dhaqanka fiican ka horimaanaya;
7. Aqoonsi iyo abaalmarin guddoonsii qaabdhaqanka wanaagsan;
8. Sifooyinkaaga ha ugu sarreeyeen xushmad iyo caddaaladi;
9. Goob kasta iyo goor kastaba qaabdhaqankaagu ha noqdo mid asluub iyo wanaag ku xardhan.

Si shirkaddu u noqoto mid caan ku ah anshax iyo qaabdhaqan wanaagsan, waxaa muhiim ah in ay leedahay siyaasad qeexan oo ku wajahan anshaxa. Siyaasaddaas qeexan iyo shuruucda ku lifaaqan ayaa haga oo indho u noqota maammulka, shaqaalaha iyo macaamiisha intaba. Siyaasad qeexan oo kaliya kuma filna, waxa iyana muhiim ah in loo guntado sidii loo xaqiijin lahaa siyaasaddaas. Sida ugu wanaagsan ee loo hirgeliyaana waa in qaabdhaqankaasi ka muuqdo hoggaanka. Hoggaanku waa muraayadda shirkadda. Sidoo kale, nolosha hoggaamiyuhu –nolosha guriga iyo tan shaqadu- waa wada muhiim, oo goob kasta iyo geed kasta waxa lala xiriirinayaa mas'uuliyadiisa. Marka waa in hoggaamiyuhu ka run sheego anshaxa iyo qaabdhaqanka wanaagsan.

Daraasado badan ayaa xaqiijiyey in xiriir xooggani ka dhexeeyo anshaxa iyo qaabdhaqanka hoggaamiyaha iyo heerka faa'iido iyo horumar ee shirkadi gaarto. Tusaale ahaan, daraasad ay samaysay Governance Metrics International ayaa xaqiijisay in sharikaadka danaha mujtamaca ka hormariya danahooda gaarka ahi ka faa'iido sareeyaan 25% sharikaadka ka fekera danahooda kaliya.

Hoggaamiyaha wanaagga iyo toosnaanta caanka ku ah

Farqi aad u weyn ayaa u dhexeeya hogganka toosan iyo kan gurracan. Hoggaanka toosani waa mid kala saara xumaanta iyo samaanta, khaladka iyo saxa, waa daacad, waa caaddil, waa run sheeg. Waa mid bila, xaqiijiyana hammiga shacabka. Waa tusaale fiican oo lagu daydo. Hoggaanka gurracani, waa mid maqaarka ka siiba shacabka, waa mid ku mashquulsan magaciisa iyo muuqiisa oo kaliya.

Hoggaanka toosani waa mid naftiisa ku kalsoon, waa xor, waa geesi, waa mid wuxuu aamminsayahay afka ka yiraahda, dabadeedna fuliya. Sida Kohlberg (1975) soo bandhigo toosnaantu qayb ahaan waxay ku xiran tahay meesha qofku kaga jiro jaranjarada koritaanka. Jaranjaradaas oo sida sawirka hoose ka muuqata ka kooban saddex heer: bilowga, qofku wuxuu ka fekerayaa naftiisa oo kaliya - dhinacna wuxuu iska ilaalinayaa ciqaab, dhinaca kalena wuxuu rabaa dallacsiin iyo abaalmarin. Marka hoggaamiyuhu ku jiro heerkaas, qiyamka iyo toosnaantu tiradaba uguma jiraan oo waxay si indho la'aan ah u raacaan hoggaanka ka sareeya. Noocooda hoggaaminna waa mid ku salaysan kaligitalisnimo.

Sawirka 3.6 *Jaranjarada koritaanka*

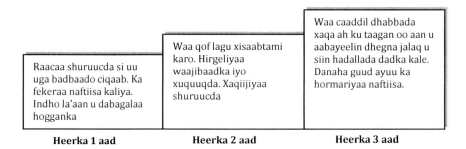

Raacaa shuruucda si uu uga badbaado ciqaab. Ka fekeraa naftiisa kaliya. Indho la'aan u dabagalaa hogganka	Waa qof lagu xisaabtami karo. Hirgeliyaa waajibaadka iyo xuquuqda. Xaqiijiyaa shuruucda	Waa caaddil dhabbada xaqa ah ku taagan oo aan u aabayeelin dhegna jalaq u siin hadallada dadka kale. Danaha guud ayuu ka hormariyaa naftiisa.
Heerka 1 aad	**Heerka 2 aad**	**Heerka 3 aad**

Source: *Lawrence Kohlberg (1975) "Moral stages of maralization: the cognitive-developmental approach" Austin, TX Holt*

Heerka 2aad, qofku wuxuu noqdaa qof fahansan waxa laga filayo. Wuxuu sidoo kale dareemaa ahmiyadda xuquuqda iyo waajibaadka. In kastoo ay isku dayaan in ay xaqiijiyaan shuruucda, haddana, haddii ay ku badbaadayaan waa qaloociyaan ama jebiyaan sharciga. Heerka 3aad, qofku wuxuu noqdaa caaddil ku taagan dhabbe toosan oo aan u aabbayeelin waxa dadka kale ka sheegayaan. Shuruucdu, haday ka hor imaanayaan, anshaxa iyo toosnaanta waa dhinac maraan ama jebiyaan. Hoggaamiyaha heerkaan soo gaara waa mid hiraal leh, dadka awoodda wax ka siiya, muhimmadiisuna tahay in uu u adeego shacabka.

Geesinnimada iyo anshaxa

In kastoo hawlaha hoggaamiyuhu qabto oo dhammi u baahan yihiin geesinnimo. Haddana, anshaxa iyo qiyamku waxay u baahan yihiin geesinnimo dheeri ah. intaynaan ku foggaan xiriirka ka dhexeeya anshaxa, qiyamka iyo geesinnimada aan iswaydiinee, Waa maxay geesinnimo? Xageese hoggaamiyayaashu ka helaan geesinnimada?

Geesinnimo micneheedu ma aha cabsi la'aan; geesinnimo waa in qofku dhiirrado isagoo baqaya. Waxa dhab ah, haddii aan cabsi jirin in aan geesi loo baahdeen. Cabsidu waa wax nolosha ka mid ah. Waxa laga cabsadaa gaalnimo, gunnimo, geeri, gabow, gaajo. Waxaa sidoo kale laga cabsadaa ceeb, cidlo, canaan, wajigabax. Waxa laga cabsadaa faqri, shaqo la'aan. Waxa laga cabsadaa foolxumo. Cabsida laguma dhasho, ee waa wax la barto. Hoggaamiyaha dhabta ihi waa kan u babac dhiga cabsidaas; mas'uuliyad dhabarka u rita; khatar u bareera; isbeddel dhaliya; una dagaalama xaqqa.

Hoggaamiyaha geesiga ahi runta kama leexdo, haday mur ka kharaartahay ama naftooda u daran tahay. Waxay qirtaan wixii khalad ah ee ka dhaca, ka dibna dhabarka u ritaan wixii ceeb iyo ciqaab khaladkaasi dabada ku wato. Hoggaamiyaha geesiga ihi wuxuu garab maraa caadooyinka iyo dhaqammada khaldan ee bulshadu caadaysatay, wuxuu jebiyaa xudduudaha aan micnaha ku fadhiyin, wuxuu la yimaadaa isbeddel. Hoggaamiyaha geesiga ihi wuxuu ka gudbaa xudduudaha cabsida oo dhan, wuxuu sahamiyaa dhul dihin oo aan la aqoon. Hoggaamiyaha geesiga ihi qalbiguu ka hadlaa, ee bishimaha kama hadlo. Wuxuu u dagaallamaa waxa uu aamminsan yahay.

In hoggaamiyuhu noqdo mid caan ku ah anshax iyo toosnaan waxay u baahan tahay geesinnimo. Si hoggaamiyuhu u noqdo geesi aan gabbasho aqoon: waa in uu marka hore naftiisa yaqaano; yaqaano waxa uu ku fiican yahay iyo waxa uu ku liito; waxa kiciya iyo waxa dejiya; waxa uu u taagan yahay; waxa uu aamminsan yahay. Hoggaamiyaha isku darsada anshaxa iyo geesinnimadu waa mid dad la dhaqan fiican leh oo saaxiibbo badan.

Hoggaamiyaha geesiga ihi ma aqbalo caddaalad darrada, musuqmaasuqa, eexda, iilashada, iyo dhammaan dhaqammada aan toosnayn oo dhan. Sidaan sare ku soo xusnay, cabsida laguma dhasho ee waa wax la barto. Meesha dadka qaar indhaha ka laabtaan khaladaadka oo danahooda ku ekaadaan, qaar kale waxay ku dhiirradaan in ay ka hor yimaadaan xumaanta. Dadkaas geesiyaasha ah oo ku dhiirrada in ay hor istaagaan khaladka waa dad garanaya ujeeddada ay adduunka u joogaan, naftooda ku kalsoon, laguna kalsoon yahay, khaladaadka ka dhacana aan u arkin ceeb ee u arka waayo aragnimo. Waa kuwo ka gudbi kara carada.

Dabciga iyo qiyamka hoggaanka Soomaalida

Dabciga iyo qiyamka waxaan ku tilmaannay udub-dhexaadka hoggaaminta. waxaanna soo guurinnay in la'aantiis qofna hoggaamiye noqon karin. Hadaba, waa sidee dabciga iyo qiyamka hoggaanka Soomaalidu.

Haddaan ku hormarno dabciga, waxan tilmaannay in dabciga lagu cabbiro lix shay: af-gaabnida, dad la socodka, miyirka, degganaanta caaddifada, iyo qaabilaadda waxyaabaha cusub. Markaan sawiraynay hoggaamiyaha dabciga fiican waxan niri: waa mid af-gaaban (dhegaysi badan); dad la socod fiican (ku fiican is-dhexgalka, iskaashiga, fahanka iyo kalsoonida); deggan (mas'uul ah, la isku halayn karo, jecelna in uu ka jibo keeno himilooyinkiisa); degganaan caadifadeed (kalsooni buuxda ka muuqato, u dulqaata walaaca iyo welwelka, khaladaadkana u arka wax nolosha ka mid ah); qaabilaadna u leh waxyaabaha cusub (caan ku haw hal-abuur iyo ikhtiraac).

Haddaan fiirinno waxyaabaha astaanta u ah dabciga wanaagsan, qaarkood Soomaalida dhexdeeda waxay ka yihiin cay; qaarkoodna dhinaca khaldan oo kaliya ayay Soomaalidu u adeegsadaan. Tusaale ahaan, dhaqanka Soomaalida, af-gaabnida waxa lagu daraa dabeecadaha dumarka, waliba intay gabadha tahay oo aan wali la guursan[25]. Sidoo kale fur-furnaanta iyo hadalka macaan waxaa lagu daraa dabeecadaha dumarka xun-xun.

Miyirka iyo degganaanta caadifadeed labaduba waxay yimaadaan marka hawsha la qabanayo si fiican loo qorsheeyey. Qorshuhu wuxuu muujiyaa mas'uulnimada hoggaamiyaha. Dhinaca siyaasadda, waxyaabaha dawladihii hore ee Soomaaliya lagu ceebeeyo waxa ugu waaweyn qorshe la'aan. Dhinaca ganacsigana, daraasad Shire (08) ku sameeyey sharikaadka Soomalida ayaa muujisay in 99.9% sharikaadka waaweyn iyo kuwa dhexe ee Soomaalidu aysan lahayn qorshe qoran oo dhamaystiran. Hoggaamiye aan qorshe lahayn wuxuu la mid yahay neef muqlaysan, meel uu ka socdo iyo meel uu u socdo toonna garan mayo. Taasaana keenta in dad badan oo mas'uul ah (hoggaamiyayaal ugu yeeri mayno markaan) ay u dhaqmaan sidii wax waalan, markay goobta shaqada yimaadaan, way qayliyaan, caytamaan, wax canaantaan, dabadeedna ama xafiiska hoosta ka xirtaan ama sheeko u raadsadaan meelo kale.

---

[25] Waa tii odaygii Soomaaliyeed ee wiilkiisa la dardaarmayey lahaa, maandhow dumar waa toddoba: il-dheer, dheg-dheer, carab-dheer, gacan-dheer, lug-dheer, joog-dheer iyo marwo. Odaygaasi marwada wuxuu ku sheegay in ay leedahay qurux-dahsoon oo ay ka mid yihiin: edeb, akhlaaq, sarriigasho, xilkasnimo, **af-gaabni,** qaddarin, iwm.

Midda ugu danbaysa, oo ah in qofku qaabbilaad u leeyahay waxyaabaha cusub, waa arrin u baahan wax akhrin iyo 'aqoon-sare-u-qaadid' joogto ah. Qofka ka faa'iidaysan kara waxyaabaha cusub waa qof indhihiisu furan yihiin, wax akhriya, ku mashquulsan aqoon kororsi joogto ah, xubinna ka ah shabakaadka cilmiga ah. Sida qaalibka ah, qofka Soomaaliga ahi, hadduuba waxbarto, hal mar ayuu qalin jebiyaa. Joogtayn la'aanta waxbarashadu, waa tan keenta, in muraayadaha aan ku aragno adduunku badanaa khaldan yihiin, waayo aqoonteennu hal meel ayay istaagtay, laakiin adduunku isma taagin.

Haddaan fiirinno dhinaca qiyamka. Daraasad Shire (08) ku sameeyey hoggaanka sharikaadka dhexe iyo kuwa waaweyn ee Soomaalida ayaa muujisay in qiyamka hoggaanka sharikaadkaasi ka soo hor jeedo qiyamkii Barker iyo Coy (2003) ku sifeeyeen hoggaanka sharikaadka Ustaraaliya. Meesha hoggaanka sharikaadka Ustaraaliya caan ku yihiin: tawaaduc, naxariis, xikmad iyo farxad, hoggaanka sharikaadka Soomaalidu waa kuwo: isla qabweyn, farxaddu ku yartahay (gaar ahaan markay joogaan goobta shaqada), naxariistu ku yartahay (marka la fiiriyo siday ula dhaqmaan shaqaalaha, macaamiisha iyo tartamayaasha), aan adeegsan xikmad iyo geesinnimo markay dhibaato xallinayaan. Afrax (2002) markuu rog-rogay oo dhinac kasta ka fiiriyey milkiilayaasha sharikaadka waaweyn, gaar ahaan kuwooda ku soo biiray saaxada ganacsiga wixii ka danbeeey dagaalkii sokeeye, wuu u quuri waayey in uu siiyo magaca 'garwadeenno', wuxuuna ku tilmaamay 'raq-ku-nool', 'dagaal ku taajir' iyo ' dib ka naax'.

Arrinta naxdinta lihi ma aha in qiyamka hoggaamiyayaasha Soomaalidu liito, ama sida Yam-yam ku tilmaamay ay yihiin *'mooraal ku dhiigle'*, arrinta naxdinta lihi waa in hoggaamiyayaasha xooggoodu (noocay doonaan ha noqdeene) aysan qiyamka u arag wax muhiim ah. Tusaale ahaan, barnaamij lagu soo bandhigay Jaamicadii Ummadda (Gahayr); laga sii daayey TV-gii Soomaaliya iyo Raadiyo Muqdisho; lagu soo daabacay wargayska Xiddigta Oktoobar iyo wargayska Ogaal sannadkii 1986-dii, ayaa xanbaarsanaa muuqaallo iyo qoraallo naxdin iyo uur ku taallo leh. Muuqaalladaas iyo qoraalladaas naxdinta leh, lagana aamusay, waxaa ka mid ahaa sawirro waaweyn oo lagu safay derbiyada xafiisyada dawladda, meelaha dadku isugu yimaadaan iyo darbiyada ku teedsan waddooyinka waaweyn oo uu ka muuqday Siyaad Barre oo 14 lagaga dhigay dhalinyaradii aasaastay Xisbigii Leegada (SYL). Warqad kale waxaa ku xardhanaa sifooyin 20 sare u dhaafaya oo lala xiriiriyey Siyaad Barre. Sifooyinkaas waxaa ka mid ahaa: 'Mideeye, gumaysi-diide, cadaw-jebiye, bulsho-sime, nabad-horseede, maato-kalkaaliye, qoraha afka Soomaaliga, samo abaabule, aqoon koriye, geesi waddani ah, ubad koriye, barbaariye, hanuuniye, dhaqan koriye, iyo qaar kale oo tiro badan'.

Arrin ka tiiraanyo badan arrinta sare, oo uu soo bandhigay TV-ga Al-Jaziira, 19 Janaayo 2009-kii, ayaa la xiriirtay sunta lagu daadiyey xeebaha

Soomaaliya iyo midda lagu aasay dhulka Soomaaliya sanadihii 1991-1997-dii. Giampiero Sebri, oo ahaa ninkii suntaas ku daadiyey Soomaaliya, oo ka waramaya qiyamka iyo sharafta Cali Mahdi, ninkii saxeexay in sunta lagu daadiyo/aaso Soomaaliya, ayaa yiri "*Qofka bini'aadamka ahi agtooda wax qiimo ah kama leh, waxa kaliya oo agtooda qiimo ka leh waa lacag.......way ogaayeen in aanan Soomaaliya u tegin, in aan nacnac iyo shukulaato u qaybiyo carruurta, way ogaayeen in waxa aan Soomaaliya ku aasayno yahay haraadiga sun halis ah*".

Innagu, haddaan nahay Soomaali, xadiiskaas iyo kuwa la midka ah waan dhinac marnay. Iska daa, in aan ka tiiraanyoono dhacdooyinkaas argagaxa iyo foolxumaaanta badan, ee waan u hiilinaa, difaacnaa, garab istaagnaa. Waxaas waxaan u yeelnaa ma aha maslaxadeena qofeed, maslaxada diineed, maslaxadda waddan, waxaas waxaan u yeelnaa waa maslaxad qabiil. C/laahi Indho oo arrimahaas wax iska waydiinayaa waa tuu lahaa: "*Soomaalaay garaadlaay; Gulufkiyo colaadaha; Saad geesi ugu tahay; Dulimaga ugu gargaartaan; Guntiga ugu xirataan; Ruuxii waxgala iyo; Ehelka u gumaadaan; Gunnimo ugu dirirtaan; Xaqqa maad u gudataan; Oo waxa kula gudboon iyo; Samaha garab istaagtaan*".

In qofku caafimaad ka raadiyo ammaanta iyo is-xayaysiintu waxay ka mid yihiin waxyaabaha ka so horjeeda qiyamka iyo sharafta wanaagsan. Waxaa ka sii liita in qof dhulkii hooyo ee uu ku ababay oo waalidkiis iyo ehelkiisba ku nool yihiin uu qashin saamayn ku yeelanaya jiilalka danbe ku aaso. Waxaas oo dhan, waxaa igala sii liita in laga aamusay waxyaabahaas qiyamka ka so horjeeda. Mararka qaarkoodna, qofkii bidhaamiya khaladaadkaas waxaaba loo arkaa qof waalan oo aan la socon waaqica, fahansanayn xeerarka aan qornayn ee bulshada. Rasuulku (SCW) isagoo inaku baraarujinaya, in aynaan sina u aqbalin munkarka, ayuu inoo sheegay in '*qofkii munkar arka ay la gudboon tahay in uu gacantiisa ku beddelo; hadduusan awoodin in uu afkiisa ku beddelo; hadduusan awoodinna uu qalbiga ka naco*'.

Haddaan nahay Soomaali maxaan samaynay markaan aragnay waxyaabihii foosha xumaa ee isugu jiray: dilka culimada; beddelidda kitaabka Eebbe; beddelidda qiyamka iyo sharafta ummadda; bur-burinta iyo barro kicinta qaar ka mid ah dadka biri mageydada ah; xiritaanka siyaasiyiinta, aqoonyahanka, culimada, iwm. Maxaan samaynay markii qaar calankii gubeen, ciiddiina qashin ku aaseen. Maxaan samaynay markii qaar aan garanyo ay geyigii hooyo ku soo hoggaamiyeen caddawgii soo jireenka ahaa ee Soomaaliya. Maxaan samaynay markii qaar aan garanyno ay ciiddii, geedihii, duurjoogtii iyo dadkiiba gateen?

Jaamac Kediye Cilmi oo tilmaamaya qaar ka mid ah qiyamka iyo anshaxa siyaasadda hoggaamiyayaasha Soomaalida waa tuu lahaa:

"xumaantay saaciddaa;
beentay saaxiib la tahay;
qabiilkay la seexataa;

sirow-gay weheshataa;
sagsaaggay aammintaa;
saciidkay ka leexataa;
waxay sanniftaa sharciga;
caddaaladday seeggan tahay;
xaqsoorkay suus ku tahay;
sinnaantay cudur ku tahay;
dulmigu in uu sara maray;
sallaanka u toosisaa;
eex bay ka samaysan tahay'.

Cumar Macallin, isna maansadiisa Siyaasi waa tuu lahaa:

'waryaa siyaasi;
ummulo saafe;
sebiyo dooxe;
silica hoogga;
saha abuura;
si aad dantaada;
u gaadhid seeran'.

Cabdi Muxumud Amiin waa tuu lahaa: "*Xumaha kama qaloodaan; qumanaantu waa u ceeb; qalooc bay ka jecel yihiin*". Xaaji Aadan Af-Qaloocna waa tuu lahaa *'Bisaaskaad akhlaaqdiyo dabciga uga ekaateene'*.

Ummad qiyamka iyo anshaxa hoggaankeedu halkaas yaallo sidee bay horumar u gaaraysaa, sidee bayse u helaysaa hiilka Eebbe! Si horumar loo gaaro, si loo helo hiilka Eebbe: waa in Eebbe loo tawbad keeno oo danbi dhaaf la waydiisto; waa in runta la joogteeyo; waa in la ogaado in qofna uusan 'ilbiriqsi' ka hoos baxayn 'satalaitka' Eebbe; waa in lala yimaado Alle ka cabsi; waa in lagu dadaalo toosnaan; waa in lagu dadaalo waddo kasta oo kahyr.

Cutubka

Horumarinta Hiraalka

Waxa, Marcus Cicero, dalbayo in la isu diyaariyo waa meesha loo socdo; waa hiraalka. Hiraalku waa muuqaalka ama sawirka mustaqbalka. In la garanayo oo sawir buuxa laga haysto meesha loo socdaa, waa bilowga guusha.

Cutubkan oo guud mar ku samaynaya sida hoggaamiyayaashu hiraalka u sameeyaan wuxuu marka hore muuqaal ka bixinayaa hoggaaminta istaraatiijiga ah iyo waxa ay kaga duwan tahay noocyada kale ee hoggaaminta. Marka xiga wuxuu wax ka taabanayaa muhimmadda uu leeyahay hiralku. Ugu danbayn wuxuu kor istaagayaa sida loo sameeyo iyo sida loo gudbiyo hiraalka.

Hoggaaminta istaraatiijiga ah

Giriiggii hore ayaa la aamminsan yahay in ay dhidibada u taageen hoggaaminta istaraatiijiga ah. Waxad arkaysaa in weedha istaraatiiji (strategy) asal ahaan ka soo jeedo kelmadda *'stratos'* oo luuqada Giriigga lagu macneeyo *'janaraalnimo'* (genralship). Hoggaamiyuhu xilligaas wuxuu ahaa abbaanduulaha ciidammada. Socrates, oo ahaa odaygii ugu weynaa ee dhidibbada u taagay hoggaaminta istaraatiijiga ah, ayaa markuu ka hadlayo hoggaamiyaha istaraatiijiga ah oran jiray: *'waa in uu yahay qof ku fiican xulashada dadka saxda ah; waa in ay horumarin karaan qaabdhaqanka fiican, ciqaabina karaan kan xun; waa in ay kasbadaan kalsoonida dadka; waa in ay abuuraan saaxiibbo iyo deris fiican; waa in ay ku mitidi karaan waxay abuureen'.*

Hoggaaminta istaraatiijiga ah waxay ku urursan tahay arrimo dhowr ah oo la baran karo. Tusaale ahaan, waa in hoggaamiyuhu noqdo qof muuqda, leeyahay xirfad farsamo iyo hoggaamin, la wadaago dadka dhibta iyo dheefta labadaba, dadkana mar walba xusuusiyo hiraalka iyo hadafka.

Horumarka sharikaadka, hay'adaha iyo dawladuhu gaaraan ma aha wax iska yimaada, ma aha wax ku yimaada nasiib. Waa wax ku yimaada xulasho, waa wax ku talo gal ah oo loo qasdiyay. Hoggaanku waa in uu aqoon ku filan u leeyahay bay'adda, saadaalin karo sida xaaladdu noqonayso 5 sano, 10 sano, 15 sano, ilaa 25 sano, dabadeedna jeexo jidkii la mari lahaa si loo gaaro hiraalka iyo ahdaafta. Dadka qaarkiis waxa la arkaa in ay yiraahdaan, sidee u sawiran karnaa waxa dhici doona 25 sano, annagoo aan sawiran karin sida xaal berri ama saaddame noqon doonno. Dadkaas waxaan leeyahay, hoggaamiyaha dhabta ahi waa midka mugdiga dhexdiisa iftiin ka arka; jaahwareerka dhexdiisa xal ka arka; dhibta dhexdeeda dheef ka arka; murugada dhexdeeda farxad ka arka. Hoggaaminta istaraatiijiga ahi, waa in la sawirto oo la saadaliyo mustaqbalka, loo fikiro qaab istaraatiiji ah, lala yimaado qorshe istaraatiiji ah si loo gaaro hiraalka.

Asbaabo la xiriira, aqoon fiican oo aan loo lahayn bay'adda iyo walaac dhanka mustaqbalka ayaa hoggaamiyayaasha ka dhiga kuwo ku mashquulsan dhacdooyinka maanta, meeshay hammigooda iyo xooggooda isugu geyn lahaayeen mustaqbalka. Qaarkood ma helaan waqti ku filan oo ay kaga fekeraan mustaqbalka, qaar kalena, maba dareensana ahmiyadda in laga fekero oo saadaalin iyo qiimayn joogto ah lagu hayo mustaqbalka. Hoggaamiyaha istaraatiijiga ahi ma aha mid ku mashquulsan xal u raadinta mushkilooyinka maanta oo kaliya, ee waa mid sidoo kale ka fikiraya fursadaha mustaqbalka. Waxaa meel fog uga muuqda xiddig iftiin badan. In kastoo la arko in xiddigtaasi fogtahay, iyaga dadaalkoodu waa in ay gaaraan wax aan hortood qofna u gaarin. Waa in ay horseedaan barwaaqo iyo baraare.

Hoggaaminta istaraatiijiga ahi waxay ka bilaabmataa hiraal. Hiraal waa riyo la rumaysan karo; laga qayb qaadan karo; la gaari karo. Qaamuuska Oxford wuxuu hiraalka ku micneeyaa 'sawir maskaxeed ku tusiya muuqaalka mustaqbalka'. Hiraalku waa jiheeye tilmaama mustaqbal ka wanaagsan kan maanta lagu jiro. Hiraalku waa hadal kooban oo qofkasta fahmi karo, xusuusan karo, weelaynna karo.

Xiriir xooggan ayaa ka dhexeeya heerka horumar ee waddan, shirkad ama hay'adi gaarto iyo hiraalka. Hiraalka kooban, macaan, dadka quluubtooda dega wuxuu: (1) noqdaa jiheeye tusa dadka jihada loo socdo; (2) qayb ka noqdaa sidii go'aan sax ah loo gaari lahaa; (3) bilaa niyadda iyo mooraalka dadka. Wuxuu sidoo kale sare u qaadaa waxsoosaarka, waayo qof kasta ayaa aamminsan in la gaari karo hiraalkaas.

Hiraalku waa xiddig iftiinkeeda dadku ku wada hirtaan. Waxay ka duushaa xaaladda dhabta ah ee maanta, waxay sidoo kale isha ku haysaa mustaqbal ka duwan midka hadda lagu jiro. In shirkad ama hay'ad laga dhaqaajiyo 'xerada' ay maanta 'oodan tahay' oo loo dhaqaajiyo dhanka mustaqbalku ma aha wax fudud, waa wax u baahan xirfad.

Siirada Rasuulkeenna (SCW) waxa ka buuxa hiraallo kuwo la mid ah aan taariikhda lagu sheegin. Qaswadii dhufayska, ayaa saxaabadu u taag waayeen dhagax weyn. Cumar (RC) ayaa u tegey Rasuulka (SCW) isagoo ka cabanaya dhagaxa ay u tabar waayeen. Rasuulku (SCW) wuxuu qaatay dubbihii dhagaxa lagu jejebinaayey, dabadeedna dhagixii ayuu ku dhuftay. Waxa dhagixii ka baxay iftiin hillaaca oo kale ah. Mar labaad ayuu Rasuulku ku celiyey, waxa sidii oo kale ka baxay iftiin. Mar saddexaadkii ayuu misana ku celiyey, waxa ka baxay sidoo kale iftiin. Salman (RC) ayaa waydiiyey Rasuulka waxa saddexda iftiin ahaayeen. Rasuulku (SCW) wuxuu yiri, 'oo adna ma arakaysay Salmaanow!'. Rasuulku isagoo fasiraya saddexdaas iftiin ayuu yiri: iftiinkii u horeeyey waxa la i tusay qasriyadii Yaman; iftiinkii labaad waxa la i tusay qasriyadii Suuriya; iftiinkii saddexaadna waxan arkay qasrigii caddaa ee Kisra. Isagoo fasiraya ayuu Rasuulku yiri: Iftiinka koowaad wuxuu Eebbe iigu furay Yaman; kan labaadna Suuriya iyo dhinaca Galbeedka; kan saddexaadna dhinaca Bariga. Hiraalkii Rasuulku (SCW) wuxuu sare u qaaday niyaddii iyo mooralkii saxaabada iyo muslimiinta wax ka badan 1000 sano. Iyagoo xaqiijinaya hiraalkii rasuulka ayay Muslimiintu furteen goobo badan. Walina, waxaan rumaysanahay in ay xaqiiqoobi doonto inta inoo dhimmani. Inkastoo hiraalka hoggaamiyayaashu, uusan sida kan amibiyada ahayn waxyi, haddana, haddii la mariyo waddada saxda ah, waxay u badan tahay in uu xaqiiqo noqon karo.

Martin Luther King, jr, khudbadii uu ka jeediyey Lincoln Memorial, Washington, ayaa lagu tilmaamaa in ay xanbaarsanayd hiraal bilay niyadda iyo mooraalka dadka madow ee Maraykanka, ilaa riyadii King xaqiiqowday maanta oo Maraykanku madaxweyne u doortay wiil madow, Obama. Hadalladii King waxa ka mid ahaa *"waxaan rajaynayaa in ay imaan doonto maalin afartayda gabdhood aan lagu qiimay midabka jirkooda ee lagu qiimeeyo ...."*

Hoggaamiyayaasha Islaamka ee casrigaan caanka ku noqday hiraalka waxa ka mid ah Ra'iisal wasaarihii hore ee Malaysia, Dr Mahathir Mohamad. Dr Mahathir isagoo la hadlaya shacabkiisa ayuu yiri *"Maanta, waxaan hortiinna ka akhrinayaa aragtiyo (hiraal) iyo qorshihii lagu gaari lahaa, si aan Malaysia uga dhigno waddan horumarsan. Waxaan sidoo kale wax ka taabanayaa himilooyinka dhow-dhow ee aasaaska adag u noqonaya safarka dheer ee aan ku gaarayno himilooyinkeena. Waxaan rajaynayaa in carruurta maanta dhalanaysa iyo kuwa dhalanaya tobanka sano ee soo socda noqon doonaan jiilkii u danbeeyey ee ku kora waddan sabool ah. Waxaan rajaynayaa in 2020 Malaysia noqon doonto waddan horumarsan............ Inaggoon waddanna ku dayan ayaan hanan karnaa horumar...... Malaysia, ma aha in ay dhaqaale ahaan kaliya horumarto, waa in ay noqoto waddan gaara horumar dhammaystiran, horumar taabta dhinac kasta: dhaqaale, siyaasad, mujtamac, caqiido, iyo dhaqan. Waa in aan gaarno horumar saldhig u noqda: midnimo qaran, wax wada qasbi iyo isjacayl, caddaalad, degganaansho, maammul wanaag, nolol tayo fiican leh. Waa in aan noqonno waddan ay ka muuqato kalsooni iyo sharaf".* Sagaalkii himilo ee Mahathir goobtaas ka akhriyey dhammaantood waxa la gaaray sannadkii 2000; labaatan sano ka hor xilligii ay qabsadeen.

Dhinaca sharikaadka, daraaasad qaadatay waqti dheer oo Collins iyo Porras (1994), ku sameeyeen sharikaadka ugu magaca dheer adduunka, ayna isbarbar dhig ku sameeyeen waxa sharikaadka aadka u fiicani kaga duwan yihiin sharikaadka fiican, ayaa waxa u soo baxay in **'hiraal'** iyo **'himilooyin'** qeexan yihiin waxa kala saara sharikaadka fiican iyo kuwa aadka u fiican. Sharikaadka aadka u fiican (best of the best) ee raggaasi daraasadda ku sameeyeen waxay caan ku ahaayeen himilo qeexan oo dadka oo dhan kulmisa ama waxa ay ugu yeereen 'Big Hairy Audacaious Goals' (BHAG).

Haddii aadan wali fahmin asbaabta keentay in waddammada, sharikaadka, hay'adaha iyo shakhsiyaadku kala hormaraan. Haddaadan wali fahmin waxa sirtu tahay. Aan kuu iftiimiyee, sirtu waa hiraal la xayaabo tiray. Saxaabadii, taabiciintii, iyo jiilalkii hore ee Muslimiinta waxa dhaqaajiyey hiraalkii Rasuulka (SCW), waddan horumar gaaray haddaad aragto waxa horumariyey waa hiraal la xayaabo tiray. Shirkad meel gaartay haddaad aragto, ogow, sirtu waa hiraal. Qof nolosha meel ka gaaray haddaad aragto, ogow, sirtu waa hiraal.

Muhimmadda hiraalka

"There can be no leadership without vision"
Manfred Kets de Vries

Markaan ka hadlaynay, hoggaamiyaha qiimaha iyo qaddarinta leh, waxaan tilmaamnay in hoggaamiyahaasi caan ku yahay afar shay: daacadnimo, aqoon, dhiirrigelin iyo hiraal. Hiraalku waa wax aan loo jeedin, misana la gaari karo. Hiraalku waa riyo, waa rajo, waa dareen qalbiga ku abuura yididiilo. Hiraalku waa waxa hoggaamiyaha ka sooca dadka intiisa kale. Hiraalku isagoo ka duulaya meesha maanta la joogo ayuu dadka u dhaqaajiyaa dhanka mustaqbalka; wuxuu dadka geliyaa quwad, kana dhigaa kuwo jecel in ay ka jibo gaaraan hawlaha ay qabanayaan; wuxuu micne u yeelaa hawlaha dadku qabanayaan; wuxuu dadka ka dhigaa kuwo sare u qaada tayada iyo tirada labadaba. Hiraalku waa wax soo jiita dadka; waa wax saldhig u noqda isbeddel, waa wax dhaliya rajo; waa wax tilmaama jihada mustaqbalka.

Hiraalka samayntiisu ma aha wax fudud, waa wax u baahan daraasad iyo ka baaraandegid ballaaran. Marka la samaynayo hiraalka, waa in aqoon la taaban karo loo leeyahay:Isbeddellada ku dhacaya bay'adda; waa in la saadaalin karo mustaqbalka; waa in si dhab ah looga baaraandego sidii loo degi lahaa quluubta macaamiisha; waa in isha la mariyo oo laga faa'iidaysto qorallada shirkaddu daabacday, daraasadaha lagu sameeyey sayladahaas, macluumaadka tartamayaasha, iwm; waa in kulammo lala sameeyo shaqaalaha, la taliyayaasha, iyo dadka kale ee shirkaddu saamaynta ku yeelan karto. Inkastoo biyadhaca maansadiisu meel kale ahayd, haddana waxaa la oran karaa, Maxamed Xaashi Dhamac (Gaariye) ayaa dhinac ka bidhaamiyey qofka samayn kara hiraal markuu lahaa: 'waxaan ahay xog-ogaal; hir fog baan arkayaa; orna waan maqlayaa; waxna way urayaan'.

Hiraalku ma aha wax lagu dhasho. Daraasado badan ayaa muujiyey in hoggaamiyayaashu marka ay shaqada hoggaaminta la wareegaan aysan lahayn hiraal qeexan. Badanaa waxay la soo shaqo tagaan: riyo, aragti, rajo, su'aalo, rabitaan, iyo dadaal. Sidoo kale, hiraalku ma aha wax hal mar sida hillaacii hortaada ka muuqda, wuxuu maraa maraaxil, marka hore iftiin yar ayaa meel ka muuqda, mid kale ayaa meel kale ka muuqda, marka iftiimmadaas faraha badan la isku xir-xiro ayay isu beddelaan xiddig iftiin weyn (hiraal) oo iftiinkeeda la higsan karo. Iftiimmada midba meel ka muuqanayo oo marka danbe isu beddelaya hiraalku waa sawirka mustaqbalka. haddaan si kale u iraahdo, si aad u aragto hiraal, waa in aad marka hore sawirato muuqaalka mustaqbalku yeelan doono. Muuqaalkaasi waa daaqadda aan ka daawanno mustaqbalka, waa meesha aan u soconno (destination).

Hiraalku waa buundo (kaabad) isku xirta maanta iyo mustaqbalka. Hawsha hoggaamiyuhu kuma koobna in uu sawirto, dadkana ka dhaadhiciyo mustaqbal fog oo aan wali la gaarin. Sidoo kale, waa in sawirka mustaqbalka ee uu sawirayo ay qayb ka noqdaan rabitaanka iyo baahida ummadda uu hoggaamiyaa. Sidoo kale waa in hoggaamiyuhu dul istaago oo qeexo sidii lagu gaari lahaa mustaqbalkaas.

Si loo gaaro meesha loo socdo, waa in qof kasta arki karo sawirka meesha loo socdo. Qofka laga rabo in uu sawirkaas si fiican oo la wada arki karo u soo bandhigaana waa hoggaamiyaha. Ka soo qaad in macallin isticmaalayo sawir tuse (projector) aan si fiican sawirka u soo gudbinayn. Maxaad u malaynaysaa in ardadu samaynayaan. Ugu horrayn macallinka ayay u sheegayaan in sawirka aan si fiican loo arkin. Haddii macallinku sawirka hagaajin waayo, ardada waxa ku dhacaya jaahwareer iyo niyad jab. Qaar baa isku dayaya in ay wax kale ku mashquulaan. Qaar in ay fasalka isaga baxaan ayaa la arkaa. Qaar kale in ay macallinka ku qayliyaan oo si xun ula macaamilaan ayaa la arkaa. Ugu danbayn, qaar ayaa la arkaa in ay soo kacaan oo iyagu isku dayaan in ay gacantooda sawir tusaha ku hagaajiyaan. Sida ardada jaahwareer ugu dhacayo hadii sawir tusuhu si fiican u shaqayn waayo ayaa dadkana jaahwareer ugu dhacayaa haday hiraal xayaabo tiran arki waayaan.

Sidee loo sameeyaa hiraalka

"Vision without action is a dream; action without vision soon fades;
but vision with action can change the world"
Nelson Mandela

Hoggaamiyuhu, si uu sameeyo hiraal, waa in uu odorosaa mustaqbalka. Si uu mustaqbalka u odoroso, waa in hoggaamiyuhu hortiisa soo dhigo mustaqbalka. Aalado dhowr ah ayaa la isticmaalaa marka la samaynayo hiraal. Hoggaamiyuhu wuxuu iswaydiin karaa waxa uu rabo oo dhan. Marka waxa uu rabo oo dhan uu hortiisa soo dhigo ayuu ka xulan karaa laba ama saddex ka mid ah. Wuxuu sidoo kale samayn karaa sawirro ama xuruuf marka la isku geeyo samayn kara micne.

Aalad kale, oo uu sameeyey Treffinger (1992), ayaa rabitaanka ama senaariyooyinka isbarbardhig ku samaysa si loo ogaado midda ugu mustaqbalka fiican. Marka isbarbardhigga lagu samaynayo rabitaannada iyo senaariyooyinka laba dhinac ayaa laga fiiriyaa: (1) muhimmadda, iyo (2) macquulnimada in laga miro dhaliyo.

Si hoggaamiyuhu wax u beddelo, waa in uu sameeyo, dadkana soo hordhigaa hiraal iyo himilooyin. Hiraalku waa in uu noqdo mid qurux badan, udgoon, macaan. Mid soo jiita dareenka qofka oo dhan. Farriinta hoggaamiyaha wax beddelaa u gudbiyo dadka waa shucaac iftiimiya quluubta dadka. Qof kasta wuxuu dareemaa in uu qayb ka yahay mas'uuliyadda. Waxay isticmaalaan tusaalooyin iyo tilmaamo hiyi kicin ku sameeya dadka. Waxay dadka u tilmaamaan xiddig iftiin weyn oo marna aan qarsoomayn si ay u higsadaan. Waa dad qalbi fiican oo aamminsan waxay dadka kale u sheegayan; waxay meel kasta u maraan, geed dheer iyo mid gaaban u fuulaan in ay ka miro dhaliyaan hammigaas. Waxay aqoon fiican u leeyihiin dareenka dadka iyo waxa agtooda qiimaha ka leh, oo waxyaabahaas ciyaar iyo kaftan kama dhigtaan. Waxay xifdiyaan magacyada dadka iyo waxa agtooda qiimaha ka leh. Muuqaalkoodu waa mid soo jiidasho leh.

Gudbinta hiraalka

Samaynta hiraalku in kastoo ay dhib badan tahay sidaan sare kaga soo sheekaynay, haddana waxaa ka sii dhib badan sidii dadka aad hoggaamiso kuula fahmi lahaayeen, u aqbali lahaayeen, ugu guntan lahaayeen ka miro dhalinta hiraalka. Hawlaha ugu waaweyn ee hoggaamiyaha waxa ka mid ah in uu hiraalka dadka kale gaarsiiyo oo baro. Si hiraalka loo barto, waa in hoggaamiyuhu har iyo habeen hiraalka carrabka ku hayo, ka sheekeeyo, dadkana u sharraxo. Dhinaca kale, waa in hoggaamiyuhu dareensanaado, in hiraalka aan dadka lagu khasbin oo sanka laga gelin. Hiraalku waa in uu noqdo mid dadka oo dhan kulmin kara (shared vision).

Si hoggaamiyuhu hiraalka dadka kale u gaarsiiyo, ugana dhaadhiciyo waa in uu: si fiican u dhegaysto dadka kale; dadka ugu yeero wax ay wadaagi karaan (commom purpose); u gudbiyo hiraal la xayaabo tiray oo qof walba indhihiisa ku arki karo. Haddaan ku hormarno dhegaysiga, hoggaamiyuhu waa in uu dhegaysto dadka uu xukumo. Waa in uu dhegaysto waxa ka guuxaya maskaxdooda iyo maankooda, waxa ay jecel yihiin, waxa ay tabanayaan oo ka maqan. Maadaama, markasta dadku aysan muujin dareenkooda, waxa muhiim ah in hoggaamiyuhu waqtigiisa qayb ka mid ah ku dhex qaato dadka uu xukumo. Waa in uu shaaha la cabbo, xafladahooda tago, la caweeyo, la kaftamo. Waa in uu noqdo qof ka mid ah si uu u dareemo waxa ku jira maskaxdooda iyo maankooda. Sidoo kale hoggaamiyuhu waa in uu ogaado in kaligiis uusan wax qaban karin, kaligiis wax kasta xallin karin, kaligiis wax kasta aqoon u lahayn. Waa in uu ogaado in uu u baahan yahay dadka uu xukumo. Maaddaama uu u baahan yahayna waa in uu dhegaysto dareenkooda.

Haddaan u gudubno arrinta labaad, si hoggaamiyuhu dadka ugu yeero wax ay wadaagi karaan, waa in uu fahansan yahay waxyaabaha dadka agtooda qiime iyo qaddarin ka leh. Hoggaamiyaha dhabta ahi waa kan si wada jir ah u bila niyadda iyo mooraalka dadka uu hoggaamiyo.

Ugu danbayn, si hoggaamiyuhu u gudbiyo hiraal la xayaabo tiray, waa in ay hiraalka ka dhigaan wax dadka oo dhammi arki karaan, maqli karaan, dhadhamin karaan, dareemi karaan, taabanna karaan. Hoggaamiyayaashu iyagoo isticmaalaya kelmado ku dhega quluubta dadka ayay hiraalka ku tallaalaan maskaxda iyo maanka dadka ay hoggaamiyaan.

Si hoggaamiyayaashu dadka ugu gudbiyaan hiraal la aqbali karo waa in ay: aqoon fiican u leeyihiin dadka ay hoggaamiyaan; ay ogyihiin waxyaabaha dadkaasi wadaagaan (common ground); qaabeeyaan hiraal ay wadaagi karaan; hiraalka dadka u gudbiyaan; u hawlgalaan siday u hirgelin lahaayeen hiraalkaas;

hadalkoodu noqdo mid qalbiga ka soo go'ay; dhegaysiga badiyaan; kana mid noqdaan dadka ay hoggaamiyaan.

Soomaalida iyo horumarinta hiraalka

"Ummad aan hiraal lahayn halaag kama badbaaddo"
Sulaymaan Al-Xakiim

Samaynta iyo soo bandhigida hiraalku qayb ahaan waxay ku xiran yihiin heerka aqooneed iyo waaya'aragnimo iyo qiyamka iyo dabciga hoggaaniyaha. Hoggaamiye aan lahayn aqoon iyo waaya'aragnimo ku filan oo sax ah, ma samayn karo hiraal la tallaabsan kara qarnigaan. Sidoo kale, hoggaamiye aan lahayn qiyam iyo dabci huffan ma samayn karo hiraal la rumaysto oo oo loo riyaaqo. Haddaba su'aashu waxay noqonaysaa, sidee bay ahaayeen aqoonta, waaya'aragnimada iyo qiyamka hoggaamiyayaashii hore ee Soomaaliya (wixii ka horeeyey daakhiliga)? Sideebayse ahayd laga soo bilaabo daakhiliyadii ilaa maanta?

Markaad indhaha la raacdo, baal-taariikheedka hoggaamiyayaashii soo maray Soomaaliya (wixii ka horeeyey 1956-kii), waxaad arkaysaa in dhammaan hoggaamiyeyaashaasi ku hubaysnaayeen aqoon iyo waaya'aragnimo ku filan. Aqoonta iyo waaya'aragnimada ka sokow, waxa raggaas lagu samayn jiray qiimayn buuxda oo dhinac kasta taabanaysa. Waxyaabaha la qiimayn jiray waxa ka mid ahaa: dabcigooda iyo dadnimadooda. Taasi waxay keentay, in xilligii hoggaamiyayaashaasi ka arriminayeen Soomaaliya, ay Soomaalidu ahayd dad gob ah oo horumar, degganaansho siyaasadeed, cilmi, ganacsi iyo kala danbayn caan ku ah. Sebenkaas, Soomaaliya waxay ahayd goob qofkastaa hunguriyeeyo - waa asbaata keentay in marar badan la soo weeraro; waxay ahayd goob qofkii magangeliyo doon ihi u soo hijroodo - waa asbaabta keentay in Iiraan, Yaman, Cumaan, Sucuudiga iyo meelo badan looga soo hijrooday.

Hoggaan aan hiraal lahayn; hoggaan aan garanayn meesha uu u socdo iyo meesha uu ka socdo; hoggaan dalanbaabi ah oo sidii, warqad dabayl xagaa wadato, hadba jiho afka saaraya, Soomaaliya waxa ugu horraysay markii la qaatay daakhiliga. Gumaysigu markuu soo tirtiray ilbaxnimooyinkii qadiimka ahaa, dadkii ilbaxnimooyinkaas hiraalka iyo himilooyinka u samayn jirayna qaar god lagu hubsaday, qaar waddanka laga eryey, qaarna meel ay jaan iyo cirib dhigeen la waayey, ayaa gumaysigu wuxuu dadkii u sameeyey hoggaan khaldan oo ujeedadiisu ku koobnayd jaahwareerinta ummadda. Cismaan Yuusuf Keenadiid oo ka hadlaya marin-habowgii hoggaankaas gurracan, waa hoggaankii Daakhilyada, ummadda u horseeday, waa tuu lahaa '*Raggii madaxdu ka xumaato waa marin habaabaaye*'. Hoggaammadii ka danbeeyeyna, sare ayaan kaga soo hadalnay, oo dib ugu noqon mayno.

Laga soo bilaabo hoggaankii Daakhiliyada, ilaa laga soo gaaro burburkii dawladii Siyaad Barre, dhibaatada ugu weyn ee ka hortaagnayd hoggaamiyayaashaas in ay sameeyaan hiraal iyo himilooyin taabbogal noqon kara waxaa ugu waaweynaa: aqoon darro, waaya'aragnimo xumo, qiyam xumi iyo dibindaabyo shisheeye. Khudbaddii u horraysay ee Siyaad Barre ka hor akhriyey shacabka Soomaaliyeed, 23 October 1969-kii, xanbaarsanaydna hiraalka iyo himilooyinka tawraddii la sheegay in ay 'barakaysnayd[26]' ayaa daliil marag ma doonto ah u ah aqoon darrada, waaya'aragnima xumida iyo qiyam xumida hoggaankaas. Siyaad Barre, oo si faahfaahsan uga waramaya sababaha keeney in ay talada la wareegaan, wuxuu yiri "*suurtogal ma ahayn in la iska indho tiro xumaantii dalka taallay sida: musuqmaasuqa, laaluushka, qaraabakiilka, tuugaysiga xoolaha dawladda, caddaalad-darrida, xurmo-darrida diinta iyo qawaaniinta*". Dhowr oday oo maalintaas si toos ah u dhegaysanayey khudbadaas ayaa ii sheegay in xumaanihii odaygu maalintaas ka dhawaajiyey qaarkood dadka badidiisa maalintaas ka horba aysan maqal. Dhinaca hiraalka iyo himilooyinka oo ay adag tahay in la kala sooco, Maxamed Siyaad wuxuu yiri: "*waxaan doonaynaa dastuurka in la ilaaliyo. Waxaan baabi'in doonnaa laaluush, qaraabakiil iyo qabyaalad. Waxaan la dagaallami doonnaa nooc kasta oo gumaysi ah iyo kuwa u adeega. Qawmiyad Soomaaliyeed oo xoog leh, midaysan, nabadna ku wada nool ayaan dhisi doonnaa. Haddii loo baahdo xoogga aannu hayno oo dhan ayaan u isticmaali doonnaa, si aynu u xoojino diinta Islaamka oo lagu cayaaray. Waxaan doonaynaa in aan Soomaaliya ka dhigno waddan sharaf leh. Waxaan dadka Soomaalida u horseedaynaa barwaaqada dhulka ku aasan in ay kala soo baxaan, iskana daayaan baryada ummadaha kale*".   20 sano ka dib, hiraalkii iyo himilooyinkii dhabta ahaa ee Siyaad Barre, wixii qabsoomay iyo wixii aan qabsoomin, waxaa qiimayn buuxda ku sameeyey oo soo bandhigay wargayskii Ogaal iyo kooxdii 'manafesto'. Faalladii wargeyska Ogaal ee, 5 Janaayo 1990, ayaa koristaagtay in waxkasta oo hiraalka iyo himilooyinka kacaanku ahaayeen, maanta shacabka Soomaaliyeed ku haftay: caddaalad darro, shuruuc duntay, maammul xumo, tafaraaruq bulsho, fadqalallo ciidan, bur-bur maciishadeed, hoos u dhac ku yimid tayada waxbarashada iyo dhaqanka mujtamaca.

Kooxda Maanifeesto, oo u badnaa odayaal, salaadiin, cuqaal, culimaa'uddiin, indheergarad iyo ganacsato ayaa iyana muujiyey in: qawmiyaddii xoogga lahayd, is jeclayd, nabaddana ku wada noolayd ee Siyaad Barre ballanqaaday in uu dhisayo sannadkii 1969-kii, maanta ku nooshahay dagaal sokeeye, nabadgelyo la'aan, iyo xuquuqdeeda oo lagu xadgudbay; waxyaabihii uu sheegay in la baabi'inayo sida laaluushka, qaraabakiilka iyo qabyaaladdu ay gaareen xad meel adduunka gaartay aysan jirin; diintii uu yiri waan xoojinaynaa

---

[26] Waxaan rajaynaynaa in dadka badidiisu xusuusan karaan heestii Faadumo Qaasim Hilowle ku luuqayn jirtay ee mireheeda ay ka mid ahaayeen 'tawradatan barakaysan'.

la beddeley, culimadii xanbaarsanaydna qaarna la laayey qaarna ay xabsi dhex-jiifaan; barwaaqadii uu yiri waxaan u horseedaynaa dalka, ay isu bedeshey faqri iyo gaajo taabatay guri kasta oo Soomaaliyeed; baryadii uu yiri waa laga baxayaana noqotoy xirfadda kaliya ee Siyaad Barre ku shaqaysto. Dad kale, oo isugu jira aqoonyahano, siyaasiyiin, odayaal iyo waxgarad ayaa iyana ujeeddadii dhabta ahayd ee hiraalkii Siyaad Barre ku tilmaamay 'aarsi qabiil iyo kala qo-qob qaran'. Ujeeddada dhabta ah ee hiraalkaas iyo himilooyinkaasi waxay doonaan ha noqdeen, waxaase la hubaa, sidii Yam-yam tibaaxay 'ninkii timir abuuriyo; ninkii tiin tallaalaba; taariikhda yaa werin'.

Qiyamka hoggaanka sare ee dalka oo aad u hooseeyey iyo aqoontooda iyo waaya'aragnimadooda oo yarayd ayaa loo aaneeyaa in dadku rumaysan waayaan hiraallada iyo himilooyinka kacaanku tilmaamayey. Ragga qaarkiis, waxayba u arkayeen wax mustaxiil ah oo aan sinaba loo rumaysan karin. Tusaale ahaan, Gaariye oo ka hadlaya barnaamijkii laba kaclaynta kacaanka, waa tuu lahaa 'Fiidmeereey waa aroor'.

Indha la'aanta, dayowga iyo isbar-bar yaaca hareeyey hoggaan-sheegtayaasha Soomaalida burburkii dawladii Siyaad Barre ka dib, oo Afrax (2002) ku tilmaamo 'xintan qabyaaladeed; u-haliil kursi; iyo magansi shisheeye' midkoodna kama badbaadin hiraal la'aantii dawladihii shibilka ahaa iyo tii askarta.

Dhinaca sharikaadka, daraasad Shire (08) ku sameeyey sharikaadka waaweyn iyo kuwa dhexe ee Soomaalida ayaa muujisay in kelmadda 'hiraal' ay qariib ama wax aan la aqoon sharikaadka Soomaalida agtooda ka tahay. Asbaabta ugu weyn ee keentay hiraal xumiduna waa sharikaadka Soomaalida oo xooggoodu aan lahayn nidaam maammul oo qeexan iyo iyagoo aan soo jiidan hoggaamiyayaal karti iyo aqoon ku filan leh.

Maadaaama hiraalku ka mid yahay udubbada hoggaaminta kuwooda ugu muhiimsan, la'aantiisna aan waddan iyo shirkad toonna meel gaari karin, su'aashu waxay noqonaysaa: sidee loo helaa hoggaan soo bandhiga hiraal ummadda u jiheeya tubta toosan? Sidee loo helaa hoggaan sharikaadka u horseedi kara faa'iido sare, koboc sare, saylado cusub iyo adeegyo cusub?

Dhinaca siyaasadda, waxaa la oran karaa, gogoshii 'Manifesto' ku yaboohday iyo dhaq-dhaqaaq maskax furan oo abuura wacyi qaranimo, ayaa noqon kara aasaaska ama unugga koowaad. Dhaq-dhaqaaqaas waa in ay hagaan dad aqoon, karti, hufnaan, mabda', qiyam, dadnimo, iyo dulqaad lagu yaqaan. Inta aan dhaq-dhaqaaqaas la bilaabin waa in la sameeyo baadigoob iyo raadraac la xiriira wixii lumay, wixii lumiyey iyo asbaabta loo lumiyey. Waa cilmibaaris haanta salkeeda soo taabanaysa. Waa cilmibaaris iftiiminaysa waddooyinkii khaldanaa ee la raacay. Waa cilmibaaris iftiiminaysa waddada badbaadada, waddada barwaaqada, waddada horumarka, waddada qarannimada. Cilmibaaristaas waa in ay ka soo baxaan qorshe-hawleed dadka dib loogu wacyigelinayo; qorshe-hawleed dadka runta tusaya; qorshe-hawleed kooban oo qof kasta oo Soomaali ahi xifdiyo.

Dhinaca sharikaadka iyo hay'aadka khayriga ah, hoggaamiye hiraal leh wuxuu imaan karaa marka sare loo qaado wacyiga milkiilayaasha iyo maalgashadayaasha (investors). Marka la dareensiiyo in hoggaanka shirkad ama hay'ad horumar gaarsiin karaa yahay, hoggaamiye aqoon iyo karti leh; hoggaamiye qiyam iyo sharaf leh; hoggaamiye wacyigiisu sareeyo; hoggaamiye maanta iyo mustaqbal labadaba ah (aqoontiisu maanta iyo mustaqbalku aad u sarrayso); hoggaamiye naftiisa hagi kara; hoggaamiye fahmi kara xallinna kara dhibaatooyinka; hoggaamiye dadka hagi kara, niyadooda kicin kara, jihayn kara; hoggaamiye soo saari kara hoggaamiyayaal kale.

Cutubka

Dad soo jiidashada

2600 oo sano ka hor dhalashadii Nabi Ciise ayaa gabyaa reer Giriig ah oo la oran jiray Solo wuxuu tiriyey gabay ujeeddadiisu ahaa in uu kiciyo dadkiisa, reer Solons, si ay dib ugu hantiyaan jasiiradda Salamis oo ay 100 sano ka hor ka qabsadeen ree Megara. Si gabyaagaasi, dareenkiisa dadka qalbigooda u geliyo, wuxuu isu ekaysiiyey qof waalan. Sida, Rausch (1982)ka soo guuriyey Herodot, ninkaasi wuxuu xiran jiray dhar jeexjeexan oo wasakh badan, markaasuu inta soo ag istaago meelaha dadku fariistaan wuxuu ku dul akhrin jiray gabayo iyo sheekooyin dadka xusuusinaya quruxda, bilicda iyo jawi macaanka jasiiradda ka maqan. In kastoo ay ku qaadatay waqti dheer, haddana, Solo waa ku guulaystay in uu kiciyo dadkiisii. Waxa la wariyaa in dagaalkaasi sabab u noqday in Giriigga, oo waagii hore ahaa, magaalooyin iyo jasiirado midba goonideeda u taagan tahay, uu noqdo hal waddan. Gabyaagii Solo, markuu ku guulaystay himiladiisii, dadkiisiina way u abaal gudeen. Waxay ku daraeen, oo toddoba kaga dhigeen, raggii ugu xikmadda badnaa ee soo mara Giriigga. Waxa sidoo kale laga dhigay madaxweynihii u horreeyey ee Giriiggu yeesho. Solo, wuxuu isbeddel ku sameeyey dhaqaalihii, siyaasaddii iyo noloshii mujtamaca.

Knudsen (1995)

Sidee hoggaamiyuhu dadka u soo jiitaa

Sida cilmiga saynisku u leeyahay shuruuc ayaa hoggaamintuna u leedahay shuruuc. Shuruucda hoggaaminta waxa ka mid ah sharci loo yaqaan 'sharciga isku-tolidda' ama 'law of connection'. Sharcigaasi wuxuu yiraahdaa 'hoggaamiyuhu waa in uu dego oo saamayn buuxda ku yeesho dadka qalbigooda inta uusan wax u dirin ama wax ka dalbin. Dadku ma aha sida xoolaha oo kale, intii ul la qaato dabada lagama kaxayn karo. Sidoo kale, dadku ma aha carruur, wax waalan iyo wax ma garad, oo wixii la rabo looma sheegi karo. In dad la hawlgeliyo waxay u baahan tanhay xirfad iyo xikmad. Xirfaddu waxay la xiriirtaa qaabka loola hadlo, loo abaabulo, looguna gudbiyo himilooyinka la rabo in ay gaaraan. Xikmaddu, waxay la xiriirtaa hadallada lagula hadlayo iyo muuqaalka hoggaamiyuhu tusayo dadka. Muuqaalkaasi wuxuu noqon karaa mid run ah, wuxuu sidoo kale noqon karaa mid been ah.

Aristotle (384-322 ka hor dhalashadii Nabi Ciise) markuu ka hadlayey soo jiidashada wuxuu yiri, dadku saddex nooc oo xujo ah ayay isticmaalaan si ay dadka u soo jiitaan: ethos, pathos iyo logos. Qofka isticmaalaya 'ethos', waa in uu yahay qof la rumaysan karo oo ammaano iyo run lagu yaqaan. Qofka isticmaalaya 'pathos' waa in uu kicin karo shucuurta iyo dareenka dadka uu la hadlayo. Qofka isticmaalaya 'logos' waa in uu yahay af-maal, hadalka falkin kara, oo dadka murti iyo madadaalo ku hafin kara. Xilligii Aristotle, 'logos' ayaa ahayd aaladda ugu muhiimsan ee la isticmaalo marka dad la soo jiidanayo, waana asbaabta keentay in falsafada iyo hadalku lahaayeen makaanad sare. Sebenka hadda lagu jiro, waxa dad badani ishaaraan (fiiri, Borg, 2007) in 'ethos' tahay aaladda ugu muhiimsan ee la isticmaali karo. Raggaasi waxay ku xijiyaan 'pathos', waxayna ugu dabo mariyaan 'logos'.

Sida ka muuqata sawirka hoose, oo uu soo bandhigay Yuki (1997), soo jiidashada hoggaamiyuhu waxay ku xiran tahay saddex walxood: awoodda hoggaamiyaha, qaabdhaqanka hoggaamiyaha iyo xaaladda. Inkastoo mid walba goonidiisa u taagan yahay, haddana walxahaasi waa isku xiran yihiin oo waxaa ka dhexeeya xiriir xooggan. Tusaale ahaan, xaaladda iyo awoodda hoggaamiyuhu (awood makaan iyo awood qofeed) waxay saamayn weyn ku yeeshaan qaabdhaqanka la-hoggaamiyaha. Sida qaalibka ah, maxsuulku saddex midkood ayuu noqdaa: addeecid dhammaystiran; inta khasabka ah oo la qabto; iyo in laga horyimaado. Addeecidda dhammaystirani waa maxsuulka ugu fiican, waayo baahi wayn looma qabo in la kantaroolo la-hoggaamiyaha (shaqaalaha). Marka qofku fuliyo inta khasabka ah, waa mar qaneecadu yar tahay, qofkuna uusan aamminsanayn waxa loo sheegayo, laakiin si uu naftiisa u badbaadiyo qabanayo inta laga doonayo oo kaliya. Ka horimaadku, ugu danbayn, waa marka soo jiidashadu, gebi ahaan, shaqayn waydo. Marka soo jiidashada hoggaamiyuhu cunaha mari waydo oo noqoto wax kharaar, fool xun oo uraya, dadku gebi

119

ahaanba way ka horyimaadaan. Ugu danbayn, maxsuulku, wuxuu jawaab celin siiyaa hoggaamiyaha si uu u ogaado in soo jiidashaddiisii la aqbalay iyo inkale.

Sawirka 6.1 *Soo jiidashada hoggaamiyaha*

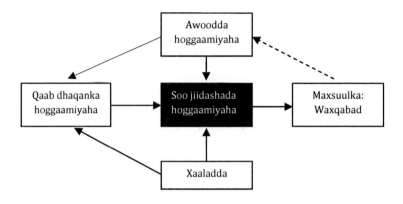

Source: *Yuki, Gary (1997) Leadership in organisations, Prentice Hall Inc, NJ*

Sida qaalibka ah, dadku inta aysan fulin waxa hoggaamiyuhu ka dalbayo waxay iswaydiiyaan su'aalo si ay u ogaadaan in waxaasi yihiin wax sax ah iyo inkale. In kastoo noocyada su'aaluhu ku xiran yihiin waxa laga dalbanayo in ay fuliyaan, haddana waxa jira su'aalo caam ah oo ay ka mid yihiin:

- Ma yahay wax caqli ahaan iyo cilmi ahaanba sax ah?
- Ma yahay caddaalad ?
- Wax dhib ah qof ma ka soo gaarayaan?
- Haddii waxaasi bannaanka yimaadaan oo la ogaado, ma yahay wax aan difaaci karto?
- Ma yahay wax aad u sheegi karto carruurtaada, wallaalahaa iyo qaraabadaada?
- Ma yahay wax dadku aqbali karaan?

Hoggaamiyayaasha qaarkood, marka la doorto, iyagaaba soo bandhiga goorta la addeecayo iyo goorta laga hor imaanayo ama la caasinayo. Tusaale ahaan, Abu-Bakar Sidiiq (RC), markii loo doortay Khilaafada, khudbadii u horraysay ee u jeediyay ummadda waxaa ka mid ahaa: Haddaan saxnahay (ku taagnahay dhabbadii Rasuulka) i garab istaaga; haddaanse khaldanahay (dhinac maro kitaabka iyo sunnaha) igu toosiya waddada saxda ah.

Kipnis iyo Schmidt (1982) waxay soo bandhigeen nidaam lagu cabbiri karo heerka soo jiidasho ee hoggaamiyaha. Nidaamkaas oo ay u bixiyeen IBQ, wuxuu soo bandhigaa dhowr hab oo hoggaamiyayaashu dadka u soo jiitaan. Hababkaas waxa ka mid ah: soo jiidasho mandaq ku salaysan, codsi , dareen gelin, iskaashi, caddaadis iyo kuwo kale. Marka la isticmaalayo soo jiidashada mandaqa ku salysan (rational persuation) waxaa dadka la soo hordhigaa wax caqli gal ah ama dhab ah (factual) oo aan qofna ka hor imaan karin. Codsi dadka kicinaya (inspirational appeal), waxa la isticmaalaa marka la rabo in dadka niyadooda la kiciyo. La tashigu (consultation) waa nidaam dadka looga qayb geliyo qorshaynta hawsha.

Si hoggaamiyuhu saamayn ugu yeesho shacabka wuxuu qaadi karaa laba waddo middood: in uu qof-qof u soo jiito iyo in uu shirkadda ama hay'adda oo dhan soo jiito. Waddaday rabaan ha qaadeene, qaababka hoggaamiyayaashu dadka u soo jiitaan waxa ka mid ah:

1. In ay dadka u soo jiitaan si mandaq ah: marka dadka loo soo jiidanayo si mandaq ah waxa la soo hordhigaa xaqaa'iq aysan diidi karin. Arintaani waxay imaan kartaa oo kaliya marka hoggaamiyuhu aqoon u leeyahay wax uu ka hadlayo.
2. In dadka la is jeclaysiiyo. Waxa la wada ogyahay in ay adag tahay in aad tiraahdid MAYA qof aad jeceshahay. Hoggaamiyaha raba in la jeclaado waa in uu u dhaqmaa si bini'aadanimo ah, qiimeeyaa dadka, qadariyaana aragtiyohooda.
3. In aad tahay deeqsi wax bixiya. Dadka waxaad la wadaagi kartaa waqtigaaga, hantidaada, aqoontaada, macluumaad iyo wixii kale oo agtooda qiimo ka leh intaba. Qof wixiisa wax ka bixiya, waxa la hubaa in dadkuna waxooda wax ka siinayaan.
4. In aad saaxiibbo badan ku leedahay dadka dhexdiisa. Hadaad leedahay saaxiibbo kugu kalsoon, waxaad u isticmaali kartaa in ay farriinta gudbiyaan oo gaarsiiyaan dadka kale.
5. In dadka aad waydiiso waxaad u baahan tahay. Intaadan dadka waydiin waxaad rabto, sharrax oo hubi in ay fahmeen waxa aad u sheegayso, dabadeedna u sheeg waxaad rabtid in ay ka geystaan hawshaas.
6. Iyo in la isticmaalo awood ku salysan cilmi, ammaano, anshax iyo wanaag.

Awoodda

Awood waa wax aan muuq iyo midab toonna lahayn, waa wax aan la arki karin, laakiin la dareemi karo. Waa waxa qof ku khasba in uu sameeyo wax uusan la'aanteed sameeyen. Guud ahaan shan nooc ayaa awoodda loo qaybiyaa. Saddex waxay ku xiran yihiin makaanada qofka (position), labana qofka (personal). Saddexda ku xiran makaanada waxay kala yihiin: sharciga, ciqaabta iyo abaalmarinta. Labada ku xiran qofkuna waa: waaya'aragnimada iyo burjiga.

Awoodda sharciga: awooddaani waxay timaaddaa marka qofka loo magacaabo mansab. Mansabku wuxuu sharciyeeyaa in qofka la maqlo markuu ka hadlo waxyaalaha la xiriira shaqada uu mas'uulka ka yahay. Tusaale ahaan, maareeyuhu wuxuu amri karaa mashruuc cusub; tababaruhu wuxuu ciyaartooy ka saari karaa ciyaarta; taliyaha ciidanku wuxuu amar ku bixin karaa in dirayska si joogto ah loo xirto, iwm.

Waxa muhiim ah in la fahmo in awoodda sharciga iyo hoggaamintu yihiin laba wax oo kala duwan. Qofku in uu leeyahay awood micneheedu ma aha in uu yahay hoggaamiye. Hoggaamiyuhu wuxuu u baahan yahay wax ka badan awood sharci ah, waayo awoodda qallalan badanaa waa laga horyimaadaa.

Awoodda ciqaabta iyo abaalmarinta: Hoggaamiyahu wuxuu leeyahay awood uu cid ku dallacsiiyo, mushaharka sare ugu qaado, fasax ku siiyo, kuna ammaano. Waxaa sidoo kale dhinac socda awood uu wax ku ciqaabo oo uu dallacaad qof ka reebi karo, mushahaarkiisa hoos u dhigi karo, fasixiisana yarayn karo.

Inkastoo si aad ah loo isticmaalo awoodda ciqaabta iyo abaalmarinta, haddana, haddaan si taxaddar leh loo isticmaalin waxay keeni kartaa wax ka duwan wixii loogu talogalay. Tusaale ahaan, meeshii la rabey in wax soo saarku sare u kaco, ama anshaxa iyo dishibiliinku is beddelo waxa dhici kara in wax walba siday ahaayeen ka sii daraan. Si loo gaaro ujeeddadii laga lahaa awooddaas waxa muhiim ah in: (a) marka hore la yaqaan abaalmarinaha dadka agtooda qiimaha ka leh; (b) la sameeyo nidaam qeexan oo qof kasta ogyahay fahmina karo.

Awoodda waaya'aragnimada: awoodda waaya'aragnimadu waa awood ku salaysan aqoonta qofka. Aqoontaasi waxay noqon kartaa mid farsamo, mid badeecad ama adeeg, mid lagu kala dhig-dhigi karo laguna xallin karo dhibaatooyinka, iyo mid la xiriirta isticmaalka aaladaha casriga ah. Dadka aqoonta lihi waxay awoodaan in ay saamayn ku yeeshaan dadka ay hoggaamiyaan. Tusaale ahaan, dhakhtarku awood ayuu leeyahay marka laga hadlayo caafimaad iyo cisbitaal. Janaraalku awood ayuu leeyahay marka laga hadlayo ciidan iyo dagaal. Injineerku awood ayuu leeyahay marka laga hadlayo waxa uu takhasusuka ku yahay.

Maaddaama awoodda waaya'aragnimadu ku xiran tahay heerka aqoonta ee qofkaas marka loo fiiriyo dadka kale, waxa macquul ah in dadka qaar ka aqoon bataan hoggaamiyaha. Tusaale ahaan, marka hoggaamiye cusub loo magacaabo hay'ad, wasaarad, iskool ama shirkad, baddanaa hoggaamiyahaasi wuxuu waqtiga hore magan u noqdaa shaqaalaha waaya'aragnimada leh.

Talada ugu fiican ee aan siin karo hoggaamiyaha ku cusub goob shaqo ayna dhici karto in looga aqoon badan yahay mawduuca shaqada, waa in uu waydiiyo su'aalo muhiim ah si uu markiiba ula qabsado shaqada.

Awoodda burjiga: Burjigu waa hibo Eebbe bixiyo. Qofka leh burjiga, waa la jecel yahay, hadalkiisana waa la maqlaa. Hoggaamiyaasha burjiga leh, qaarkoodna awooddaas si fiican bay u isticmaalaan, qaarna si xun. Kuwa sida fiican u isticmaala waxa ka mid ah hoggaamiyayaasha dalka, dadka iyo diinta intaba u damqada. Kuwa sida xun u isticmaala waxa ka mid ah kaligood-taliyayaasha sida Hitler iyo Stalin.

Macluumaadka: macluumaadku waa hub, waa aalad sare u qaadda awoodda qofka. Maaddaama macluumaadku yahay awood, hoggaamiyayaashu waxay gacanta ku dhigaan macluumaad (soo ururintiisa, kaydintiisa iyo turjumiddiisa).

Dulqaadka loo leeyahay walaacu (uncertainty) wuxuu sidoo kale sare u qaadaa awoodda hoggaamiyaha. Waxyaabaha kale oo sare u qaada awoodda hoggaamiyaha waxa ka mid ah isticmaalka siyaasadda. Hoggaamiyaha siyaasiga ihi wuxuu fahmaa aragtida, baahida iyo dareenka dadka, dabadeedna isagoo ka duulaya fahankaas ayuu dadka soo jiitaa si ay u fuliyaan himilooyinka loo baahan yahay. Qaar kale waxay sare u qaadaan mas'uuliyadooda; waxay xubno ka noqdaan dhammaan meelaha macquulka ah ee sare u qaadi kara awooddooda. Waxay ku xirmaan dad awood leh, waxay sare u qaadaan sumcaddooda. Qaar kale waxay isku dayaan in ay wax ka beddelaan waxa laga rumaysan yahay.

Waxyaabaha kale ee sare u qaada awoodda hoggaamiyaha waxa ka mid ah isku tiirsanaanta ama isku xirnaanta waaxyaha shirkadda/hay'adda. Waaxyuhu isku awood ma aha, qaarkood waxay leeyihiin awood dheeri ah maaddaama ay kantaroolaan waxyaabo waaxyaha kale u baahan yihiin, sida dhaqaale. Badanaa waaxda ku taalla isha waxaasi ka soo burqadaan way ka awood roon tahay waaxyaha kale. Sidoo kale, qofka hoggaamiya waaxdaasi waa ka awood fiican yahay dadka hoggaamiya waaxyaha kale.

Awoodda cilmiga

Awoodda aan ka hadlayno waa aqoon iyo xirfad dadka agtooda qiimo ka leh. Aqoonta iyo xirfadu sidaan gadaal ku arki doonno waa dhagaxa u horreeya ee hoggaaminta. Qof aan aqoon iyo xirfad lahayni hoggaamiye ma noqon karo. Aqoonta sare u qaadda awoodda qofka, kana mid ah tiirarka hoggaaminta waxa ka mid ah: aqoon farsamo; aqoon badeecadeed; xirfad wax lagu fur-furo, laguna xalliyo dhibaatooyinka; ikhtiraac; go'aan qaadasho; iyo in si fiican loo isticmaali karo aaladda computerka.

Sida qaalibka ah horumarka aqooneed iyo xirfadeed ee hoggaamiyuhu waxay maraan afar marxaladood:

- **Marxalada I-aad**: ku tiirsan dadka kale. Marxaladan in kastoo qofku xirfad iyo aqoon fiican leeyahay, haddana wuxuu ku tiirsan yahay oo u baahan yahay hagida dadka kale. Sida daraasado badani muujiyeen dad ayaan waligood ka gudbin marxaladaan
- **Marxalada II-aad**: kaligii waxtar noqon kara. Marxaladaan, qofku, inkastoo uusan dad mas'uul ka noqon karin, haddana kaligiis ayaa hawlo badan qaban kara. Hawlahaas badan ee uu qaban karo ayaa waxay ka dhigaan qof magac iyo maamuus leh. Qofka mustaqbalka hoggaamiyaha noqonaya ma dhinac mari karo marxaladdaan. Hadday dhinac maraanna waxay ku noqonaysaa derbi goor danbe dib u soo celiya. Marxaladaan waxa abuurma kalsoonida qofku ku qabo naftiisa, wuxuu noqdaa qof la aammino isna wax aammini kara.
- **Marxalada III-aad:** waxtari kara dadka kale. Qofku markuu soo gaaro marxaladdaan ayuu qaadan karaa magaca hoggaamiye. Marxaladdaan qofku wuxuu horumariyaa xirfadda hoggaamin ee dadka kale. Wuxuu sidoo kale samaystaa shabakado ku wareegsan (network).
- **Marxalada IV**: hoggaamiye hiraal samayn kara. Sida daraasado badani muujiyeen dad yar (0.01%) ayaa soo gaara marxaladaan. Marka qofku marxaladdaan soo gaaro waa hoggaamiye: abuuri kara hiraal; qaabayn kara istaraatiijiyada shirkadda/hay'adda; gaari kara go'aamada muhiimka ah; meteli kara hay'adda ama shirkadda; wax ka beddeli kara qaabdhaqanka; hiraalkana ka dhigi kara wax qof kasta fahmi karo.

Haddaan isku xirno awoodda qofka iyo maraaxisha hoggaaminta, waxan arkaynaa in marka qofku joogo marxaladda 2aad ay lama huraan tahay in uu shaqadiisa si fiican u yaqaanno, loona aqoonsan yahay aqoontiisa. Sidoo kale waa in uu awood u leeyahay in uu isha mariyo macluumaad badan oo isku dhafan (complex information) ka dibna abla'ableeyo. Marka uu soo gaaro marxalada 3aad waxa muhiim ah in uu muujiyo aqoon baaxad ballaaran leh oo ka baxsan aqoonta shaqadiisu u baahan tahay. Sidoo kale waa in uu xayaabo tir ku samayn karo macluumaad baaxad ballaaran leh oo isku dhafan, kana caawin karo dadka kale siday u fahmi lahaayeen macluumaadkaas. Ugu danbayn waa in uu hagi karo, caawin karo, dhiirrigelinna karo dadka kale. Marka qofku soo gaaro marxaladda 4aad waa in uu qaabayn karo jihada hay'adda ama shirkaddu u socoto; soofayn karo xirfadda iyo aqoonta shaqaalaha si aysan uga harin asaaggood; kala dhig-dhigi karo, fahmi karo, xallina karo waxyaabo badan oo isku dhafan; muujin karo qaab feker u kuurgal leh; goob ka hadalnimona caan ku yahay. Ugu danbayn waa in uu abuuro, bay'ad dhiirrigelisa u kuurgelidda iyo wax weydiinta.

Dhiirrigelinta (motivation)

"Motivation is the art of getting people to do something they wouldn't ordinarily do if you didn't ask"
Aristotle (384-322 BC)

Dhiirrigelintu waxay ka mid tahay shaqooyinka hoggaamiyaha kuwooda ugu muhiimsan. Dadka qaarkiis, markay ka hadlayaan makaanada dhiirrigelinta, waxayba kala mid dhigaan hoggaaminta. Dhiirrigelintu waa wax kasta oo qofka jiheeya, kuna kalifa in uu joogteeyo waxa uu qabanayo, isagoo u qabanaya si loo qabto sida ugu fiican. Dhiirrigelintu waa dareen. Waxa lagu cabbiraana waa wax qabadka. Tusaale ahaan, waxa la dhihi karaa ardaygaasi wuxuu keenay dhibco fiican waayo wuxuu ahaa mid la dhiirrigeliyey si uu u gaaro hadafkiisa. Dhiirrigelinta waxa sidoo kale lagu cabbiraa tayada iyo fudaydka wax qabadka (effectiveness). Waxa sidoo kale la yiraahdaa, in kastoo, dhiirrigelntu muhiim tahay, haddana waxqabadku kuma xirna dhiirrigelinta oo kaliya ee wuxuu sidoo kale ku xiran yahay: garaadka, aqoonta, xirfadda iyo waaya'aragnimada dadka.

Si hoggaamiyuhu u dhiirrigeliyo shacabka/shaqaalaha, waxa muhiim ah in uu fahansan yahay dhiirrigelintu waxay tahay iyo siday u shaqayso labadaba. Sida qofka 'dubbe kaliya haysta, wax kasta oo uu arko uu u moodo musbaar', ayaa hoggaamiyaha aan aqoon dhamaystiran u lahayn noocyada kala duwan ee dhiirrigelintuna waxkasta wuxuu moodaa in ay tahay dhiirrigelin, dabadeedna waxa dhacda in uu marar badan ku hongoobo. Marmarna waxa dhacda meeshuu is lahaa wax dhiirrigeli in uu noqdo 'ka dare'.

Ujeeddada ka danbaysa dhiirrigelintu, waa in waxsoosaarku sare u kaco. Waxsoosaarka oo sare u kacay micneheedu waxa weeye in waqti ama maaliyad ka yar middii hore la isticmaalo si loo soo saaro alaab/adeeg la mid ah ama ka badan middii hore. Sidaas aawadeed, waxa muhiim ah, in marka hore la fahansan yahay in asbaabta ugu weyn ee keentay in waxsoosaarku hoos u dhaco ay la xiriirto dhiirrigelinta oo hoosaysa iyo in kale. Waayo, waxyaabo badan ayaa keeni kara in waxsoosaarku hoos u dhaco. Tusaale ahaan, waxyaabaha keeni kara in waxsoosaarku hoos u dhaco waxa ka mid ah: waxa la filayo oo aan qeexnayn; xirfad yari/xumi; agabka ama qalabka la isticmaalo oo ama liita ama yar; dhiirrigelinta oo hoosaysa. In kastoo arrimaha aan taxnay oo dhammi qayb weyn ka yihiin su'aasha jawaabteeda la baadigoobayo, haddana hoggaamiyaha waxa badanaa ku soo aada midda ugu dhibta badan oo ah dhiirrigelinta.

Si loo fahmo dhiirrigelinta waxa muhiim ah in marka hore la fahmo aragtiyaha dhiirrigelinta. Haddii Eebbe idmo afar aragtiyood ayaan mid walba wax ka taaban doonaa. Afartaasi waxay kala yihiin : aragtida baahida (need theory); aragtida kala duwanaanshaha (individual difference); aragtida caqliga (cognitive); iyo aragtida xaaladda (situation).

Aragtida baahida (need theory)

In la daboolo baahida dadku waxay ka mid tahay hababka loo dhiirrigeliyo dadka. Saddexda qoraa ee aragtidaan loogu ab-tiriyo, Maslow (1954), Alderfer (1969), iyo Herzberg (1966), waxay ka midaysan yihiin in aadamuhu deris la yahay baahi joogto ah, waxayse ku kala duwan yihiin noocyada iyo tirooyinka baahida. Baahidu waa dareen. Dareenkaasi wuxuu noqon karaa mid macaan ama mid kharaar. Wuxuu sidoo kale noqon karaa mid raaxo leh ama mid xanuun badan leh. In dadku helaan cunto, nabadgeliyo iyo hoy dhammaantood waa baahiyo. In dadka la aqoonsado oo ay magac iyo maamuus ku yeeshaan bulshada dhexdeeda iyana waa baahi. Haddii la dabooli waayo baahiyahaas, waxa dhacaya, in dadku la yimaadaan qaabdhaqan cusub, oo badanaa aan la jeclaysan, oo ay ku daboolaan baahiyahaas. Sidaas aawadeed, shaqada hoggaamiyaha waxa ka mid ah in ay fahmaan, dabadeedna daboolaan baahiyahaas.

Aragtida Maslow

Maslow wuxuu ku doodaa in dadka ay dhiirrigeliyaan shan baahiyood: baahi aasaasi ah (cunto, cabitaan iyo hoy), baahi nabadgeliyo, baahi ka mid noqosho (belongingness), baahi xushmad iyo magac, iyo baahi sare ama in uu gaaro himilooyinkiisa (self-actualisation). Iyadoo laga duulo aragtida Maslow, ayaa waxa la oran karaa: baahiyuhu waxay u kala sarreeyaan sida jaranjarta oo kale (waxa ugu hooseeya baahida aasaasiga ah, waxaana ugu sareeya baahida sare); si hoggaamiyuhu u dhiirrigeliyo dadkana waa in uu fahmo meesha qofku uu kaga jiro jaran-jarada baahida.

Aragtida Alderfer

Aragtidaan oo mar-mar loogu yeero aragtida 'jiritaanka (existence) - la xiriirinta (relatedness) – koboca (growth)' loona soo gaabiyo 'ERG' wax weyn kama duwana midda Maslow marka laga soo reebo laba arrimood: (1) dadku in ay marmar isku dayaan in ay hal mar buuxiyaan laba baahiyood ama wax ka badan; (2) haddii dadku buuxin waayaan baahiyaha sare, in ay macquul tahay in ay dib ugu soo laabtaan baahiyaha hoose. Aragtida danbe waxa loogu yeeraa 'frustration regression principle'. Marka la isticmaalayo aragtidaan, waxa muhiim ah in la fahmo baahida la-hoggaamiyaha ee markaas taagan.

Aragtida Herzberg

Aragtidaan oo loogu yeero 'two-factor theory' waxaa saldhig u ahaa daraasad dheer oo Herzberg uu ku sameeyey xisaabiyayaal iyo injineerro. Herzberg, wuxuu dadkaas waydiyey waxa dhiirrigeliya iyo waxa dhiirrigelinta ka qaada. Waxa dadka dhiirrigeliya, wuxu u bixiyey 'dhiirrigeliyayaal' (motivators), waxa dhiirrigelinta ka qaadana 'kaabayaal' (hygine factors). Kooxda hore waxa ka mid ah: in qofka la aqoonsado, in mas'uul laga dhigo, in la dallacsiiyo, in xilkas loo aqoonsado. Kooxda danbe waxa ka mid ah: xaaladda goobta shaqo, mushahaaarka iyo gunnadda, kormeerka, iyo dadka ay wada shaqeeyaan. Xikmadda aragtidaani soo kordhisay, waa xikmad tiraahda, 'waa in marka hore la ogaado aaladda la isticmaalayo'. Tusaale ahaan, haddaad wax ka bedesho kooxda danbe, micnuhu ma aha in ay wax iska beddelayaan kooxda hore.

Isku soo duuduuboo, aragtida Herzber waxay hoggaamiyayaasha ku boorrinaysaa in marka hore la daboolo baahida hoose ama waxa Herzberg ugu yeero 'hygine factos'. Ilaa si buuxda loo daboolo baahidaasna ay adagtahay in dadka lagala hadlo baahiyaha sare.

Kala duwanaanshaha

Dadku aad ayay u kala duwan yihiin. Meesha ay fududahay in la dhiirrigeliyo ama la guubaabiyo dadka qaarkiis. Waxa dhici kara in dadka qaarkiis iyagu iskood isu dhiirrigeliyaan, meesha dad kalena u baahan yihiin in lagu lumiyo waqti iyo maal si loo dhiirrigeliyo. Meesha aragtiyihii baahidu ka duulayeen in la ogaado baahida dadka dabadeedna la daboolo baahidaas, aragtidani waxay ka duushaa in marka horeba la shaqaaleeyo dad leh xirfad iyo waaya'aragnimo sax ah, ayna fududahay in la dhiirrigeliyo.

Aragtida kala duwanaanshaha waxa markii u horraysay soo bandhigay Atkinson (1957). Atkinson wuxuu yiraahdaa meesha dadka qaarkood jecel yihiin in ay meel sare gaaraan, kuwa kale waxay ku qanacsan yihiin in ay meeshooda joogaan. Aragtidaa wuxuu u bixiyey 'achievement orientation'. McClelland (1975) oo sii horumariyey aragtidaas wuxuu ku doodaa in dadka jecel in ay nolosha meel sare ka gaaraan u guntadaan sidii ay u qaban lahaayeen hawl mujtamacu aqoonsan karo. Dadkaasi waa kuwo hawl kar ah, ay fududahay in la dhiirrigeliyo, hawl kastana ka soo dhalaala. Dhinaca kale, dadka jecel in aysan meel sare nolosha ka gaarin ma jecla in ay qabtaan shaqooyinka ad-adag oo u baahan mas'uuliyad. Badanaa dadkaas hammigoodu aad buu u hooseeyaa, hawsha loo dirana kama soo dhalaalaan.

Dhinaca kale, dadku waxay ku kala duwan yihiin macaanka ama raaxada ay ka helaan shaqada. Meesha dadka qaarkiis ku raaxaystaan hawsha loo diro, kuwa kale hawshu way kaga adag tahay wax kasta. Daraasado badan (fiiri Dawes, 1991) ayaa muujiyey in dadku aysan dhiirrigelin far badan u baahnayn markay qabanayaan wax ay jecel yihiin. Marka laga duulayo aragtida kala duwanaanshaha, sida ugu fudud ee dadka loo dhiirrigeliyo waa in iyaga la wadyiiyo waxa ay jecel yihiin in ay qabtaan, dabadeedna loo diro hawshaas. Hadday adkaato in qofka loo helo waxa uu jecel yahay, waxa la sameeyaa beddelid joogto ah (rotation).

Aragtida caqliga (cognitive theories)

Meesha aragtiyihii hore ama daboolayeen baahida qofka ama baadigoobayeen qofka ku habboon hawsha, aragtidaani waxay dadka ku dhiirrigelisaa in ay u fekeraan si ka duwan sida dadka xooggiisu u fekeraan. Mid ka mid ah aragtiyaha caqliga ayaa ku doodda in shaqaalaha laga qayb geliyo qorshaynta iyo gaarrida go'aammada muhiimka ah. Aragtiyaha kale waxay salka ku hayaan in la caddeeyo waxa ka dhalan kara haddii qofku si sax ah iyo waqti munaasib ah ku fuliyo hawsha loo diray (expectancy theory).

Hoggaamiyayaasha jecel in ay sare u qaadaan dhiirrigelnta iyagoo isticmaalaya aragtidaan waxa muhiim ah in ay: marka hore caddeeyaan waxa laga filayo in qofku qabto; marka xiga, waa in sare loo qaado waxa laga filanayo qofka; ugu danbaynta waa in qofka loo sheego faa'iidada uu helayo hadduu waqtiga loo qabtay ku dhammeeyo hawsha.

Sidoo kale, aragtidani waxay muhimmad dheeri ah siisaa mooraalka iyo niyadda shaqaalaha. Napoleon isagoo ka hadlaya ahmiyadda mooraalka ayuu yiri *"guusha ciidanku waxay ku xiran tahay: tirada, qalabka, waaya'aragnimada, iyo mooraalka.....mooraalka ayaana ka saamayn baddan saddexda kale oo la isku daray"*. Marka la qiimaynayo mooraalka, waa in qofka la waydiiyaa sida uu u arko shaqada uu qabto. Ma shaqo uu ku raaxaystaa, ma cadaab baa, mise waa shaqo uun. Haddii shaqadu tahay mid aan lagu raaxaysan (wax ka yar 20%) waxay saamayn ku yeelanaysaa xiisaha loo hayo shaqada. Xiisaha loo hayo shaqadu wuxuu saamayn ku yeeshaa waxsoosaarka. Dhinaca kale, haddii shaqada loo arko cadaab, waxay saamayn ku yeelataa qaabdhaqanka, dabeecadda, xiriirka, iyo caafimaadka qofka.

Aragtida xaaladda

Aragtidaani waxay ihtimaam culus siisaa in xaaladda wax laga beddelo. Laba nidaam midkood ayaa xaaladda wax looga beddeli karaa: (1) in shaqada wax laga beddelo; (2) iyo in la isticmaalo ciqaab ama abaalmarin. Haddaan ku hormarno midda hore, daraasado badan ayaa muujiyey, in shaqooyinka qaarkood ka fiican yihiin shaqooyinka kale marka laga fiiriyo dhinaca dhiirrigelinta iyo qaneecada. Tusaale ahaan, Hackman iyo Oldham (1980) ayaa muujiyey in dadka ka shaqeeya shaqooyinka qaarkood ay saacado badan shaqayn karaan iyagoon cidna dhiirrigelin. Shaqooyinkaasi waxay u badan yihiin shaqooyinka qofku u arko in ay muhiim yihiin, go'aanka uu qayb ka yahay, uuna helo warcelin isu dheellitiran. Shaqooyinkaasi waa shaqooyin u baahan xirfado kale duwan. Sidoo kale waa shaqooyin kobcin kara heerka xirfadeed iyo aqooneed ee qofka.

Isticmaalka ciqaabta ama abaalmarintu, inkastoo aad loo dhaliilo, haddana waxay wali ka mid tahay aaladaha hoggaamiyayaashu isticmaalaan si ay sare ugu qaadaan dhiirrigelinta. Abaalmarintu waxay sare u qaaddaa jaaniska in qofku marar badan dib u sameeyo hawsha uu ku mutaystay abaalmarinta. Dhinaca kale, ciqaabtu waxay hoos u dhigtaa jaaniska in qofku mar danbe u noqdo waxa uu ku mutaystay ciqaabta. Inkastoo labaduba saamayn ku yeeshaan shaqaalaha, haddana waxa daraasado badani muujiyeen in abaalmarintu ka saamayn ballaaran tahay ciqaabta.

Marka la rabo in la isticmaalo ciqaabta iyo abaalmarinta, waxa muhiim ah in: hoggaamiyuhu soo bandhigo qaab dhaqan la aqbali karo; waa in uu hubiyo in qaabdhaqankaasi mudan yahay in la ciqaabo ama la abaalmariyo; waa in uu ogaado waxa shacabka agtooda loo yaqaan ciqaab iyo abaalmarin; waxa sidoo kale muhiim ah in hoggaamiyuhu si taxaddar leh u isticmaalo ciqaabta iyo abaalmarinta; sidoo kale waa in shaqada hoggaamiyuhu aysan ku koobnaan ciqaabta iyo abaalmarinta.

Sidee hoggamiyayaashu dadka ku kasbadaan:

Daraasado badan ayaa muujiyey in xiriir xoogani ka dheexeeyo sida hoggaamiyuhu shacabka u arko iyo sida uu ula macaamilo dadka. Hoggaamiyaha isu arka in uu yahay qof muhiim ah, wuxuu cajabiyaa naftiisa, dadka kalena wuxuu u arkaa kuwo aad u yar-yar, aan ishu qaban karin, muhiimna ahayn. Hoggaamiyayaasha noocaas ah badanaa dadku waa ka cabsadaan; way iska ilaaliyaan in ay sameeyaan wax ka caraysiinaya; wax kastana isagay ka sugaan. Dhinaca kale, hoggaamiyaha shacabka u arka dad isaga oo kale ah, leh dareen iyo dadnimo, waa kuwo caan ku ah: daacadnimo, fur-furnaan iyo dabeecad wanaag; u dulqaata khaladaadka shacabku sameeyaan; iskuna daya in ay dadka isku wadaan.

In kastoo hoggaamiye kasta afka ka sheegto in uu rabo in uu kasbado shacabka, haddana, badanaa ficilkoodu waa mid khilaafsan ama daba marsan oraahdaas. Hoggaamiyaha, ay ka go'an tahay in uu shacabka kasbado waa in uu:

1. Si aan laablaab lahayn oo toos ah ula dhaqmaa qofkasta
2. Tixgelin siiyaa aragtida qof walba
3. Ballanqaadyada oofiyo
4. Qof walba tusi masuuliyaddiisa iyo waxa laga rabo
5. Dhegaysiga badiyo
6. Una naxariisto dadka

Hoggaanka Soomaalida iyo soo jiidashada shacabka

Hoggaamiyayaashii siyaasadda ee soo maray Soomaaliya, laga soo bilaabo xilligii daakhiliyadu, waxay ahaayeen hoggaamiyayaal aan buuxin karin isha shacabka. Xaaji Aadan Af-Qalooc oo arrintaas tilmaamayana waa tuu lahaa: *'nin kastoo fariistaa kursiga nagu fillaan waaye'*. Sidaan sare ku soo xusnay, hoggaamiyaha shacabka soo jiidan karaana waa hoggaamiye qaabdhaqan fiican leh, fahansan xaaladda, lehna awood uu wax ku soo jiito oo ka baxsan awoodda sharciga. Haddaan ku hormarno dhanka awoodda, awoodda kaliya ee hoggaamiyayaasha Soomaalidu isticmaali jireen, laga soo bilaabo xilligii daakhiliyada, waxay ahayd awoodda sharciga. Waxa soo raaci jiray, oo waliba si khaldan loo isticmaali jiray, awoodda ciqaabta iyo abaalmarinta.

Dhanka qaabdhaqanka, hoggaamiyayaashaas xooggooda, waxa lagu tilmaami jiray qaabdhaqan guracan oo dhinac marsan qaabdhaqanka suubban ee Islaamka iyo Soomaalida. Xaaji Aadan Af-Qalooc oo ka hadlayaa qaabdhaqanka kooxdaas horkacday siyaasadda Soomaaliya markii xornimada la qaatay ka dib waa tuu lahaa; *'kuwa fuudka laaciyo intuu faajir talinaayo'*. Afrax (2002) qaabdhaqan siyaasadeedka kooxdaas wuxuu ku soo koobay: qabiil ku burur, qori caabud iyo kursi-u-qooq.

Dhinaca xaaladdana, hoggaamiyayaashaas xooggoodu waxay ahaayeen kuwo aan danaynayn in ay fahmaan, amaba aan fahmi karin, xaaladda dhabta ah ee mujtamaca. Dhinaca aqoonta, raggaasi xooggoodu waxay ahaayeen kuwo heerkooda waxbarasho iyo garaadba aad u hooseeyo. Cismaan Yuusuf Keenadiid oo heerka aqoonta ee raggaas ka hadlaya waa tuu lahaa *'Teersana rag aan baran haddii talada loo dhiibay'*. Xaaji Aadan Af-Qaloocna waa tuu lahaa *'Aqoon lala collobiyo jahliga amarka loo dhiibay'*.

Hoggaamiyaha raba in uu soo jiito shacabku, waa in uu leeyahay aqoon isu dheellitiran, dabci wanaagsan, qiyam, iyo dareen waddaniyadeed. Hoggaankaasi intuusan dadka qancin, waa in uu Allaah qanciyo. Sidoo kale, waa in uu naftiisa qanciyo, waa in uu qanciyo saaxiibadiis, waa in uu qanciyo dadka ku hareeraysan. Naftiisa waa in uu ku qanciyo in uu noqdo mastaradda caddaaladda iyo miisaanka xaqqa. Saaxiibadiis iyo dadka ku hareeraysanna waa in uu ku qanciyo hiraal iyo himilooyin la xayaabo tiray: hiraal shacabka gaarsiiya heer ay naftooda iyo maalkooda u huraan himilooyinka hiraalkaasi bidhaaminayo. Hoggaamiyaha ummadda soo jiidan kara, waa hoggaamiye fekeri kara, maskaxdiisu fur-furan tahay, naftiisana ka adag oo kantarooli kara.

Cutubka

 **8aad**

War-gaarsiinta

"To effectively communicate, we must realize that we are all different in the way we perceive the world and use this understanding as a guide to our communication with others."
Anthony Robbins

Hawlaha hoggaamiyaha, mararka qaarkood waxa lagu soo koobaa laba hawlood oo kaliya: samaynta hiraalka iyo war-gaarsiinta. Wargaarsiintu uma baahna oo kaliya in aqoon fiican loo leeyahay shacabka, ee waxay sidoo kale u baahan tahay in la xusho farriin sax ah, lana mariyo dariiq sax ah.

Cutubkan oo guudmar ku samaynaya sida hoggaamiyuhu warka u gaarsiiyo dadka, wuxuu ka kooban yahay laba qaybood. Qaybta hore waxay muuqaal kooban ka bixinaysaa sida fariinta loogu bedelo baaq (code), sida loo xusho dariiq fiican iyo sida loo hubiyo in farriintii loo fahmay ujeeddadii loogu talogalay. Qaybta labaad waxay toosh ku ifinaysaa sida loo fahmo khilaafaadka iyo xallintooda.

Sidee hoggaamiyayaashu warka u gudbiyaan

Marka la isdhaafsado farriimo, ujeeddadoodu tahay in la fahmo, ayaa loogu yeeraa war-gaarsiin. Warkaasi wuxuu inta badan ka soo bilaamaa hoggaamiyaha (dire) wuxuuna ku socdaa shacabka (loo dire). Sida ka muuqata sawirka hoose, hoggaamiyuhu, wuxuu farriinta marka hore u beddelaa baaq (code), dabadeedna wuxuu xushaa waddadii uu marin lahaa baaqaas. Dhinaca kale, shacabku (loo dire) marka uu helo baaqa, wuxuu isku dayaa in uu fur-furo (decode) si uu u fahmo nuxurka farriintaasi xanbaarsan tahay. Sida marka hawadu xuntahay ama raadiyuhu xun yahay, aan hadalka raadiyaha si fiican loogu maqlin, ayaa waxa dhici kara in bulaan (noice) soo dhexgalo farriinta, dabadeedna nuxurkii farriintu dhexda ku lumo. Si loo yareeyo, ama meesha looga saaro bulaanka iyo qaylada tashwiishka gelin kara warka, warcelinta (feed back) ayaa markhaati u noqota in loo diruhu fahmay nuxurkii farriintu xanbaarsanayd iyo in kale.

Sawirka 7.3. war-gudbinta

Si hoggaamiyuhu sare ugu qaado tayada farriimaha iyo fahanka labadaba waxa muhiim ah in: (1) hoggaamiyuhu marka hore ogyahay ujeeddada uu farriinta u dirayo; (2) doorto dariiq ku habboon oo farriintaas gaarsiin kara dadka ay ku socoto; (3) baaqa uu dirayo noqdo mid qeexan; (4) ugu danbaynna waa in uu hubiyo in farriintii la fahmay.

Farqi wayn ayaa u dhexeeya nooca wararka ee hoggaamiyayaasha iyo maammulayaashu ururiyaan dabadeedna gudbiyaan. Meesha maammulayaashu ururiyaan, kaydiyaan, gudbiyaanna dhammaan macluumaadka saamaynta ku yeelan kara shirkadda (kuwo qoran iyo kuwo aan qornaynba), macluumaadka hoggaamiyayaashu shacabka la wadaagaan wuxuu ku kooban yahay hiraalka iyo sidii lagu gaari lahaa hiraalka. Hawsha ugu weyn ee hoggaamiyuhuna, waa inuu hiraalka dadka qalbigooda ku abuuro. Si uu hiraalka dadka maskaxdooda iyo maankooda uga buuxiyo war-gaarsiina hoggaamiyuhu waa in ay noqotaa mid furan, oo ku salaysan dhegaysi iyo wax is waydiin. Warka hoggaamiyuhu la wadaagayo raciyada, waa mid ujeeddo qeexan leh oo dadka oo dhan u dhaqaajiya dhinaca hiraalka.

Si, hiraalka iyo sida lagu gaari karo hiraalka, ay ugu gudbiyaan shacabka ama shaqaalaha, hoggaamiyayaashu waxay isticmaalaan dariiqo istaraatiiji ah oo ku habboon gudbinta. Dariiqadaas, oo ah dariiqo toos ah, waxay si toos ah isugu xirtaa hoggaamiyaha iyo shacabka. Hoggaamiyayaashu, ma aha in ay qof labaad ama saddexaad sii maraan, si ay farriin u gaarsiiyaan shacabka, waa in farriintoodu gaarto qof kasta, waqti kasta iyo goobkasta. Si hoggaamiyayaashu u dhisaan war-gaarsiin toos ah, waxay marka hore dumiyaan darbiyada u dhexeeya iyaga iyo shacabka. Darbiyadaasi ma kala qariyaan hoggaamiyaha iyo shacabka oo kaliya ee waxay abuuraan shaki, kalsooni xumo iyo cabsi. Waxay abuuraan in hoggaamiyaha iyo shacabka warka loo kala qaado. Marka derbiyadaas meesha laga qaado, farriinta hoggaamiyuhu, waxay si toos ah ugu dhacdaa dhegaha shacabka, dabadeedna waxa abuurma kalsooni. Kalsoonidu waa xarigga ugu xoogga badan ee isku xira hoggaamiyaha iyo shacabka.

Dawladaha, sharikaadka iyo hay'daha casriga ahi dhammaantood waxay leeyihiin nidaam war-gaarsiin oo furan. Nidaamkaasi wuxuu yareeyaa khilaafka iyo tartanka dhexyaalla waaxaha iyo qaybaha kala duwan; wuxuu is fahan ka dhex abuuraa hoggaanka iyo mujtamaca/shaqaalaha. Dhinaca dawladda, war-isgaarsiinata furani waxay kalsooni ka dhex abuurtaa hoggaamiyaha iyo shacabka. Dhinaca shirkaadkana, war-gaarsiinta furani, waxay shirkadda ka dhigaa mid ka faa'iidaysan karta fursadaha iskana caabbin karta tartanka.

War-gaarsiinta furan waxa saldhig u ah dhowr arrimood oo waydiin iyo dhegaysi ugu horreeyaan. Waydiinta saxda ihi laba ujeeddo ayay leedahay: (1) wargelin: waxay hoggaamiyaha ku wargelisaa dhacdooyinka taagan; waxay daboolka ka qaadaa fursadaha iyo ceebaha qarsoon labadaba; waxay banaanka soo dhigtaa macluumaad iyo fikrado wax ku ool ah; (2) dhiirrigelin: waxay dhiirrigelisaa in loo fikiro si dhab ah; sare u qaaddaa ogaanshaha isbeddellada; dar-dar gelisaa waxbarashada. Inkastoo hoggaamiyayaasha badidoodu ceeb iyo nuqsaan u arkaan in ay shacabka wax weydiiyaan, haddana, sida Peter Drucker, soo guuriyo 'meesha hoggaamiyayaashii hore yaqaaneen sida wax looga jawaabo ama wax loo amro, hoggaamiyayaasha mustaqbalku waa in ay yaqaaniin sida wax loo waydiiyo iyo sida wax loo dhegaysto'.

Dhegaysigu wuxuu sidoo kale leeyahay ahmiyad aan ka dhicin waydiinta. Meesha waagii hore, la aamminsanaa in macluumaadka muhiimka ahi ka yimaado kor (hogaamiyaha), maanta waxa la aamminsanyahay in uu ka yimaado hoos (shacabka, shaqaalaha, macaamiisha). Marka hoggaamiyuhu dhegaysto shacabka ayuun buu qaabayn karaa istaraatiijiyad, soon bandhigi karaa, saamaynna ku yeelan karaa mujtamaca. Dhegaysigu, wuxuu sidoo kale abuuraa kalsooni, waayo qofku marka la dhegaysto, wuxuu arkayaa in la qaddarinayo, dadabeedna si kal iyo laab ah ayuu u soo bandhigayaa dareenkiisa.

Farqi weyn ayaa u dhexeeya dhegaysiga kasha iyo laabta ah iyo dhegaysiga caadiga ah. Meesha nooca danbe qofku ku mashquulsan yahay su'aashii labaad ee uu qofka waydiin lahaa, ama hadalkuu isku daafici lahaa, nooca hore, qofku lama soo boodo dagaal ee wuxuu dhuuxaa nuxurka farriimaha; waa weeleeyaa, soo koobaa qodobadii ugu muhiimsanaa, dabadeedna xifdiyaa.

Hoggaamiyaha sida kasha iyo laabta ah u wax u dhegaysta wuxuu dareemi karaa dhammaan waxyaabaha ku hoos qarsoon wararka ka imaanaya shacabka. Waxyaabahaasi waxay noqon karaan kuwo bannaanka yaal laakiin aan laga warhayn, waxay sidoo kale noqon karaan kuwo hoos ka soo karaya oo maruun furka tuuri kara.

Dhegaysiga dhabta ahi wuxuu saldhig u noqdaa wadahadal dhab ah (dialogue). Wadahadalku waa hadal laga wada qayb qaato, si fiican la isu dhegaysto oo loo dhug yeesho weeraha qofka kale ka soo baxaya. Wadahadal dhab ihi wuxuu imaan karaa marka qofku fikradaha uu ka aamminsanyahay qofka kale, danaha gaarka ah iyo taydaa soconaysa ama sax ah uu bannaanka soo dhigto. Wadahadalka dhabta ihi wuxuu beddelaa qaabfikirka; mideeyaa aragtiyaha; keenaa xal dhab ah.

Waxa sidoo kale muhiim ah in qofka kula hadlaya dareemo in aad dhegaysanaysid. Si uu u dareemo, waxa muhiim ah in aad dareensiisid in aad dhegaysanaysid. Siyaabo dhowr ah ayaa qofka loo dareensiin karaa. Tusaale ahaan Reer Baadiyuhu hadalka waa kala guraan (hayye, weeye, ilaahow aadan beerka beeline, iwm). Sidoo kale Reer Galbeedku si ay u tusiyaan in ay qofka dhegaysanayaan, hadalkiisana qiimaynayaan, waxay isku dayaan in ay indhihiisa la socdaan (eye contact). Sidoo kale, waxaad dhinac iska dhigi kartaa wax kasta oo aad gacanta kula jirtay, sida hadaad wax akhrisanaysay ama aad ku mashquulsanaynd qoraal, kombuyuutar, iwm.

Arrin labaad oo muujinaysa in aad qofka si fiican u dhegaysanaysid waa in aad soo koobtid hadalkiisa, ama fasirtid ama wax ka waydiisid. Tusaale ahaan, waxad oran kartaa "haddaanan khalad fahmin, waxad ka hadashay laba arrimood oo muhiim ah, arrinta hore waxay la xiriirtay.... arrinta labaadna...wax kale ma i dhaafeen?" Markaad qofka hadalkiisii soo koobtid, wuxuu dareemayaa in aad si fiican u dhegaysatay qiimayn buuxdana siisay.

Ugu danbayn, waa in aadan difaac gelin, qofka hadalkiisa meel kale u weecin, ka hor imaan, canaanan, ama wax ka sheegin. Wax kasta oo qofka hortaada fadhiyo akhrinayo, xataa haddaadan ku waafaqsanayn, waa in aad dhegaysatid, si asluub lehna uga jawaabtid.

Sida ay soo guuriyaan kutubta taariikhdu, hoggaamiyayaashii hore ee Soomaalidu waxay lahaayeen nidaam war-isgaarsiin oo furan. Tusaale ahaan, waxa jirtay maalin hoggaamiyuhu qaabilo shacabka. Maalintaas, sida maanta waasto iyo in aad saaxiib ku leedahay xafiiska hoggaamiyaha midna looma baahnayn. Qof kasta oo dan ka leh hoggaamiyaha ayaa imaan jiray, soo hor istaagi jiray hoggaamiyaha, dabadeedna arrintiisa fagaare ka sheegan jiray. Dadka qaarkood, arrinta maray huwin jireen, oo waxay dareenkooda ku soo gudbin jireen gabay ama maahmaah.

Kannaalada war-gaarsiinta la mariyo

Kanaal waa dhabbo farriinta loo mariyo loo diraha. Dhabbahaasi wuxuu noqon karaa mid toos ah (fool-ka-fool) ama mid aan toos ahayn (qoraal). Waxa sidoo kale macquul ah in uu isticmaalo waxyaabo badan oo labadaas u dhexeeya, sida in uu email u diro, telefoon kula hadlo, iwm. Sida tuubooyinku u kala dhumuc iyo dherer duwan yihiin, waxa la marsiinayaana qayb ahaan ugu xiran yihiin dhumucda iyo dhererka tuubbadaas, ayaa kannaalada wararka la marsiin karaana aad u kala duwan yihiin. Nooca iyo baaxadda wararka ee kannaal mari kara, qayb ahaan waxay ku xiran yihiin saddex shay: baaxadda warar ee hal mar mari kara; heerka war-is-waydaarsi; iyo heerka soo jiidasho. Fool-ka-foolka, ayaa la isku raacsan yahay in uu buuxin karo saddexda arrimood ee aan sare ku xusnay. Markaad qofka hortaagan tahay, waxad u gudbin kartaa warar fara badan; sidoo kale, qofku wuxuu bixin karaa war-celis deg-deg ah; ugu danbayn, qofka wajigiisa iyo codkiisa ayaad ka garan kartaa heerka soo jiidasho. Waxa lagu xijiyaa telefoonka iyo e-mailka. Si kastaba ha ahaatee, waxa muhiim ah, in hoggaamiyuhu ka fiirsado luuqada uu isticmaalayo. Maahmaahyaha, sheekooyinka, tusaalooyinka, taariikhda, gabayada iyo suugaanta kale ee hoggaamiyuhu isticmaalo ayaa ama fududayn kara ama fogayn kara in farriintiisa la fahmo.

Ficilka ayaa maramar ka muhiimsan hadalka hoggaamiyayaasha. Hoggaamiyayaasha waa la daawadaa: labiskooda, muuqaalkooda jireed, qaabdhaqankooda iyo dabeecadoodu dhammaan waxay dhanbaalo xoogweyn u diraan shacabka. Taasi waxay keenaysaa, in hoggaamiyuhu ka taxaddaro signaallada uu u dirayo shacabka. Mararka qaarkood, shacabku waxay isu fiiriyaan farriimaha afka ah iyo kuwa aan afka ahayn, haddii ay is khilaafaana, hoggaamiyahaasi wuu lumiyaa magac iyo maamuus wuxuu ku lahaa shacabka dhexdiisa.

Kannaalkuu rabo ha isticmaalee, hoggaamiyuhu, waa in uu aqoon u leeyahay luuqada uu isticmaalayo. Tusaale ahaan, waa in uu kala yaqaan markuu isticmaalayo aniga iyo annaga. Waa in uu maya dhihi karo. Waa in uu is dhegaysto. Waana in uu noqdo qof leh meel loogu soo hagaago.

Warcelinta

Warcelintu waxay la xiriirtaa wadaagid qof kale lala wadaago macluumaad ama dareen la xiriira qaabdhaqanka qofkaas. Waxay la xiriiri kartaa shaqadiisa, qaabka uu u hadlo, qaabka uu go'aanka u gaaro, iwm. Marka hoggaamiyuhu warcelin siinayo dadka kale waxa muhiim ah:

(1) In ujeeddada warcelintu tahay in qofka la caawiyo. Si ujeeddadaas loo gaaro, waa in warcelintu gaar ku noqoto qofka oo aan meel maxfal ah lagu ceebayn. Sidoo kale waa in qofka la fahansiiyo ujeeddada warcelintu in ay tahay in isaga la caawinayo.
(2) Waa in ay noqoto wax la taaban karo. Warcelintu waxay micne samaysaa marka ay la xiriirto wax la taaban karo.
(3) Waa in waxa aad ka hadlayso yahay wax dhab ah oo aad caddayn buuxda u haysid.
(4) Waa in warcelinta la sameeyo waqti ku habboon.
(5) Waa in aysan noqon canbaarayn.
(6) Waa in aysan ku koobnaan wax xun oo kaliya.

War-gaarsiinta xilliga xaaladdu adag tahay

Sababo la xiriira isbeddellada joogtada ah ee ka dhacaya adduunka - abaaraha, colaadaha, dagaallada, masiibooyinka kale (dhulgariirka, dabaylaha, daadadka) – iyo saamaynta isbeddelladaasi ku yeelanayaan mujtamaca ayaa hoggaamiyayaasha ka dhigay kuwo toosh si fiican ugu shidan yahiin. Hoggaamiyaha diyaarsan, marka xaalad adagi timaaddo, wuxuu noqdaa: mid deggan, la arko, runta sheega, bilana mooraalka shacabka.

Khilaafaadka iyo xallintooda

Khilaaf wuxuu yimaadaa, marka laba garab himilooyinkooda la xiriira hal arrin iska hor yimaadaan. Khilaafku wuxuu badanaa yimaadaa marka: qiyamka ama waxa la rumaysan yahay kala duwan yahiin; lagu hardamayo khayraad kooban; ay soo wajahaan walaac ama baahiyo is diiddan. Khilaafku wuxuu sidoo kale yimaadaa, marka qaabdhaqanka hoggaamiyuhu ka horyimaado hiraalka iyo himilooyinka mujtamaca, shirkadda ama hay'adda. Isku soo duuduuboo, waxa la isku waafaqsan yahay in isha ugu weyn ee khilaafku la xiriirto warisgaarsiinta oo xumaata. Warisgaarsiinta oo xumaata waxa ka dhasha waxyaabo badan oo isfahmi waa iyo shaki ugu horreeyaan. Sidaas aawadeed, waxa la yiraahdaa, waddada ugu dhow ee khilaafka lagu yarayn karo waa in la hagaajiyo warisgaarsiinta.

Inta aynaan u gudbin noocyada khilaafaadka iyo xallintooda, waxa muhiim ah in aan wax ka taabanno dhinacyo ka mid ah khilaafka oo saamayn ku yeelan kara xallinta khilaafka. Ugu horrayn baaxadda khilaafka (khilaafka baaxadda balaarni waa ka shiddo iyo dhib badan yahay khilaafka kooban); sida dhinacyada khilaafku khuseeyo u arkaan khilaafka; iyo jiritaanka ajande qarsoon. Arrinta labaad oo muhiimka ah waa sida loo arko xalka. Tusaale ahaan, in hal dhinac aamminsan yahay in kaligiis xaq ku taagan yahay, guushuna dhinaciisa kaliya mari karto. Waxa sidoo kale dhacda in dhinac is yiraahdo 'hilibka ciidee' ama yaan la calfan.

Khilaafku ma xun yahay mise waa fiican yahay

Khilaafka oo dhammi ma xuma. Khilaafka sare u qaada hal-abuurnimada, ikhtiraaca, iyo wax qabadku waa fiican yahay. Khilaafka hoos u dhiga wax qabadku waa xun yahay. Khilaafku wuxuu wax ka beddelaa miisaanka siyaasadda, qaabdhismeedka hay'adaha iyo sharikaadka, wadashaqaynta kooxda, iyo wax qabadnimada intaba.

Sida daraasado badani muujiyeen, khilaafku midna waa dumiye (distructive), midna waa toosiye (constructive). Nooca hore, Ilaah baa laga magan galaa, diinteenna xaniifka ahina si aad ah ayay uga digtaa. Nooca danbe, haddii si sax ah loo maammulo wuxuu: sare u qaadaa waxsoosaarka, kiciyaa dareenka, is-fahansiiyaa dadka, waa furaha isbeddellada, bannaanka soo dhigaa waxyaabo daahan, kiciyaa maskaxo hurda. Dhinaca kale, khilaafka wax dumiya wuxuu: hoos u dhigaa waxsoosaarka, hoos u dhigaa wadahadalka iyo wada xiriirka ka dhexeeya kooxda, bannaanka soo dhigaa dareen xun, dadka ku kala ridaa jiro, hoos u dhigaa go'aan gaarista, hoos u dhigaa wada shaqaynta iyo wax wada qabsiga, waa sakiin wax kala goysa.

Sidee khilaafka loo xalliyaa

Marka la rabo in khilaaf la xalliyo, tallaabada ugu horreysa waa in la fahmo asalka khilaafka iyo meesha dhinac kasta ka taagan yahay. Sidoo kale waa in la kala saari karo qofka iyo dhibaatada. Waxa la daawaynayo, laga doodayo, la is fahansiinayo ma aha qofka ee waa dhibaatada. Mintzberg, Duru iyo Theoret (1976), ka dib markay darseen sida loo xalliyey khilaafaad fara badan, hilinka xallinta khilaafaadka waxay ku soo kooben saddex weji: (1) ogaansho (maxaa loo baahan yahay in la xalliyo); maskax-maaxin (soo bandhigid xalal kala duwan; (3) dhaqangelin (in la xusho lana dhaqan geliyo xalka ugu munasibsan). Sawirka hoose oo Thomas (1976) soo bandhigay ayaa hummaag fiican ka bixiya qaababka loo xallin karo khilaafaadka. Sawirkaas, dhinac wuxuu cabbiraa debecsanaanta ama ku dhegganaanta fikradda, dhinaca kalena wadashaqaynta. Dhinacyada is haya waxay ku kala duwanaan karaan sida ay u soo dhowaynayaan ama ugu garaabayaan sheegashada dhinaca kale iyo ku dhegganaanshaha fikraddooda. Sida ka muuqata sawirkaas, shan istaraatiijiyo ayaa ka soo baxa.

Sawirka 7.6 *Shanta istaraatiijiyo ee Thomas (1976)*

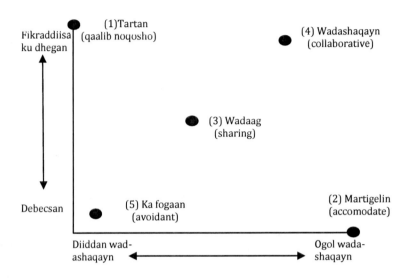

1. **Tartan**. Tartan waa marxalad dhinac walba rabo in wax kasta dhiniciisa maraan oo uusan waxba u ogolayn dhinaca kale. Istaraatiijiyadaan waxa loogu yeeraa 'aan kaligay noolaado, adna dhimo'. Istaraatiijiyadaan waxa la isticmaalaa marka: marka loo baahan yahay xal degdeg ah; marka la dhaqan gelinayo go'aan muhiim ah, laakiin aan la jeclayn.
2. **Martigelin**. Martigelintu waxay waxoogaa dhaantaa tartanka. Dhinac walba wuxuu rabaa in uu soo dhoweeyo, dhegaysto, qaddariyo dhinaca kale, laakiin wuxuu rabbaa in wax walba dhiniciisa maraan. Istaraatiijiyadaan waxa la isticmaalaa marka: aad ogaatid in aad khaldan tahay, aadna rabtid in waxuun kaaga soo baxaan meesha; arrintu dhinaca kale aad muhiim ugu tahay; aad rabtid in aad waji dhigatid; aad ogtahay in lagaa wato, laakiin aad rabtid in aad yaraysid khasaaraha/ceebta.
3. **Wadaag**. Labada dhinac, dhinac walba wuxuu diyaar u yahay in uu wax ka tago si xal loo gaaro. Wax ka tegidda micneheedu ma aha in uu wax kasta ka

138

tago. Dhinac walba wuxuu rabaa in uu wax helo. Istaraatiijiyadaan waxa la isticmaalaa marka: himiladu muhiim tahay, laakiin aysan u qalmin in dagaal xadkaas le'eg loo maro; marka dhinaca kale aad isku awood tihiin, aadna ogtahay in uusan si fudud arrinta uga gabbanayn; aad rabtid in aad gaartid xal ku meel gaar ah; aad ogtahay in waddooyinka kale oo dhan lagaaga guulaysanayo.

4. **Wadashaqayn**. Istaraatiijiyada wada shaqayntu waxay isu keentaa, is fahansiisaa, isna waafajisaa labada dhinac. Labada dhinacba waxay noqdaan kuwo qanacsan. Istaraatiijiyadaan waxa la isticmaalaa marka: ujeeddadaadu tahay in aad wax ka barato xaajada; aad jeceshahay in aad isu soo dhowayso dhinacyo wadashaqayntoodu muhiim tahay.

5. **Ka fogaansho**. Istaraatiijiyadaani waxay timaaddaa marka rabitaanka labada dhinac meel la iska dhigo ama labadaba daaqadda laga saaro. Istaraatiijiyadaan waxa la isticmaalaa marka: arrintu aysan muhiim ahayn, ama aad ku mashquulsantahay arrimo ka muhiimsan; marka aad ogaatid in aadan wax faa'iido ah ka gaarayn; marka jaahwareerka arrintaasi ku gelin karto ka badan tahay faa'iidada ka dhalan karta; marka aad rabtid in dadku waqti siiyaan oo ka fekeraan arrinta; loo baahan yahay in la soo ururiyo macluumaad dheeri ah.

Shanta istaraatiijiyo ee aan sare ku xusnay mid kasta waxa laga isticmaalaa bay'ad gooni ah. Tusaale ahaan, ciyaartooyada, ciidammada iyo sharikaadka qaarkood waxay isticmaalaan 'tartan'. Waxay rabaan in dhinacoodu guulaysto, dhinaca kalena lumiyo. Martigelinta waxa laga isticmaalaa bay'adda naxariista, debecsanaanta iyo isu-dhimrinta caanka ku ah. isku soo duuduuboo, waxa la oran karaa, ma jiro xal sax ah mar kasta. Waxa dhici kara in xalkasta ku habboon yahay waqti ama xaalad gooni ah. Si haddaba looga faa'iidaysto shanta xal, waxa muhiim ah in mid kasta la yaqaanno waxay ku fiican tahay iyo waxay ku xuntahay. Sidoo kale waxa muhiim ah in la yaqaanno xilliyada la isticmaali karo xaaladdaas.

Wada xaajoodka

Wada xaajoodku wuxuu ka mid yahay aaladaha loo isticmaalo xallinta khilaafaadka. Fisher iyo Ury (1981) oo daraasado badan ku sameeyey wadaxaajoodku waxay soo bandhigaan talooyin dhowr ah oo ay ka mid yihiin: isu diyaari wada xaajoodka; kala saar qofka iyo dhibaatada; ku dheg dantaada ee ha ku dhegin meel; isku day in aad isticmaasho istaraatiijiyo keenaysa in aad labadiinuba guul gaartaan (win-win).

U diyaargarowgu waa guusha barkeed. Inta aadan geedka tegin waa in aad 'gartaada naqsato', waa in aad waxkasta oo macquul ah oo aad ogaan kartid ogaatid. Waa in aad fahanto khilaafka iyo meesha uu ka soo bilaabmay. Waa in aad fahanto dhinac walba iyo meesha uu taagan yahay, himilooyinkiisa, istaraatiijiyadiisa iyo qaabdhaqankiisa.

Arrinta labaad ee Fisher iyo Ury ku taliyaan ayaa la xiriirta in la kala saaro qofka iyo arrinta. Waa in la dareemo, waxa labada dhinac isu keenay waa arrin, waxa laga hadlayaa oo la xallinayaana waa arrintaas. Dhowr arrimood ayaa hoggaamiyuhu samayn karaa si uu u kala saaro qofka iyo dhibaatada. Ugu horrayn, waa in qofku xanaaqiisa iyo caradiisa kantaroolo oo uusan qofka kale u arag dhibaato. Marka qofku xanaaqo, wuxuu hilmaamaa arrintii meesha loo fadhiyey oo waxa u muuqda qofka ka soo horjeeda oo kaliya. Arrinta labaad oo la samayn karo waa in hadalka la wanaajiyo. Dabcan, si hadalka loo wanaajiyo, waa in marka hore dhegaysiga la wanaajiyo.

Arrinta saddexaad ee Fisher iyo Ury soo jeediyaan ayaa ah 'in lagu dhego danta ee aan lagu dhegin meel'. Arrintaan waxa saldhig u ah in la kala fahmo danta iyo meel. Meel ku dhegnimadu wax ma xalliso. Tusaale ahaan, haddaad ku adkaysato in wax walba sidoodii laga dhigo, waxaba dhici karta in aysan macquulba ahayn. Laakiin haddaad soo bandhigto dantaada, waxay u badan tahay in la xallin karo.

Ugu danbayn, waa in wadaxaajoodka ujeeddadiisu ahaato xal waara. Sida kaliya ee xal waara lagu gaari karaana waa in qof walba ka fekero sidii dhinac walba u qanci lahaa (win-win). Helitaanka xal labada dhinacba raalligelin kara wuxuu keenaa in la isu soo dhowaado, la is aammino, waxna la wada qabsado.

Xallinta dhibaatooyinka

Si loo xalliyo dhibaato, tallaabada ugu horraysa waa in la qeexo dhibaatada si dhammaan dhinacyada ay u khusayso u fahansan yihiin dhibaatada. Qeexidda dhibaatadu waa xalka barkiis. Waa arrin u baahan in waqti badan la geliyo, laga wada hadlo, la isla gorfeeyo, si loo soo bandhigo waxa dhibaatadu tahay. Haddii aan dhibaatada si fiican loo qeexin, waxa dhici kara in lagu mashquulo waxyaabihii ka dhashay dhibaatada. Tusaale ahaan, hadaad qof Qaaxo (TB) qaba qufac ka dawayso, waligii dawoobi mayo, waayo dhibaatadau waa qaaxada, qufacuse waa wixii ka dhashay qaaxada. Daawo kasta oo qufaca loo isticmaalo qofkaas daawo u noqon mayso. Waxa sidoo kale muhiim ah ah in la isla aqoonsado waxyaabaha haddii la xalliyo dhibaataduna xallismayso.

Marka dhibaatada la isla qeexo, tallaabada labaad waa in daraasad buuxda lagu sameeyo dhibaatada. Marka la baadigoobayo waxa sababay dhibaatada waxa la isticmaalaa laba aaladood (tool) midkood. Aaladda hore waxaa loogu yeeraa 'cause-and-effect' ama 'waxa sababay dhibaatada(cause) iyo saamaynta (effect). Aaladda labaad waxaa loogu yeeraa 'field analysis'. Aaladda hore waxay isticmaashaa sawir si ay u muujiso dhibaatada iyo saamaynta, dabadeedna waxa la kala hormariyaa sida dhibaatooyinku u kala saamayn ballaaran yihiin. Aaladda labaad, waxay is barbar dhigtaa xooggaga iska soo horjeeda.

Marka daraasad buuxda la sameeyo, waxa xiga in la soo bandhigo xalal fara badan. Si loo soo bandhigo xalal fara badan, waxa la isticmaali karaa 'maskax maaxin'. Tallaabada xigta waa in la doorto xalka ugu fiican, ka dibna la fiiriyo.

Garaadka hoggaamiyaha iyo fahanka xalka

"The first method for estimating the intelligence
of a ruler is to look at the men around him"
Niccolo Machiavelli

Markii u horraysay ee la soo bandhigo in xiriir toos ihi ka dhexeeyo garaadka iyo hoggaamintu waxay ahayd 1115 ka hor dhalashadii Nabi Ciise (Nabad geliyo iyo naxariis korkiisa Eebbe ha yeelo), meeshii lagu soo bandhigayna waxay ahayd waddanka Shiinaha. Sida DuBois (1964) iyo rag kaleba soo tebiyaan, xilligaas, waxa dadka laga qaadi jiray imtixaan la xiriira garaadka si loo ogaado in uu ku habboon yahay hoggaaminta. Laga soo bilaabo Dagaalkii Kowaad ee Adduunka, waddanka Maraykanka, dadka qabanaya shaqooyinka hoggaaminta waxa laga qaadi jiray imtixaan. Maanta, waxa la isku waafaqsan yahay in xiriir adagi ka dhexeeyo garaadka qofka iyo ku habboonaanta hoggaaminta.

Daraasado badan ayaa xaqiijiyey (fiiri, tusaale ahaan, Arvey et al. 1984 ama Surphy, 2001) in xiriir xooggani ka dhexeeyo heerka garaadka iyo ku habboonaanta hoggaamiyenimada. Waxa maanta la ogyahay in in dadka garaadka badani ay: si deg-deg ah wax kasta u fahmaan, u qiimeeyaan, go'aana uga gaaraan; si sahal ah u samayn karaan hiraal iyo istaraatiijiyadii lagu gaari lahaa hiraalkaas; soo bandhigi karaan xal munaasib ku ah mushkilo kasta; si sahal ah u arki karaan saamaynta go'aankoodu yeelanayo.

Maaddaama shaqada ugu badan ee hoggaamiyuhu qabanayo la xiriirto go'aan qaadasho iyo xallinta dhibaatooyinka, garaadku door weyn ayuu ka ciyaaraa heerka hoggaamin. Garaadku waa waxaan la arki karin, laakiin la dareemi karo. Waa wax aan si sahal ah loo beddeli karin. Waa wax qayb ahaan la kala dhaxo ama Eebbe bixiyo. Sida kaliya ee sare loogu qaadi karo garaadku waa waxbarashada iyo waayaragnimada.

Sodonkii sano ee la soo dhaafay waxa la soo bandhigay aragtiyo dhowr ah oo wax ka bidhaaminaya garaadka, sida uu u samaysmo, sida loo kobciyo iyo sida hoggaamiyayaashu u isticmaalaan garaadka markay xallinayaan arrin qallafsan. Aragtida ugu magaca dheer aragtiyahaas oo loo yaqaanno 'triarchi theory of intelligence' uuna soo bandhigay Sternberg (1997) waxay fiirisaa waxa hoggaamiyuhu sameeyo marka uu xallinayo hawlaha qallafsan ama adag.

aragtidaasi waxay garaadka u kala saartaa saddex nooc: garaad wax lagu kala dhigdhigo (analytical intelligence), garaad camali ah (practical intelligence) iyo garaad hal-abuurnimo (creative intelligence). Nooca hore wuxuu la xiriiraa sida loo xalliyo dhibaatooyinka. Hoggaamiyayaasha ku fiican garaadka noocaas ah waa kuwo si deg-deg ah waxkasta u barta, arki kara xiriirka ka dhexeeya walxaha, qiimayn buuxda ku samayn kara arrin murugsan, waxna kala soo dhex bixi kara. Hoggaamiyaha ku fiican garaadka camaligu, waa mid si xirfad leh u qaban kara waxyaabaha camaliga ah. hoggaamiyayaasha hibo loo siiyey garaadkaasi waa kuwo yaqaan waxa la samaynayo iyo sida loo samaynayo. Sida qaalibka ah garaadka noocaan ah waxa lagu bilaa ama sare loogu qaadaa waxbarashada iyo waaya'aragnimada. Sidoo kale, garaadka camaliga ahi badanaa lama wareejin karo. Tusaale ahaan, waxa laga yaabaa hoggaamiye ku habboon hoggaaminta ciidammadu in uu ku fashilmo haddii loo diro in uu hoggaamiyo hay'ad kale.

Nooca saddexaad ee garaadka oo aan ugu yeernay garaad hal-abuurnimo, waa awoodda waxa la qabanayo loogu qabto qaab hal-abuurnimo ku salaysan. Hoggaamiyaha Eebbe ku manaystay garaadka hal-abuurnimadu wuxuu wax kasta ka arkaa dhinaca qumman oo ay dhici karto marar badan in dadka badidoodu aysan ka arki karin. Waxay awoodaan in waxa ay qiimaynayaan ay u qiimeeyaan qaab hal-abuurnimo. Shaqooyinka u baahan fikirka faraha badan ayaa hormood looga dhigaa waxyaabaha bila ama sare u qaada hal-abuurnimada.

Daraasado fara badan ayaa xaqiijiyey xiriirka ka dhexeeya garaadka iyo hoggaanka fiican. Inkastoo daraasadahaas xooggoodu (fiiri, Fiedler, 1992) ku doodaan in garaadka wax lagu kala dhig-dhigo (analytical intelligence) yahay kan ugu saamaynta badan hoggaamiyayaasha, haddana waxa la ishaaraa in garaadyada kale laftigoodu muhiim yihiin.

Nooc kale, oo garaadka ka mid ah, oo laga soo bilaabo 1990-kii harqiyey buuggaagta iyo jaraa'idka hoggaaminta ayaa ah nooca loogu yeero garaadka caaddifada (emotional intelligence). Garaadkaan waxa wax ka qoristiisu bilaabmatay 1990-kii, waxana ragga wax ka qora ugu horreeyey Saovey iyo Mayer (1990). Labadaas nin oo daraasad dheer ku sameeyey asbaabaha keena in dadka garaadka iyo caqliga badani fashilmaan, waxay ogaadeen, in asbaabta ugu weyni salka ku hayso dad la dhaqanka. Daraasaddooda waxay ku soo gabagabeeyeen in dadka aan fahmi karin dareenkooda iyo dareenka dadka kale ay had iyo goor fashilmaan. Aberman (2000) isagu garaadka caaddifada wuxuu ku qeexaa xiriir ka dhex dhaca fikradda, dareenka iyo ficilka. Wuxuu yiraahdaa, qofkii saddexdaa is waafajin waaya waxay u badan tahay in uu mujtamaca dhexdiisa ku fashilmayo. Goleman (1998) oo buuggaag badan ka qoray mawduucaas wuxuu ku doodaa in horumar laga sameeyo noloshu ku xiran tahay: qofka oo naftiisa kiciya, qofka oo maammula dareenkiisa, qofka oo isla beddela waqtiga iyo xaaladda, iyo qofka oo qaab dareen ku salaysan ula dhaqma dadka kale.

Soomaalida iyo war-isgaarsiinta

War-isgaarsiintu waxay ka mid tahay waxyaabaha sida aadka ah loogu ammaani jirey Soomaalidii hore. Soomaalidii hore, marka hoggaamiye, oday, sheekh ama halyey hadlo waa la dhegaysan jiray, hadalkiisa waa la weelayn jiray, waxaana loo tebin jiray degaammada ku xeeran oo dhan. Asbaabtu waxay ahayd dadku iskama hadli jirin: qofku wuxuu kala yaqaannay marka la hadlo iyo marka la aamuso. Sidoo kale dadku hadal aan laga fiirsan, hadal aan micne lahayn, hadal aan dhib maahee wax dheef ah soo kordhinayn afkooda waa ka ilaalin jireen. Markaad akhridid qaabkii dadkaasi farriimaha baaqa ugu beddeli jireen iyo waddooyinkay marsiin jireen waxaad garawsanaysaa in ay ahaayeen dad ku xeeldheeraaday war-isgaarsiinta.

Sebenka maanta, dadka sheegta hoggaamiyayaasha, ujeeddada ay u hadlaan, cidda hadalku ku socdo iyo farriimaha hadalkaasi xambaarsan yahay midna lama fahmi karo. Asbaabta ugu weynina waxay la xiriirtaa aqoonta war-isgaarsiinta, aqoonta dadka ay sheegtaan in ay hoggaamiyaan iyo aqoonta luqadda ay ku hadlayaan ayaa intuba aad u liitaan. Tusaale ahaan, nin Gudoomiye ka soo noqday mid ka mid ah Baarlamaannadii Dawladda ku Meelgaarka (TFG) ayaa aad loogu ammaanay in uu yahay siyaasi ruug caddaa ah. Ammaantii waxaa lagu daray in hadalkiisa aan la fahmin. Arrintaasi wax lala yaabo ayay igu noqotay, waayo, ujeeddada qofku u hadlo waa in la fahmo. Si loo fahmona waa in uu ku hadlo luuqad dadku fahmi karaan. Waxaan is waydiiyey, haddaan laba fahmi karin, muxuu u hadlayaa muu iska aamuso.

Dhinaca sharikaadka iyo hay'adaha khayriga ah, badidoodu ma laha nidaam war-isgaarsiin oo qeexan. Waxaa intaas weheliya in aysan aqoon fiican u lahayn macaamiishooda, shaqaalohooda iyo tartamayaasha. Aqoon darrada iyo nidaam la'aantu waxay keentaa in badanaa aysan wax farriimo ah dirin, haday diraana farriimuhu noqdaan kuwo khaldan ama gudbin ujeeddadii laga lahaa. Tusaale ahaan, waxaad u fiirsataa xayaysiimaha ka soo gala TV-yada Soomaalida sida Universal, Raad, ETN iyo Warsan. Waxaad is waydiisaa cidda farriintaasi ku socoto iyo farriinta ay xanbaarsan tahay. Xayaysiimaha qaarkood, waxaan hubaa in ay gudbiyaan farriin liddi ku ah ama ka duwan, ujeeddadii loo rabey.

Dhinaca xallinta khilaafaadka, sidoo kale, aad baa loo ammaani jiray Soomaalidii hore. Soomaalida maantuse indhobeel ayay kaga sugan tahay arrintaas. Waxaad arkaysaa in jaahwareer soo dhexgalay nidaamkii loo xallin jiray khilaafaadka. Jaahwareerkaas, qayb ahaan waxa sababay dadkii khilaafaadka xallin jiray oo mabda' guur ku dhacay iyo dadkii khilaafaadka loo xallin jiray oo maskax-guur ku dhacay. Meesha waagii hore, la yaqaannay dad khilaafaadka xalliya oo caddaalad iyo garsoor wanaag lagu yaqaan, sida ina-Sanweyne, maanta geyiga Soomaali gebi ahaanba ma jiro qof la tilmaami karo oo cadli iyo garsoor wannaag lagu tuhmayo.

Cutubka

Sidee hoggaamiyuhu wax u beddelaa?

> *There is nothing more difficult to carry out,*
> *nor more doubtful of success, nor more dangerous*
> *to handle, than to initiate a new order of things."*
> *Machiavelli*

Si meel loo gaaro, xilliga maanta lagu jiro, waxaa muhiim ah in lala qabsado isbeddellada joogtada ah ee ku imaanaya dhaqaalaha, ganacsiga, tiknoolojiyada, mujtamacyada iyo siyaasadaha. Markasta oo dareen isbeddel yimaado, waxa muhiim ah in hoggaamiyuhu isagoo isticmaalaya nidaamyo iyo habab kala duwan uu dadka uu hoggaamiyo u dhaqaajiyo dhanka isbeddelka.

Qaybta hore ee cutubkaani waxay si kooban u soo bandhigaysaa moodeel la raaci karo marka la dhalinayo isbeddel. Qaybta labaad waxay muuqaal kooban ka bixinaysaa hoggaamiyayaasha isbeddel horseedi kara.

Muhiimadda isbeddelka

"You can never step in the same river twice"
Heraclitus

Soo bandhigidda wax cusub ayaa loo yaqaan isbeddel. Beer (1999) oo lagu tiriyo dadka wax ka qora isbeddellada kuwooda ugu afka dheer, wuxuu ku doodaa in baaxadda isbeddelka loo baahan yahay (C) ku xiran yahay: qaneeco darro lagu qabo xaaladda (D); moodeelka isbeddelka (M); hilinka isbeddelka (P); iyo iska caabbinta (R).

$$C = D \times M \times P > R$$

Sida ka muuqata moodeelka Beer, marka hoggaamiyuhu rabo in uu wax beddelo, waa in uu isbeddel ku sameeyo mid ka mid ah waxyaabaha isbeddelka keena. Beer, wuxuu ku doodaa in isbeddelku yahay wax gaabiya, ayna qaadan karto sannado in la gaaro isbeddel buuxa.

Qaneeco darro (D)

Qaneeca darro waxay ka mid tahay waxyaabaha ugu waaweyn ee gundhigga u noqda in isbeddel yimaado. Qaneeco darradu waxay noqon kartaa mid dhab ah, waxay sidoo kale noqon kartaa mid been ah ama la abuuray. Dhanka siyaasadda, qaneeco darro waxay timaaddaa marka hoggaanku horseedi waayo horumar. Dhanka sharikaadkana, marka hoos u dhac ku yimaado saamiga shirkaddu ku leedahay sayladda, faa'iidada ama iibka.

Waxa muhiim ah in la fahmo, haddii, qaneeco buuxda la qabo, in aan baahi loo qabin isbeddel. Laakiin, aan is waydiinnee, ma dhici kartaa in 100% lagu qanco sida xaal yahay oo la yiraahdo 'isbeddel looma baahna'. Jawaabtu waa maya, waayo, markasta oo hir la gaaro waxaa loo gudbi karaa ama la haabin karaa hir kale. Horumarka dawladaha ama sharikaadku gaaraanna waxaa saldhig u ah qaneeco darro, ama dareen la xiriira in sida xaal yahay wax laga beddeli karo. Tusaale ahaan, Raysul Wasaarihii hore ee Malaysia, markuu soo bandhigayey qorshihii lagu horumarinayay Malaysia, hadalladiisii waxa ka mid ahaa: si aan himilooyinkeenna u gaarno, waa in aan sannadba sanadka ka danbeeya waxsoosaarkeenna sare u qaadno. Wuxuu ku sii daray, haddaan sidaas yeelno, tobankii sanaba waxsoosaarkeennu waa labanlaabmayaa.

Isbeddelku wuxuu u baahan yahay dadaal iyo hawl aad u fara badan. Dareen dadka gala ayaana saldhig u noqon karaa dadaalkaas. Hoggaamiyayaashu way abuuri karaan dareenkaas, wayna ka bad-badin karaan. Marka hoggaamiyayaashu rabaan in ay abuuraan dareenkaas, waxa muhiim ah in uu marka hore ogaado heerka qaneecada. Si loo ogaado heerka qaneecada waxa baaritaan lagu sameeyaa shacabka/shaqaalaha. Marka la rabo in hoos loo dhigo heerka qaneecada, hoggaamiyayaashu waxay tusaale u soo qaadan karaan heerka horumar ee waddammada ama sharikaadka kale. Dhanka waddammada, waxay ka hadli karaan heerka horumar ee waddankaasi ka gaaray dhinaca caafimaadka, tiknoolojiyada, waxbarashada, nabadgeliyada iwm. Dhanka sharikaadka, waxay ka hadli karaan: tartame suuqa soo galay, tiknoolojiyo cusub, shuruuc cusub, ama cabasho ka timid macaamiisha.

Moodeelka (M)

"The most important component of organisational change is not the seed – it is the soil"
Michael Beer

Moodeelku wuxuu ka kooban yahay afar walxood: bay'adda oo isha la mariyo (environmental scanning); hiraal (vision); in la qeexo nidaamka isbeddel ee loo baahan yahay; iyo himilooyin cusub. Sidaan hore u soo sheegnay, isbeddello is daba joog ah ayaa ku yimaada bay'adda. Hoggaanka fiicanina waa mid har iyo habeen isha ku haya isbeddeladdaas iyo saamaynta ay ku yeelanayaan ummadda uu hoggaamiyo. Sidoo kale, waxay si joogto ah isha ugu hayaan hay'adda ama shirkadda dhexdeeda si ay u ogaadaan waxa shaqaynaya iyo waxa aan shaqaynayn. Macluumaadkaas laga soo ururiyo bay'adda gudaha iyo tan dibedda ayaa gundhig u noqda hiraalka cusub. Tusaale ahaan, waxa la is waydiin karaa muuqaalka shirkaddu yeelan karto haddii suuqeeda weerar lagu soo qaado, ama la rabo in laga faa'iidaysto fursad, ama laga gudbo carqalad. Hiraalku waa in uu ka jawaabo su'aalahaas iyo kuwo la midka ah. Waxa muhiim ah in la kala fahansan yahay hiraalka iyo himilooyinka. Hiraalku waa hage, wuxuu bidhaamiyaa jihada loo socdo. Himilooyinku waa meesha loo socdo, waxay bidhaamiyaan waxa la rabo in la gaaro iyo waqtiga la gaarayo.

Inta aan la xulan himilooyinka waxa muhiim ah in hoggaamiyuhu bidhaamiyo waxa la beddelayo si shirkadda ama hay'addu u gaarto himilooyinkeeda. Tusaale ahaan, waxa la oran karaa: si shirkaddu u gaarto himilooyinkeeda maxaa laga beddeli karaa suuqgeynta, tayada, shaqaalaynta, iwm. Sidoo kale, inta aan himilooyinka la qeexin, waxa muhiim ah in hoggaamiyuhu is waydiiyo su'aalo badan oo ay ugu horrayso saamaynta isbeddelka walaxi ku yeelanayso walxaha kale. Tusaale ahaan haddii wax laga beddelo nidaamka abaalmarinta iyo gunno siinta shaqaalaha, isbeddel ma ku imaanayaa koboca iyo awoodda tartanka ee shirkadda. Waayo, waxa dhici kara, meeshii la rabay in isbeddel ku yimaado koboca in isbeddel aan lagu talo gelin ku yimaado tayada, xisaabaadka ama qaab dhaqanka macaamiisha. Sida ka muuqata sawirka hoose, waxa muhiim ah in hoggaamiyuhu ka fekero isbeddellada ku imaan kara walxaha kale. Tusaale ahaan, waa in hoggaamiyuhu ku baaarugsan yahay isbeddelka ku imaan kara nidaamka ama dhismaha haddii hiraalka wax laga beddelo. Sidoo kale, marmarka qaarkood, hoggaamiyayaashu waxay wax ka beddelaan qaar ka mid ah walxaha hoose, tusaale ahaan, awoodda, nidaamka iyo hiraalka, markaasay hilmaamaan in ay wax ka beddelaan dhaqanka ama dhismaha. Marmar waxa dhaca in hoggaamiyuhu qaar ka mid ah walxaha hoose, siiba dhaqanka iyo awoodda, aammino in si sahal ah loo beddeli kara ama aan loo baahnayn in la beddelo. Sida daraasado badani muujiyeen (fiiri Dickson *et al*, 2001) wax ka badan 70% fashilka ku yimaada isbeddellada waxa sabab u ah iyadoo hoggaamiyuhu uusan si fiican uga baaraandegin dhaqanka iyo awoodda.

Sawir 9.1 *Walxaha isbeddel lagu samayn karo*

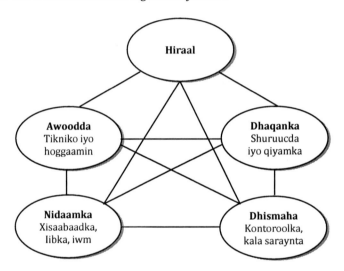

Hilinka (P)

Hilinka waxa lagu daraa waxyaabaha ugu dhibta badan marka laga hadlayo isbeddellada. Waayo, hilinka waxaa ka mid ah horumarinta iyo fulinta qorshaha isbeddelka. Qorshaha isbeddelka ee meelmarka ahi wuxuu taxaa sida isbeddelladu isugu xig-xigsanayaan; cidda fulinaysa isbeddellada; waqtiga lagu fulinayo; cidda mas'uul ka noqonaysa; waxa lagu cabbirayo in isbeddelkii fulay iyo inkale; iyo sida lagu ogaanayo saamaynta isbeddelku keenay. Waxa sidoo kale qorshaha qayb ka noqda sida dadka looga dhaadhicinayo isbeddelka, sida loo qancinayo ciddii qancin u baahan, agabyada kala duwan ee loo baahan doono; iyo ugu danbayn xiriirka isgaarsiineed ee lagu wargelin doono dhammaan dhinacyada ay saamaynta ku yeelanayso. Sida qaalibka ah, qorshaha isbeddelku waa mid si fiican u kala dhig-dhigan.

Qorshuhu waa khariidaddii la raaci lahaa si isbeddel u yimaado. In isbeddel yimaado, waxay u baahan tahay wax qorshe ka badan, waxay u baahan tahay ficil. Fulinta qorshaha isbeddelku ma aha wax fudud, waayo, waa wax u baahan in dhammaan dadka ay khusayso fahmaan, ku qancaan, fulintiisana diyaar u yihiin. Sida ugu habboon ee looga hortago carqaladaynta ku imaan karta fulinta, waa in qorshaynta laga qayb geliyo qof kasta. Haddii aysan macquul ahayna waa in ugu yaraan laga qaybgeliyo dadka muhiimka ah. Ka qaybgelintu waxay keentaa in qof kasta og yahay isbeddellada ku soo fool leh iyo saamaynta ay ku yeelanayaan.

Si kasta oo la isugu dayo in dadka la qanciyo, haddana mar walba waxa jiraya dad ay adag tahay in lagu qanciyo isbeddelka. Mid ka mid ah qaababka ugu habboon ee loo qanciyo dadkaas waa in la tusiyo faa'iidada iyaga ugu jirta isbeddelka. Faa'iidadaasi waa in ay tahay wax la arki karo, micnena u samaynaysa dadkaas. Tusaale ahaan, mushaharka oo sare u kacay, tababarro ka fiican kuwii hore, qalab casri ah, khatarta caafimaad oo hoos u dhacday, iwm.

Iska caabbinta (resistant)

Arrimo dhowr ah ayaa keena in isbeddelka la iska caabbiyo ama laga horyimaado. Filasho aan macquul ahayn ama guul degdeg ah ayaa la tilmaamaa in ay ka mid yihiin derbiyada ugu waaweyn ee ka horyimaada isbeddelka. Sida ugu habboon ee looga gudbo derbiyadaasna waa in: la sameeyo filasho macquul ah, la yeesho dulqaad, laguna dadaalo sidii dadku ula qabsan lahaayeen isbeddelka. Filashada degdegga ahi waxay ka imaan kartaa horjoogayaasha iyo maammulka hoose labadaba. waxay sidoo kale ka imaan kartaa dadka la hoggaamiyo. Tusaale ahaan, ka soo qaad in shirkaddi beddesho dhammaan mashiinnadii ay hore u isticmaali jireen. Sidoo kale, ka soo qaad, in markay beddelayaan mashiinnada ay aamminsanaayeen in mashiinnada cusubi keeni doonaan isbeddel degdeg ah oo dhanka waxsoosaarka ah. Laakiin, sida qaalibka ah, (fiiri sawirka hoose), marka isbeddel la dhaqangeliyo, ugu horrayn, waxqabadku hoos ayuu u dhacaa. Hoos u dhacaas ayaa wuxuu keenaa marar badan in laga horyimaado isbeddelkii ama la isku dayo in dib loogu noqdo nidaamkii hore. Markase si buuxda loo dhaqangeliyo isbeddelka, waxa dhacda in waxqabadka ama waxsoosaarku sare u kacaan.

Asbaabaha keena, in meeshii horumar la filayey, isbeddelku dib-u-dhac keeno waxa loo aaneeyaa laba arrimood: arrinta hore waxay la xiriirtaa la qabsiga. La qabsiga waxyaabaha cusubi waxay u baahan yihiin waqti. Waxaa sidoo kale, marar badan dhaca in wax waliba sidii la rabay u shaqayn waayaan.

Waxa sidoo kale marar badan dhaca in dadku aqbali waayaan nidaamka cusub. Aqbalaad la'aantu waxay sidoo kale keentaa in dadku ka hor yimaadaan ama iska caabbiyaan isbeddelka.

Sawirka 9.2 *isbeddelka ku dhaca waxqabadka*

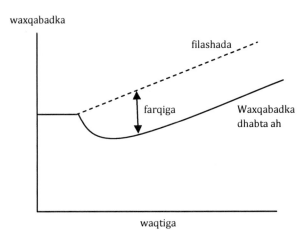

Sidoo kale waxa dhici kara in dadku cabsi ka qabaan isbeddelka. Cabsidaasi waxay noqon kartaa mid la xiriirta shaqadooda ama faa'iidooyin dheeri ah oo ay heli jireen. In kastoo cabsidu wadato dareen keeni kara in waxsoosaarku hoos u dhaco, haddana waxa muhiim ah in hoggaamiyuhu fahmo in cabsidu tahay wax dabiici ah. Dareenka cabsidu sida qaalibka ah wuxuu maraa afar marxaladood. Marka hore waa naxdin, waxa xiga caro, dabadeed diidmo, ugu danbayntase waa aqbalaad. Hoggaamiyuhu wuxuu dedejin karaa maraaxishaas si loo gaaro aqbalaad.

Isbeddellad taabbagalka noqda

Casriga aan ku jirno, isbeddelku wuxuu ka mid yahay tiirarka nolosha. Sharikaadku waa in ay isbeddelaan si ay ula qabsadaan isbeddellada joogtada ah ee ku dhacaya dhaqaalaha, siyaasadda, tiknoolojiyada, shuruucda, iwm. Hay'adaha khayriga ah, sida masaajiddu waa in ay isbeddelaan si ay u daboolaan baahida isbeddelaysa ee macaamiishooda. Dawladuhu waa in ay isbeddelaan si ay ula jaanqaadaan isbeddellada dhaqan dhaqaale, siyaasadeed iyo tiknoolojiyo ee adduunka hareeyey. Dadkau waa in ay isbeddelaan si ay ula qabsadaan geeddi nololeedka cusub.

Hoggaamiyayaashu, si ay u hirgeliyaan isbeddel taabbogal noqda, waa in ay: muujiyaan in isbeddelku yahay lama huraan; soo jiitaan, kana dhaadhiciyaan dadka ay fududahay in ay aqbalaan isbeddelka; dadka tusaan sawirka mustaqbalka; har iyo habeen ka hadlaan oo dadka uga waramaan isbeddelka; is waafajiyaan isbeddelka iyo hawlaha hay'adda ama shirkadda; ka hor wareejiyaan wax kasta oo carqalad ku noqon kara isbeddel; isku dayaan in guulo markiiba la gaari karo; diyaariyaanna nidaam waxaas oo dhan isku wadi kara.

Isbeddelku, waa hilin xanuun baddan. Sida kaliya ee hoggaamiyayaashu isbeddel ku curin karaan waa in ay leeyihiin aqoon iyo xirfad hoggaamin iyo mid maammul labadaba. Xirfadda hoggaamintu waxay keenaysaa in hoggaamiyuhu bidhaamiyo hiraal iyo waddadii lagu gaari lahaa hiraalkaas. Xirfadda maammulkuna waxay keenaysaa in la sameeyo himilooyin iyo qorshihii lagu gaari lahaa himilooyinkaas.

Hoggaamiyaha isbeddelka dhaliya

> *Some men see things as they are and ask why?*
> *I dream things that never were and ask, why not?"*
> *Edward Kennedy*

Hoggaamiyayaasha oo dhammi isbeddel ma dhalin karaan. Hoggaamiyayaasha isbeddelka dhaliya: waa kuwo aamminsan isbeddelka; waa kuwo dadka u sawiri kara hiraalka ama sida mustaqbalku u ekaan doono; waa kuwo dadka qalbigooda ku abuuri kara rabitaan iyo jacayl. Hoggaamiyayaasha noocaas ihi waxay leeyihiin **burji** ay ku soo jiitaan dadka. Hoggaamiyayaasha burjiga lihi waxay qiimayn iyo qaddarin siiyaan la-hoggaamiyaha. waxay sidoo kale si fiican u fahansanyihiin xaaladda.

Ragga wax ka qora burjigu, waxay iswaydiiyaan, in awoodda hoggaamiyaha burjiga lihi salka ku hayo: awoodda hibada loo siiyey hoggaamiyaha; xiriirka dhexmara hoggaamiyaha iyo la-hoggaamiyaha; xaaladda; ama isku dhafka qaar ka mid ah saddexdaas ama saddexdaba. In kastoo aan sare ku soo qaadaa dhignay, misena aan waxoogaa dib ugu yare noqonno sida hoggaamiyayaasha burjiga lihi wax u beddelaan; sida ay u dardar geliyaan shacabka iyo sida ay u fahansan yihiin xaaladda.

Sawirka 9.3 Awoodda hoggaamiyaha burjiga leh

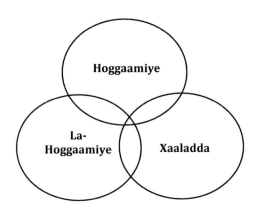

Hoggaamiyaha burjiga leh

Hoggaamiyayaasha burjiga lihi dhowr arrimood ayay kaga duwan yihiin hoggaamiyaasha kale: waxay bidhaamiyaan hiraal la xayaabo tiray; waa af-maal; waxay dadka qalbigooda ka buuxiyaan kalsooni. Haddaan ku hormarno **hiraalka**. Hoggaamiyaha burjiga lihi, wuxuu ku mashquulsan yahay mustaqbalka (future oriented). Waxay sidoo kale awoodda isugu geeyaan siday reerka uga rari lahaayeen meesha uu oodan yahay, uguna rari lahaayeen xero doog leh oo dulin yar. Waxay si fiican u arkaan sida hadda xaaladdu tahay iyo siday ku fiican tahay in ay noqoto. Waxay arkaan dhaliilaha iyo ceebaha xaaladda lagu jiro, dabadeedna waxay bidhaamiyaan sidii iyo wixii looga bixi lahaa.

In kastoo aan meelo badan kaga hadalnay, haddana, aan mar kale wax ka taabanno muuqaalka hiraalka hoggaamiyaha burjiga leh. Ugu horrayn, hoggaamiyaha burjiga lihi wuxuu hiraalka u isticmaalaa si uu wax u dhaqaajiyo. Marka labaad, hiraalku ma ah wax ay cirka ka keenaan, ee waxay isku ururiyaan dhibaatooyinka, dabadeedna ka soo dhex saaraan hiraal. Waa marka saddexaade, hiraalka ay soo bandhigaan wuxuu ku taagan yahay qiyam (values). Ugu dabnayn hiraalkaasi wuxuu noqdaa mid dadka oo dhammi aqbali karaan, sheegan karaan, hirgelinna karaan.

Sida sawirka hoose muujinayo, hiraalka hoggaamiyaha burjiga lihi wuxuu mideeyaa awoodda, maskaxda, iyo maalka. Wuxuu gundhig u noqdaa isbeddel micne leh oo hay'adda ama shirkadda gaarsiiya himilooyinkeeda. Dhinaca kale dadka aan hiraalka lahayn, maskaxdooda, muruqooda iyo maalkoodu isku meel uma jeedaan.

Sawir 9.3 *Dadka hiraalka leh iyo kuw aan lahayn*

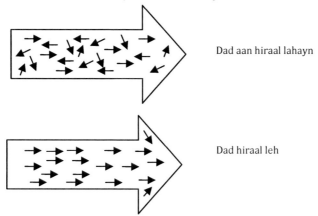

Dad aan hiraal lahayn

Dad hiraal leh

Af-maal. Hoggaamiyaha burjiga lihi hiraalka wuxuu ku darsaday af-maalnimo. Wuxuu awoodaa in uu bilo niyadda iyo mooraalka dadka uu hoggaamiyo si ay u aqbalaan hiraalka. Sida uu hadalka u dhigo, qaabka uu u gudbiyo, tusaalooyinka uu isticmaalo, dhammaantood waa mucjiso. Waxay hadalka ku xardhaan tusaalooyin, sheekooyin, maahmaahyo, murti, iyo xikmad. Gole kasta, hadal munaasib ku ah oo ku habboon ayay ka jeediyaan. Arrintaasina waxay keentaa in qof kasta fahmi karo, kuna qanci karo haddalkooda.

Kalsooni. Si dadka qalbigooda ay uga buuxiyaan kalsooni, hoggaamiyayaasha burjiga lihi, waxay muujiyaan kalsooni ay ku qabaan naftooda, hadalkooda iyo ficilkooda. Waa tusaale, waa ma daale, waa ka dhabeeye. Qaabdhaqankoodu waa mid sare u qaadaya hiraalka. Waa furaha guusha.

Haddaan mar kale dib u jaleecno hiraalkii, Raysul Wasaare Mahathir Maxamed, waxaad arkaysaa in uu ahaa hiraal ka soo go'ay qalbi daacad ah: qalbi ay ka go'an tahay in uu reer Malaysia ka raro guriga abaarta ah ee ay oodnaayeen oo u raro guri doog ah; hiraal qof kasta qalbigiisa geli kara; hiraal qof kasta ka miro dhalintiisa isu taagi karo. Hadalkiisa wuxuu ku bilaabay: *Waxaan rajaynayaa in dadka Malaysianka ah ee maanta nool iyo kuwa dhalan doona tobanka sano ee soo socda noqon doonaan jiilkii u danbeeyey ee reer Malaysia ah ee ku noolaada Malaysia faqri ah.* Sida ka muuqata sawirka kore, hiraalkii Dr Mahathir wuxuu hal jiho u jeediyey dadka reer Malaysia. Waayo hiraalkaasi wuxuu ahaa hiraal ka duulaya qiyamka iyo anshaxa reer Malaysia; hiraal

153

caddaalad horseedaya; hiraal qof walba rumaysan karo. Waxa sidoo kale muhiim ah in qofka hiraalka soo bandhigayey, Dr. Mahathir ahaa nin hadalkiisa la rumaysan karo.

La-hoggaamiyaha

Waxa la yiraahdaa, 'sidaad isu aragtid ma ahee, waa sida laguu arko'. Burjigu micno ma sameeyo haddii aysan dadku dareemin, arkin, aamminin. Hoggaamiyaha burjiga leh, dadku way jecel yihiin, xataa, hadday kala midab, dhaqan, diin iyo dal yihiin. Burjiga waxa laga arkaa shacabka. Haddii shacabku aqbalaan burjiga: waxay aqbalaan hiraalka hoggaamiyaha; waxa sare u kaca dareenkooda; waxay dareemaan awood dheeri ah.

Aqbalaadda hoggaamiyaha waxa lagu gartaa jacaylka iyo hilowga dadku u qabaan hoggaamiyaha. jacaylku wuxuu keenaa in hiraalka la rumaysto; wuxuu keenaa in xiriir adadg ka dhex samaysmo hoggaamiyaha iyo la-hoggaamiyaha; wuxuu keenaa in dadku ku qancaan una dulqaataan wax kasta oo ka horyimaada inta jidka la hayo.

Dhinaca dareenka, hoggaamiyaha burjiga lihi waxay kiciyaan dareenka shacabka. Dareenka oo kaca, waxa ka dhasha in waxsoosaarku sare u kaco. Waxa sidoo kale marmar badan ka dhasha in dadku difaacaan hoggaamiyaha burjiga leh.

Awoodda dheeriga ahi waxay timaaddaa marka dadku aamminaan in isbeddel imaanayo, isbeddelkaasina wax ka beddelayo noloshooda. Awooddaasi waxay noqotaa in ay sare u kacdo heerka shaqo iyo waxsoosaarka labaduba. Waxa sidoo kale sare u kaca kalsoonidooda.

Xaaladda

Cilmibaarayaal badan ayaa aamminsan in xaaladdu tahay tan kala saarta hoggaamiayaasha. Xaaladda ayaa hoggaamiyaasha qaarna ka dhigta kuwo burji leh, qaarna kuwo caadi ah. Hoggaamiyaha waxa la oran karaa waa mid burji leh markuu ka soo dhalaalo xaalad cakiran. Sida qaalibka ahna hoggaamiyaha burjiga lihi wuxuu soo baxaa marka xaaladdu cakiran tahay oo dhibaatooyin (crisis) dadka soo food saaraan. Hoggaamiayaashu marmar arrintaas si xun ayay u isticmaalaan, oo waxay abuuraan xaalad qallafsan si loo aqoonsado ama loo aqbalo.

Xaaladaha dedejiya soo ifbaxa hoggaamiyaha burjiga leh, waxaa sidoo kale ka mid ah: heerka ikhtiraac ee hay'adda ama shirkadda. Shirkadaha caanka ku ah ikhtiraacu waxay soo saaraan hoggaamiyayaal burji leh, marka loo fiiriyo sharikaadka kale. Arrin kale oo soo saarta hoggaamiyayaashaas ayaa la xiriirta shaqo dhimidda (down sizing). Shaqo dhimiddu waxay albaabbo u furtaa dad

154

markii hore hurday. Mar kasta oo sharikaadka ama hay'adaha waaweyni shaqo dhimaan waxa soo baxa hoggaamiyayaal burji leh, soo jiita qaar ka mid ah shaqaalihii la dhimay, dabadeedna abuura shirkad ama hay'ad aan ka yaraysan middii hore.

Haddaan soo ururino, hoggaamiyayaasha burjiga lihi waxay awoodaan in ay horkacaan isbeddel. Waxay sidoo kale awoodaan in ay dadka oo dhan ka dhaadhiciyaan isbeddelka. Asbaabta ugu weyn ee keenta in ay dadka ku qanciyaan isbeddelkuna waxay salka ku haysaa kalsoonida dadku ku qabaan hoggaamiyayaashaas. Sidoo kale, hoggaamiyayaasha burjiga lihi, waxay bilaan niyadda iyo mooraalka shacabka ay hoggaamiyaan; waxay sare u qaadaan kalsoonidooda; waxay sare u qaadaan waxsoosaarka.

Hoggaamiye wax beddela

Waxaan sare ku soo sheegnay in aan hoggaamiye kasta wax beddeli karin. Marka haddaad rabtid in aad noqotid hoggaamiye wax beddela, waxa muhiim ah in aad:

- Dadnimo iyo akhlaaq muujiso;
- Sare u qaadid xirfaddaada hoggaaminta;
- Baadigoobtid tababare (coach);
- Aad dabooshid waxyaabaha aad ku liidato, xoojisidna waxyaabaha aad ku fiican tahay;
- Dhabarka u ridato mas'uuliyad iyo shaqooyin maskaxdaada ka shaqaysiiya;
- Xiriir la yeelato tusaalayaal fiican;
- Cashar iyo waaya'aragnimo ka kororsato khaladaadka kaa dhaca;
- Baadigoobto cid ku siisaa warcelin joogto ah;
- U fekertid qaab istaraatiiji ah;
- Noqotid goob ka hadal;
- Waqti u qorshaysid horumarinta naftaada;
- Noqotid bare dadka kale bara hoggaaminta;

Soomaalida iyo horseedidda isbeddellada

Maanta iyo shalayba Soomaalidu baahi weyn ayay u qabeen hoggaamiye isbeddel horseeda. Isbeddel run ah; isbeddel aan qofna lagu dulmayn; isbeddel aan qofna lagu dilayn; isbeddel daacadi tiir u tahay; isbeddel caddaaladi dayr u tahay; isbeddel aan duminayn sharciga; isbeddel qiyam iyo sharaf ku dhisan. Nasiib darro, isbeddelkaasi horeyna Soomaaliya uma soo marin, haddana bidhaantiisu ma soo muuqato. Inkastoo hoggaamiyayaashii hore, siiba Maxamed Siyaad, marar badan isku dayey in uu isbeddel horseedo, haddana, ujeeddooyinka isbeddellada oo khaldanaa ayaa mar walba wed u noqonayey isbeddelladaas. Tusaale ahaan, 'Ololihii Ciribtirka Suuqa Madow' ee Siyaad Barre ku dhawaaqay 1980-kii meel ma gaarin, waayo dadka oo dhammi waa ogaayeen, ujeeddada dhabta ah ee ka danbaysa ololohaas.

Dhinaca mucaaradka, bayaankii ay soo saareen kooxdii 'manafeesto' ayaa dad badani ku tilmaamaan in uu ahaa olole isbeddel doon ah, nasiib darro, waddada ay mareen oo khaldanayd ayaa horseedday fashilkii ku yimid ololahaas isbeddel doonka ah.

Waqtiyadaan danbe, shirkii Carta, soo bixitaankii Maxaakiimta Islaamiga ah, iyo shirlii Jabuuti ee Isbahaysiga iyo Dawladda ku meelgaarka ah ayaa la oran karaa waxay saddexduba ahaayeen iskudayo isbeddel doon ah. Nasiib darro, labada hore, asbaabo la xiriira: hiraal xumo, caadifad qabiil iyo wax qalloocin, ayaa sidii isku dayadii ka horreeyey af-ganbi u riday. Kan saddexaadna inkastoo uu bilow yahay, haddana jihadii saxda ahayd uma dhaqaaqin.

Dhinaca sharikaadka, inkastoo ay jiraan iskudayo isbeddel doon ah, haddana, asbaabo la xiriira nidaam maammul la'aan iyo shaki iyo kalsooni xumo u dhexeeya milkiilayaasha waaweyn ayaa badanaa derbi weyn oo aan la dhaafi karin ku noqda isbeddelladaas. Tusaale ahaan, shirkaad dhowr ah oo isku dayay in ay wax weyn ka beddelaan hannaankooda maammul iyo shaqo waxa ka hor yimid tuhun ku salaysan hebel iska ilaali.

Cutubka

Hoggaaminta kooxaha

"He that would be a leader must be a bridge"
Maahmaah Welsh ah

In aqoon loo leeyahay shakhsiyaad laguma noqdo hoggaamiye. Waxaa sidoo kale muhiim ah in hoggaamiyuhu fahansan yahay sida kooxuhu u abuurmaan, sida ay u shaqeeyaan iyo sida loo dhiirrigeliyo. Koox, waa laba qof iyo wixii ka badan, wadashaqayni ka dhexayso, midba midka kalena saamayn ku leeyahay. Saamaynta kooxda midba midka kale ku yeesho; iyagoo aan lahayn qaab kala sarrayn iyo iyagoo ay dhici karto in ay ka kala yimaadeen sharikaad ama hay'ado kala duwan ayaa hoggaaminta kooxaha ka dhiga wax muhiim ah.

Qaybta hore ee cutubkaani waxay muuqaal ka bixinaysaa sida kooxuhu u samaysmaan iyo waxyaabaha mudnaanta la siiyo marka la samaynayo koox. Qaybta labaad waxay ka hadlaysaa sida sare loogu qaado wax qabadnimada kooxaha. Qaybaha danbe ee cutubku waxay qaadaadhigayaan xallinta khilaafaadka ka dhex dhasha kooxaha iyo hoggaaminta kooxaha kala firirsan.

Sidee kooxuhu u samaysmaan?

Kooxdu ma aha wax iska samaysma, waxa sameeya hoggaamiyaha, ujeeddada loo sameeyaana waa in ay gaaraan himilooyin cayiman. Sida daraasado badani muujiyeen, samaysanka kooxuhu waxay maraan hilin ka kooban afar tallaabo:

(1) **Unkid**: bilowga, qofkasta waxa uu baadigoobaa meesha kaga habboon iyo doorka uu ku yeelan karo hawlaha kooxda. Waxa sidoo kale, qof walba, uu goonidiisa raadgur ugu sameeyaa waxa kooxda dhexdeeda la aqbali karo iyo waxa aan la aqbali karin. Xilliga cusaybka, shaqada hoggaamiyuhu waxay u badan tahay isfahansiinta kooxda.

(2) **Isku-dhac**: wajigan, kooxda waxa hareeya is af-garanwaa iyo isku dhac. Waa waji muranku cirka isku shareero, waayo qofwalba siduu moodayey ama uu jeclaa bay xaaladdu noqon waydaa. Haddii kooxdu wajigaan ka gudbi waydo, waxay ku danbaysaa fashil. Shaqada hoggaamiyuhu xilligan waxay u badan tahay in uu xayaabada ka qaado oo bayaamiyo ujeeddada loo aasaasay kooxda, himiladeeda, iyo doorka qof walba ku leeyahay kooxda. Waxa sidoo kale muhiim ah in doodda iyo wada hadalku noqdo mid hufan, mid la dhiirrigeliyo, mid bannaanka la soo dhigo oo miiska korkiisa lagu gorfeeyo.

(3) **Is-afgarad**: marka la soo gaaro wajigan doorka qof kasta ku leeyahay kooxda ayaa la isla gartaa; waa la is dhegaystaa; waana la is aqbalaa. Shaqada hoggaamiyuhu waa in uu dhiirrigeliyo wadahadal hufan iyo isu calool fayoobaanta.

(4) **Wax-qabad**: wajigani waa waji wax qabad, waa waji Isfahan, waa waji wada shaqayn buuxda. Waa waji muruqa iyo maanka la isugu geeyo sidii loo gaari lahaa hadafkii loo sameeyey kooxda. Waa waji qofba qofka kale fikraddiisa soo dhoweeyo. Wajigaan, shaqada hoggaamiyuhu, waa in uu ka shaqeeyo sidii heerka wax qabadku marba marka ka danbaysa sare ugu kici lahaa.

Kooxuhu waxay noqon karaan kuwo hal waax (department) ka soo jeeda iyo kuwo waaxyo kala duwan ama xirfado kala duwan ka soo kala jeeda. Kooxaha nooca hore waxa loo sameeyaa in ay qabtaan hawl ku kooban xudduudda kooxdaas. Kooxaha danbe, waa kuwo ka soo kala jeeda waaxyo iyo xirfado kala duwan, waxana loo sameeyaa in ay qabtaan hawl taabanaysa dhammaan waaxaha iyo laamaha shirkadda. Marka koox la samaynayo waxa muhiim ah in dhowr arrimood si gooni ah looga fekero: baaxadda, kala duwanaanshaha, iyo isku tiirsanaanta kooxda.

• **Baaxadda**: baaxadda kooxdu saamayn ayay ku yeelataa hoggaamiyaha iyo la-hoggaamiyaha labadaba. In kastoo aan wali la isla meeldhigin, haddana, daraasado badan (tusaale ahaan, Steiner (1976),Wageman (1997)) ayaa muujiyey in kooxda ugu fiican dhanka waxqabadku ka kooban tahay 5 qof. Daraasad dhowaan lagu sameeyey 58 shirkadood oo sameeya barnaamijta kombuyuutarradda (software) ayaa xaqiijiyey in markasta oo tirada kooxdu sare u dhaafto shan qof, hoos u dhac la dareemi karo ku imaanayey mooraalka iyo niyadda, wadashaqaynta, is-dhexgalka iyo waxqabadka kooxda.

- **Kala duwanaanshaha**: Maaddaama kooxdu u baahan tahay xirfado iyo aqoon kala duwan, waxa muhiim ah in ay jirto kala duwanaansho. Kala duwanaanshuhu wuxuu keenaa ikhtiraac, hal-abuurnimo, iyo xal loo guuxo. Kala duwanaanshuhu wuxuu keenaa wadahadal iyo go'aan gaarid gahayr ka muuqdo.
- **Isku-tiirsanaan**: si kooxdu u gaarto ujeeddadii loo abuuray, si uu u dhexmaro wadahadal iyo wadaxaajood miro dhal noqda, waa in ay jirto isku-tiirsanaan. Isku tiirsanaantu waxay noqon kartaa mid la xiriirta macluumaad, hanti, ama fikrado. Dhakhaatiirta qalliinka, diyaarinta abaabulka iyo diyaargarowga dagaalka dhammaan waxay u baahan yihiin isku tiirsanaan, wada shaqayn, iyo fikrado iswaydaarsi si ay u gaaraan hawlaha ay fulinayaan. Isku-tiirsanaantu waxay noqon kartaa mid buuxda ama mid aan buuxin. Midda hore, waxay timaaddaa marka hawsha qof ka mid ah kooxdu qabanayo ay saamayn buuxda ku yeelanayso tan dadka kale qabanayo. Meesha nooca hore, kooxdu, wadaagaan wax cayiman sida qalabka shaqada, xafiiska, ama qaybo ka mid ah hawsha, nooca danbe wax badan ma wadaagaan.

Arrimaha kale ee muhiimka ah oo loo baahan yahay in maskaxda lagu hayo waxa ka mid ah: hawl-qabadnimada kooxda, isku-xirnaanta kooxda iyo waxsoosaarka kooxda. Kooxda waxa la dhihi karaa waxay leeyihiin hawlqabad fiican: haddii ay leeyihiin ikhtiraac iyo hal-abuurnimo, sare u qaadi kara waxsoosaarka iyo tayada, xubnaha kooxduna qanacsan yihiin. Isku xirnaantu waa xabagta isku haysa kooxda, waxayna la xiriirtaa ku midoobidda hadafka iyo ka miro dhalinta himilooyinka. Waxyaabaha sare u qaada isku-xirnaanta kooxda waxa ka mid ah wadaxiriirka iyo fahanka hiraalka iyo himilooyinka. Kooxda isku xiran, niyaddooda iyo mooraalkoodu waa sarreeyaa; waxay isku qabaan kalsooni; waxaa dhexmara wada-hadal geesinnimo ka muuqato.

Waxqabadnimada kooxaha

Kooxuhu kuma kala duwana tirada, hawlaha iyo waqtiga ay dhisan yihiin oo kaliya, ee waxay sidoo kale ku kala duwan yihiin waxqabadnimada (effectiveness). Daraasad ay samaysay Mac-hadka loo yaqaan 'Centre for Creative Leadership' waxay soo bandhigtay siddeed walxood oo lagu kala sooci karo waxqabadnimada kooxaha. Lixda walxood ee hore waxay la xiriiraan fulinta hawsha (task accomplishment), labada danbana wadashaqaynta iyo wadaxiriirka kooxda.

Haddaan ku hormarno lixda hore: ugu horrayn, kooxaha waxqabadka lihi waxay leeyihii himiloyin qeexan iyo higsasho sare. Qof kasta oo kooxda ka mid ahi wuu garanayaa meesha loo socdo iyo waxa isaga looga baahan yahay. Marka xiga, hoggaamiyaha kooxdu waa mas'uul aan qofna mas'uuliyaddiisa ku hallayn. Isagaa hubiya dhamaystirnaanta wax kasta oo kooxdu u baahan yihiin. Marka saddexaad, hoggaamiyuhu wuxuu sidoo kale hubiyaa xirfadda, aqoonta iyo waaya'aragnimada kooxda, midmid iyo wadajir labadaba. Marka afraad, hoggaamiyaha kooxdu wuxuu hubiyaa in ay isku habboon yihiin kooxda iyo hawshu. Arrinta shanaad iyo lixaad, waxay la xiriiraan qorshaynta iyo isku dubarididda hawlihii kooxdu qaban lahayd.

Wadashaqaynta iyo wadaxiriirka kooxda waxa saldhig u ah wadahadalka. Wadahadalka oo ka xumaada kooxda waxay sababtaa hoos u dhac ku yimaada waxqabadka. Wadahadalka oo toosa wuxuu sidoo kale yareeyaa khilaafka ka dhex abuurmi kara kooxda.

Guud ahaan, waxa la isku waafaqsan yahay, in qaab dhismeedka kooxdu qayb weyn ka yahay wadashaqaynta kooxda. Qaabdhismeedka xumi wuxuu keenaa wadashaqan aan fiicnayn iyo burbur. Si qaabdhismeedku u noqdo mid kooxda gaarsiiya ujeeddooyinkii loo abuuray, waxa muhiim ah in afar walxood awoodda la saaro:

1. **Hawsha**: waxa muhiim ah in hawshu qeexan tahay, qof kastana garanayo waxa ku aadan, waqtiga iyo mas'uuliyadda.
2. **Xudduudaha**: in kastoo qof kasta hawl qeexan leeyahay, haddana waxa muhiim ah in ay u hawlgalaan sida koox. Si loogu hawlgalo koox ahaan, waxa muhiim ah in kooxdu ku habboon tahay hawsha; leedahay aqoon, xirfad iyo waaya'aragnimo ay hawshaas ku qaban karaan; u dhaqmi karaan sidii dad qaangaar ah oo xallisan kara wixii isfahmi waa soo dhexgala.
3. **Dhaqan iyo caado**: waa in kooxdu wadaagaan dhaqan iyo caado. Haddi aysan waddaagin waa in ay ama mid ka soo qaataan sharikaadka/hay'adaha ay ka kala yimaadeen ama mid samaystaan.
4. **Awood**: ugu danbayn waxa muhiim ah in awooddu qeexan tahay. Qeexnaantu ma aha in la yaqaan qofka awoodda leh, qeexnaantu waxay la xiriirtaa caddaynta waxa la aqbali karo iyo waxa aan la aqbali karin.

Sheeko aad u xiiso badan oo arrintaas kore iftiimin karta ayaa ka dhacday Cirifka Waqooyi ee Adduunka (North Pole) 1911-kii. Xilligaas oo tartan loogu jiray sidii loo calaamadasan lahaa ama calan looga taagan lahaa Cirifka Waqooyi (North Pole) ayaa laba nin oo midna Noorwiiji yahay midna Ingiriisi yahay isu taageen in ay soo taabtaan cirifka ugu xigga Waqooyiga adduunka (Arctic). Ninka Ingiriiska ah, Robert Falcon Scott, wuxuu ahaa sarkaal ka tirsan Ciidanka Badda ee Boqortooyada Ingiriiska, wuxuu ahaa dhul mareen laba jeer oo hore isku dayey arrintaas. Ninka kale ee Norwiijiga, Ronald Amundsen, wuxuu ahaa dhulmareen, badmaax, iyo sahamiye caan ka ah Waqooyiga Yurub.

Waxa la weriyaa in Amundson waqti dheer darsayey dabeecadda barafleyda iyo dadka ku nool; xushay raggii xilligaas ugu caansanaa ku dul-socodka barafka, tababarayna; gacantiisa ku xushay dhammaan agabka ay u baahan yihiin, tijaabiyeyna; calaamadiyey baro loogu daadiyo sahay oo ku teedsan diilinta 80^0, 81^0, 82^0. Sidoo kale Amundson wuxuu kaxaystay eey alaabta jiidda. Dhinaca kale, Scott, hawsha xulashada ragga, agabka iyo qalabka labadaba wuxuu u xilsaaray dad kale.

Meesha maalmo gudohood Scot ay soo wajaheen dhibaatooyin aan la soo koobi karin (qalabkii oo qaar badan oo ka mid ihi shaqayn waayey; dharkii qabowga ay u soo qaateen oo waxba tari waayey; cuntadii oo ku yaraatay, waayo meelihii sahayda loo dhigay ayaa aad u kala fogaa, si fiicana aan loo calaamadin), Amundson, wax dhib ah oo la taaban karo lama kulmin. 17 Janaayo 1912-kii ayaa Scott iyo kooxdiisii gaareen Cirifka Waqooyi ee Adduunka, waxayse meeshii ugu tageen calankii Norway oo ka dul babanaya teendho iyo warqad uu uga tegay Amundson. Warqadda waxa ku taallay in kooxdii Amundson gaareen bartaas 4-kii Desember 1911-kii (35 cisho ka hor waqtiga Scott soo gaarey meeshaas). Sidoo kale, meesha Amundson iyo kooxdiisii nabaadiino ku soo guryo noqdeen, Scott iyo kooxdiisii dhammaan waxay u dhinteen daal, qabow iyo gaajo.

Amundson oo ka tegay qoraallo iyo hadallo xikmad ah oo fara badan, hadallada ku hoos qoran sawirkiisa suran Matxafka Oslo waxaa ka mid ah:

"I may say that this is the greatest factor -- the way in which the expedition is equipped -- the way in which every difficulty is foreseen, and precautions taken for meeting or avoiding it. Victory awaits him who has everything in order -- luck, people call it. Defeat is certain for him who has neglected to take the necessary precautions in time; this is called bad luck"

"Waxaan oran karaa, arrinta ugu muhiimsan waxay la xiriirtay sida safarka loo qalabeeyey – sida dhibaato kasta loo sii oddorosay, loogana sii taxaddaray. Guusha waxa gaara qofka wax kasta si sax ah u qorsheeya – dadku haday rabaan ha ugu yeereen nasiib. Guuldarro waxay u soo hoyatay qofka aan samayn taxaddar – dadku hadday rabaan ha ugu yeeraan nasiib darro"

Guusha Amundosn, waxa saldhig u aha Amundson oo fahmay kana soo baxay doorkii hoggaaminta. Isaga ayaa xushay kooxda, baaray aqoontooda iyo xirfaddooda, xushay qalabka loo baahan yahay oo dhan, qorsheeyey oo dabadeedna isku duba riday. Si kooxdu u noqoto mid si fiican u wada shaqayn kara wuxuu sameeyey tababbaro, waxay isu raaceen safarro gaagaaban. Meesha dhinaca kale Scott mas'uuliyadiisii ku halleeyey dad kale.

Maaddaama aan niri waxqabadka kooxda waxa lagu cabbiraa in ay gaareen himiladoodii iyo inkale. Aan sidoo kale idiin soo bandhigno moodeel uu soo bandhigay Ginnett (1996) oo arrintaas toosh ku ifiya. Sida ka muuqata sawirka hoose moodeelku wuxuu ka kooban yahay saddex qaybood. Qaybta kowaad waxay iftiiminaysaa kooxda, meesha ay wax ka bilaabayaan iyo waxa ay wax ku bilaabayaan. Qaybta labaad waxay iftiiminaysaa sida ay hawsha iyo kooxdu isula falgelayaan. Qaybta saddexaadna maxsuulka ama waxa ka soo baxaya.

Sawirka 10. 1 *Moodeelka Gunnett*

| Kooxda (inputs) | → | Falgalka (process) | → | Maxsuulka (outputs) |

Haddaan ku hormarno qaybta kowaad, qaybtani waxay ka kooban tahay saddex walxood: shakhsiyaadka (xirfadda, aqoonta, dhaqanka, waxa dhiirrigeliya, waxa ay jecel yihiin iyo awoodda shakhsiyaadka); nidaamka (nidaamka abaalmarin, waxbarid, iyo macluumaad ee hay'adda ama shirkadda); iyo qaabdhismeedka kooxda (hawsha, dhaqanka iyo caadada, iyo isku dhafka kooxda). Si kooxda iyo hawshu isula falgalaan si wanaagsan waxa muhiim ah in: kooxdu noqoto hawlkar; leedahay xirfadiyo aqoon ku filan; horteeda yaallaan istaraatiijiyo qeexan oo la xiriirta siday ku gaari lahaayeen himilooyinkooda; wadashaqaynta iyo wadaxiriirka kooxduna yahay mid fiican. Isla falgalka kooxdu wuxuu sidoo kale lug ku leeyahay sida kooxdu u wada xaajooto, khilaafaadka ama madmadowga dhexdooda yimaadana u xalliyaan.

Ugu danbayn maxsuulku waa himilooyinka kooxdu gaartay. Maxsuulku wuxuu noqon karaa mid ku kooban himilooyinkii loo qeexay, sidoo kale way dhaafsiin karaan. Marka kooxdu sare u dhaafto himilooyinkii loo qoondeeyey ayaa la yiraahdaa waxqabadku aad buu u fiican yahay. Sidoo kale waxa la yiraahdaa kooxdu waxay leedahay waxqabad marka: waxsoosaarka kooxdu yeesho muuqaalkii laga filayey ha noqoto dhanka tirada iyo tayada labadaba; wada shaqaynta kooxdu sarrayso; falgalka kooxduna sabab u noqdo koboc maskaxeed iyo badbaado jireed labadaba.

Hawlaha hoggaamiyaha kooxda

Ka jibo keenidda hiraalka iyo himilooyinka kooxda waxaa saldhig u ah hoggaamiyaha kooxda. Tusaale ahaan, daraasad, Jaamicadda Harvard ku samaysay dhakhaatiirta fuliya qalliimada cul-culus, waxa u soo baxay, in hoggaamiyuhu qayb weyn ka qaato guusha laga gaaro qalliinkaas. Si hoggaamiyaha kooxdu u noqdo mid ka jibo keena ujeeddooyinkii loo abuuray kooxda waxa muhiim ah in uu:

- Aqoonsan karo ahmiyadda midaynta hadafka iyo awooddu leedahay
- Garowsan karo khaladaadkiisa
- Garab-istaag iyo guubaabo la dhextaagan yahay xubnaha kooxda

Hoggaaminta kooxaha kala firirsan

Dabcan, farqi weyn ayaa u dhexeeya in la hoggaamiyo koox hal meel ku sugan iyo koox ku kala baahsan meelo kala duwan. Meesha waagii hore ama aysan jirin ama aad u yaraayeen, kooxaha ku kala firirsan jihooyin iyo waddamo kala duwani, maanta kooxaha noocaas ihi aad bay u badan yihiin. Meesha kooxihii aan hore uga soo hadalnay ahaayeen kuwo meel ku wada sugan, wadaaga dhaqan, luuqad iyo waxyaabo kale, kooxaha kala firirsani waxay u badan tahay in ay ku abtirsadaan luqado, dhaqammo iyo caadooyin kala duwan. Waxay ku wada xiriiraan waa tiknoolojiyo noocay rabto ha noqotee inta ay fool-ka-fool isu arkaanna waa yar tahay.

In kastoo isticmaalkoodu aad u badan yahay, haddana, waxa la isku waafaqsan yahay in kooxaha wada jooga ka waxqabad fiican yihiin kuwa kala firirsan. Sidoo kale, hoggaaminta kooxaha noocaan ihi waxay u baahan tahay xirfad hoggaamin oo ka duwan tan kooxaha wada jooga. Meesha hoggaamiyaha kooxaha wada jooga uu si toos ah ula socdo hawl maalmeedka, wixii xal ama isbeddel u baahanna uu markiiba wax ka qaban karo, hoggaamiyaha kooxaha kala maqani waa in uu ku kalsoonaado xubnaha kooxda.

Hoggaamiyaha kooxaha kala maqani, waxa muhiim ah in uu: xusho xubno ku habboon hawsha oo iskood u shaqayn kara; xubnahaas uu ka dhex abuuro kalsooni; u sameeyo xeer hoosaad ay ku wada shaqeeyaan; si fiicanna uu isticmaali karo tiknoolojiyada.

Xallinta khilaafaadka ka dhex dhasha kooxaha

Sida la qiyaasi karo, kooxaha kala maqani waa ka khilaaf badan yihiin kooxaha wada jooga. Khilaafka kooxahaas waxaa badanaa saldhig u ah wadahadalka oo xumaada iyo shaki. Maaddaama, khilaafku yahay, wax aan gebi ahaan laga hortegi karin, waxa muhiim ah in si sax ah loo maareeyo. Waxa sidoo kale muhiim ah in hoggaamiyaha kooxdu yaqaan meelaha khilaafku ka imaan karo ama waxyaabaha hooyada u noqon kara khilaaf. Waxa sidoo kale muhiim ah in khilaafka xadkiisa aan la dhaafsiin, oo khilaaf yar uusan u xuubsiiban xaalad adag oo aan la maarayn karin.

Marka laga hadlayo qaababka loo xalliyo khilaafaadka, waxa la fiiriyaa laba walxood oo kala ah: ku dheganaanta iyo iskaashiga. Dadka qaar waa maro-ku-dheg oo waxa u muuqda aragtidooda kaliya, meesha qaar kale ay tirada ku darsadaan aragtida iyo dareenka dadka kale. Kala duwanaanshaha dadka iyo nooca khilaafka ayaa xalka ka dhiga mid muuqaallo kala duwan yeelan kara. Tusaale ahaan, mar-mar dhibaatada oo dhan indhahaa laga laabtaa; mar si iskaashi iyo wadashaqayn buuxda leh ayaa loo wajahaa dhibta; mar waxaa loo xalliyaa si tartan iyo ka feer-qaadasho ku dheehan; marna waaba la aqbalaa oo waa la qirtaa; marna meel dhexe ayaa la isugu yimaadaa.

Marka dhibtu tahay mid aan qiimo weyn lahayn, saamayn wayn aan ku yeelanayn waxqabadka kooxda, indhahaa laga laabtaa. Marka labada dhinac midkoodna uusan xal goonidiisa u gaari karin oo aan laga maarmin aragtida dhinaca kale xalku waa iskaashi. Xilliga xaaladdu adagtahay oo loo baahan yahay go'aan deg-deg ah waxa la sameeyaa tartan ama ka feer qaadasho; marka qadiyaddu dhinaca kale agtooda muhiim ka tahay, waa la qirtaa dhibta; marka labada dhinacba loo baahan yahay oo midna uusan kaligiis xal keeni karin meel dhexe ayaa la isugu yimaadaa.

Si kastaba ha ahaatee, waxa la xaqiijiyey, mar kasta oo kooxdu si buuxda ugu jeedaan hiraalka, aamminsanyihiinna, way fududdahay in la xalliyo haddii xurgufi timaaddo. Waxa sidoo kale muhiim ah, in aan la fududaysan khilaafaadka iyo dhibaatooyinka oo markiiba xallintooda loo deg-dego. Dhinaca kale, waxa muhiim ah in aan la gaarsiin meel aysan gaarin, oo waa in khilaaf kasta xadkiisa loo daayo.

Cutubka

Hoggaamiyaha mustaqbalka

"I dreamed a thousand new paths. I woke up and walked my old one"
Xikmad Shiinays ah

Laba wadaad oo 'Buudiiste' ah, Tanzan iyo Akido, oo ka yimid macbad kuna sii jeeda macbad kale, ayaa intay jidka hayeen, waxay arkeen gabadh aad u qurux badan oo ku labbisan dhar aad u qurux badan oo taagan waddo dhiiqo ah dhineceed. Tanzan ayaa gabadhii waydiiyey waxay meesha u taagan tahay. Gabadhii waxay u sheegtay in ay ka baqday in dharku ka wasakhoobo haday dhooqadaas ka tallaabto. Tanzan ayaa gabadhii xanbaaray oo ka gudbiyey dhooqadii. Labadii wadaad, maalintii oo dhan ma wada hadlin. Markay ku sii dhowaayeen macbadkii ay u socdeen ayaa Akido intuu ku soo jeestay Tanzan wuxuu ku yiri: 'ma ahayn in wadaaddadu gabdhaha u dhowaadaan, waliba kuwa aadka u quruxda badan, ee maxaad saaka gabadha u qaadday'. Tanzan, oo aan wax dareen ah ka muuqan ayaa si fudud u yiri, 'saaxiib, anigu saaka ayaan gabadha dhigay, ee adigaa maanta oo dhan siday'

Peter (1959)

Hoggaamiyayaashu waxay tallaabaan waddooyin badan oo dhooqo ah. Si ay u tallaabaan waddooyinkaasna, waa in aysan dabrin dhacdooyinkii ay soo dhaafeen. Waa in marka ay arrin ka faraxashaan ay u gudbi karaan arrin kale, haddii kale sida Akido, meel gaari mayaan. Waa in ay mar walba isha ku hayaan mustaqbalka. Hoggaamiyaha ku mashquulsan oo madaxiisa ay ka guuxayaan dhacdooyinkii hore, sida Akido, badanaa meel ma gaaraan, waayo lama qabsan karaan isbeddellada waaweyn ee ka dhacaya adduunka.

Isbeddellada ka dhacayey adduunka 20-kii sano ee la soo dhaafay waxay wax weyn ka beddeleen hannaankii siyaasadda, dhaqaalaha iyo tiknoolojiyadda. Dhinaca siyaasadda, waxa soo baxay nidaam ku salaysan hal awood (one super power) oo halhayskeedu yahay sida uu cabbiray Bush Jr., Madaxweynihii hore ee Marykanka, "*ama waad nala jirtaa ama waad naga jirtaa*". Dhinaca dhaqaalaha, waxaa soo baxay waddamo cusub oo wax weyn ka beddelay miisaankii dhaqaalaha adduunka. Tusaale ahaan, Shiinuhu hadda waa waddanka 5aad ee dhaqaalaha adduunka, waxaase la odorosayaa in 2050 uu noqon doono waddanka 1aad. Dhinaca tiknoolojiyada, waxa la gaaray meel aan maskax bini'aadam hore u saadaalin. Horumarkaas tiknoolojiyada ayaa abuuray dhaqan cusub, ganacsi cusub iyo horumar cusub oo aan hore adduunka u soo marin.

Isbeddellada maanta ka socda adduunka, halhayskoodu waa "*ama isbeddel ama dhimo*". Cid ka hor imaan karta, ama dib u dhigi karta, ama iska indho tiri karta isbeddelladaasna ma jirto. Dawladuhu, si ay u horumariyaan nolosha shacabkooda, waa in ay beddelaan hannaankooda shiyaasdeed, dhaqaale, waxbarasho, caafimaad, difaac. Sharikaadku si ay ula qabsadaan ganacsiga casriga ah, waa in ay isbeddelaan, haddii kale cidlaa looga tegayaa. Isbeddelkaani ma aha mid ku kooban dawladaha, sharikaadka iyo hay'adaha oo kaliya, xataa dadku waa in ay isbeddelaan. Qofku waa in uu noqdo qof si joogto ah sare ugu qaadaya xirfaddiisa, maalin kasta kororsanaya aqoon cusub, caanna ku noqdo hal-abuur iyo ikhtiraac. Waa in uu noqdo antarabaranoor (entrepreneur) wax abuuri kara, wax abaabuli kara, wax maarayn kara, wax hoggaamin kara, haddii kale cidlaa looga guurayaa.

Covey (1995) mar uu ka hadlayey hoggaamiyayaasha mustaqbalka wuxuu yiri "hoggaamiyayaasha mustaqbalku waa in ay yagleelaan **nidaam** ku salaysan **qiyam**". In la sameeyo nidaam udub-dhexaadkiisu yahay qiyam iyo sharaf ma aha wax fudud, waayo, nidaamyada maanta jira (nidaamyada dawladaha, sharikaadka, hay'adaha) intooda badan qiyamka iyo sharaftu qayb kama aha ama kamaba tirsana moodeelkooda hoggaamin. Hoggaamiyayaasha samayn kara nidaamkaas cusub, waa hoggaamiyayaal caan ku ah: hiraal, geesinnimo iyo dadnimo. Waa hoggaamiye maskax furan, aqoon baaxad ballaaran leh, waxbarashona aan ka daalin. Hoggaamiyahaasi wuxuu arki karaa isbeddellada soo socda. Wuxuu sidoo kale dareemi karaa qaabka ugu habboon ee loo wajihi karo isbeddelladaas. Wuxuu qiimayn joogto ah ku sameeyaa khaladaadkii dhacay (ama isaga ha ku dhaceen ama cid kale ha ku dhaceene) si uu casharro uga qaato oo aysan mar danbe u dhicin.

Qiyamka fiicani waa 'jiheeye'. Jiheeyuhu meel kasta oo la joogo wuxuu u jeestaa hal dhinac; dhinaca waqooyiga. Qiyamka fiicani isma beddelaan, barax ma noqdaan, ma wareeraan, mar walba waxay ku tusaan dhabbaha fiican. Dabcan sida isticmaalka jiheeyuhu ugu baahan yahay aqoon, ayaa qiyamkuna u baahan yahay aqoon.

Marka hoggaamiyuhu noqdo mid qiyam leh, wax kasta oo uu yagleelo wuxuu udub-dhexaad uga dhigaa qiyam. Hoggaamiyahaasi wuxuu noqdaa bidhaan ama tusaale fiican. Shaqada hoggaamiyahaasi waxay ku soo ururtaa saddex walxood: in uu waddadii la mari lahaa iftiimiyo (path finding); in uu is waafajiyo dhammaan hawlaha shirkadda ama hay'adda iyo dhabbaha la marayo (aligning); in uu awood siiyo dadka (empowering). Helitaanka dhabbuhu wuxuu la xiriiraa samaynta hiraalka. Iswaafajintu waxay la xiriirtaa in wax kasta oo la qabanayo kuu dhaqaajiyaan jihada aad u socotid. Ugu danbayn waa in laga faa'iidaysto aqoonta, waaya'aragnimada iyo garaadka qofkasta. Sida looga faa'iidaysan karaana waa in la siiyo awood buuxda. Waddammada, sharikaadka ama hay'adaha ku guulaysta hoggaan udub-dhexaadkiisu qiyam ku salaysan yahay, shaqadiisuna ka kooban tahay saddexdaas walxood ee aan sare ku xusnay waxay noqonayaan kuwo ka dhex muuqda caalamka.

Hoggaaminta mustaqbalku waa mid dhinac marsan dhaqammadii hore ee ku salaysnaa: kala sarraynta (hierarchy); qaybsanaanta shaqada (division of labour); sil-siladda amarka (chain of command); danaha gaarka ah; bay'ad deggan oo la saadaalin karo (stable, predictable environment); iyo wada xiriir hooseeya (slow communication). Hoggaamiyaha mustaqbalku wuxuu abuuraa qaabdhaqan cusub oo ku salaysan: muuqaal isla beddela xaaladda; mas'uuliyad; wada xiriir sare; iyo wadashaqayn. Hoggaaminta mustaqbalku waa mid ku salaysan xiriir; xiriir saldhig u noqda isbeddel. Hoggaaminta mustaqbalku waxay ku salaysan tahay wax-wada-qabsi (collaborative leadership). Si loo xalliyo xaajooyinka murugsan, ee ugubka ah, ee qarniga 21aad, waa in la isu geeyo maskaxaha oo dhan. Hoggaaminta mustaqbalku waa ka qaybqaadasho (participation). Weatkey (1992) si ay u xaqiijiso in hoggaamintu tahay ka qaybqaadasho ayay hoggaaminta barbardhig kula samaysay aragtida fiisigiska ee loo yaqaan 'quantum and chaos theory'. Is barbardhiggeeda waxa ka soo baxay in farqi wayni uusan u dhexayn 'qawaacidda Newtonian physics' iyo hoggaaminta. Qawaaciddaasi waxay ku salaysan yihiin ka qaybqaadasho.

Hoggaamiyaha mustaqbalku waa dhiirrigeliye: wuxuu shacabka uu hoggaamiyo ku dhiirrigeliyaa sidii ay u gaari lahaayeen himilooyinka. Hoggaamiyaha mustaqbalku waa qof tawaaduc, naxariis iyo xishood caan ku ah. Ma aha qof isla qabweyn: waa qof dabci macaan, dad soo dhowayn leh, maskax furan iyo dhegaysi fiican.

Hoggaamiyaha mustaqbalku, waa hoggaamiye u carbisan in uu naftiisa beddelo, mujtamaca ku xeeran beddelo, adduunka beddelo. Hoggaamiyaha mustaqbalku waa mas'uul. Hoggaamiyaha mustaqbalku waa mid xiriir qoto dheer la leh mujtamaca uu hoggaamiyo, waayo, xilligii awooddu ku xirnayd makaanada ama meesha qofku kaga jiro muuqaalka sharikaadka, hay'adaha iyo dawladuhu waa dhamaaday; xilligii hoggaamiyo xushmo iyo ciso dalban jiray waa dhamaaday; maanta, hoggaamiyuhu waa in uu kasbado, mutaysto, loo garto xushmada iyo cissada.

Xirfadaha la'aantood qof uusan hoggaamiye noqon karin mustaqbalka waxa ka mid ah: awood feker iyo abla-ableyn; awood fulin; awood uu ku dhiso xiriir adag; iyo aqoon la xiriirta waxa uu hoggaamiyo. Kouzes iyo Posner (2002) waxay taxaan waxyaabo la'aantood qof uusan hoggaamiye noqon karin mustaqbalka. Waxyaabahaas waxay ku soo koobaan: daacadnimo (honest), hor-u-socodnimo (forward looking), aqoon (competent) iyo dhiirrigelin (inspiring). Hoggaamiyaha waxa la oran karaa waa daacad marka qowlkiisa iyo ficilkiisu is waafaqsan yihiin. Ammaanada, oo ah nooc ka mid ah daacadnimadu, waxay ka mid tahay sifooyinka Qur'aanku ku sifeeyey Nabi Muse (CS)[27]. Ammaanadu waxay sidoo kale ka mid ahayd magacyadii iyo sifooyinkii Rasuulka (SC).

Aqoontu waxay leedahay ahmiyad aan ka dhicin midda daacadnimada, waayo, dadku raaci mayaan hoggaamiye ay ogyihiin in uusan aqoon u lahayn waxa uu ka hadlayo. Aqoontu kuma xirna shahaadooyin derbiyada la surto iyo magacyo dadka lagu koolkooliyo sida Prof. Diktoor, iwm. Aqoonta dadku qiimeeyaan, qayb ahaan waa sumcadda qofkaasi ka helay goobigii hore ee uu ka soo shaqeeyey, qayb ahaanna waa fahankiisa mustaqbalka iyo sidii lagu gaari lahaa himilooyinka. Islaamku waa kala saaraa aqoonta (cilmiga) iyo xikmadda (sida loo dhaqan geliyo ama loo fuliyo cilmiga). Eebbe (SW) isagoo inooka waramaya Nabe Muuse (CS) wuxuu yiri "Markuu gaaray dad'dii nebinnimada, waxaan siinnay xikmad iyo aqoon"[28].

Beekun iyo Badawi (1999), markay ka hadlayeen dib-u-dhaca dunidda Islaamka guud ahaan, gaar ahaan dib-u-dhaca ganacsiga iyo hay'adaha khayriga ah, waxay eedda xooggeeda dusha ka saareen hiraal iyo horusocod la'aan. Hiraalka la xayaabo tiray wuxuu sharikaadka iyo hay'adaha khayriga ah dhaxalsiiyaa degganaansho iyo horumar.

Ugu danbayn, dhiirrigelintu waxay bishaa niyadda iyo mooraalka dadka la hoggaamiyo, gaar ahaan marka xaaladdu adag tahay. Marka xaaladdu adagtahay, waxa hoggaamiyaha looga baahan yahay in uu yeesho kalsooni iyo niyad fiican. Niyad fiicnidu waxay la xiriirtaa in wax kasta oo la fiirinayo laga fiiriyo dhinaca wanaagsan. Belo-sheeg, cabasho-badane, wax xun arke hoggaamiye ma noqdo. Hoggamiyaha mustaqbalku waa mid xaalad kasta oo lagu jiro aan rajo dhigin, dadkiisana u bidhaamiya wax ka fiican waxa ay hada ku jiraan. Qofku in uu wax kasta dhinaca fiican ka fiiriyo oo kaliya laguma noqdo hoggaamiye fiican, waxa iyana daraasado badani muujiyeen in qofku kalsooni buuxda ku qabo naftiisa. Qofka naftiisa ku kalsooni waa mid naftiisa aqoon fiican u leh. Nafta oo aqoon

[27] Suuratul Qasas, 28:26
[28] Suuratul Qasas, 28:14

fiican loo leeyahay waxa ka dhalanaya in qofku ku kalsoonaado go'aankiisa, fikraddiisa iyo awooddiisa.

Qof aan lahayn labadaas sifo, niyad fiicni iyo kalsooni, ma noqon karo hoggaamiye mustaqbalka, waayo ma helayo shacbiyad. Asbaabtuna waxay tahay, hoggaamiyayaashu waxay keenaan isbeddel, si ay isbeddel u keenaana waa in ay gaaraan go'aammo qaraar. Sidoo kale, waa in ay xalliyaan wixii carqalado ah oo ka horyimaada si ay u dhaqangeliyaan isbeddellada shirkadda/hay'adda gaarsiinaya ahdaafteeda. Haddii qofku uusan kalsooni buuxda ku qabin naftiisa ama uusan caan ku ahayn niyad fiicni way adagtahay in uu naftiisa ku qanciyo go'aamadaas inta aanba la gaarin dad kale. Ugu danbayn waxan oran karnaa niyad fiicnida iyo kalsoonidu waxay hoggaamiyaha ka dhigaan mid wajihi kara carqalad kasta oo ka hirtimaadda.

Waxyaabaha kale oo la'aantood qofna uusan hoggaamiye noqon karin mustaqbalka waxa ka mid ah: dhowrsonaanta, dulqaadka, tawaaduca, naxariista, dad la tashiga, caddaaladda iyo hufnaanta. Haddaan ku hormarno dhowrsanaanta. Qofka raba in uu noqdo hoggaamiye, waa in uu noqdo qof ka dhowrsoon xummaan oo dhan. Waayo, hoggaamiyuhu waa tusaale. Cali Cilmi Afyare (Ebe ha u naxariistee) mar uu taswiir ka bixinayey qaabdhaqanka raggii hoggaanka qabtay lixdankii wuxuu yiri "kuwa **fuudka** laaciyo intuu faajir talinaayo". Tix kale wuxuu ku yiri "iskaa wax u tabco iyo **khaayinnimo** la isku taageero...; tafagaab xumaatiyo **khamraa** loo tartamayaaye; wax kalay ku toosaan ma jiro **tumasho** mooyaane". Tix kale wuxuu ku yiri "aqoon-laawe **laaluush** cuniyo aafo daba-gaaba". Waxa mudan in la is waydiiyo khayrka iyo wanaagga laga sugayo hoggaankaas caanka ku ahaa xummaanta. Waxa ka sii naxdin badan wanaagga loogu caraysnaa dadkii ay tusaalaha fiican u ahaayeen kuwaasi, waa askartii xukunka ka fara maroorsatay kooxdaas hore ee uu horkacayey Siyaad Barre.

Dulqaadku, marka laga fiiriyo dhinaca Islaamka, wuxuu ka mid yahay sifooyinka muhiimka ah ee hoggaamiyayaasha. Eebbe (SWT) Suuradda Sajdah, aayadda 24, wuxuu ku muujiyey in dulqaadku ka mid yahay sifooyinka hoggaamiyayaasha Eebbe hannuuniyey. Sidoo kale tawaaducu wuxuu ka mid yahay waxyaabaha aasaaska u ah dhaqanka wanaagsan oo dhan. Hoggaamiyaha mustaqbalku ma aha mid isla wayn, dadkana ka faana. Waa mid dadka ku dhex jira, waxay qabaanna la qaba. Waxaa la wariyaa in Sun Tzu uusan faraskiisa fuuli jirin, weel gooni ah wax ku cuni jirin, teendho gooni ahna seexan jirin marka uu askarta ku dhex jiro. Taasi waxay keentay in uu noqdo sarkaal buugta taariikhdu ka waranto kii askartiisu ugu jeclaayeen. Sidoo kale Rasuulku (SCW) wuxuu ahaa mid saxaabada ku dhex jira, haday hawl qabanayaanna la qabta (tusaale ahaan ciid ayuu madaxa ku qaaday markii la qodayey dhufayska, (Qaswadii Dufayska).

Haddaan wax ka taabanno naxariista, hoggaamiyaha mustaqbalku ma aha askari dadka qaar laaya, qaar xira, qaarna erya. Hoggaamiyaha mustaqbalku waa mid dadka u naxariista, jecel, soo dhoweeya. Xataa hadday noqoto in uu wax ciqaabo (xad oofiyo) iyo in uu cafiyo, waa mid door bida in uu cafiyo. Xadiith ay warisay Caa'isha (RC) uuna soo guuriyey Tirmidi ayaa Rasuulku (SCW) kaga waramayaa arrintaas.

Islaamku muhimmad wayn ayuu siiyey dad la tashiga (shuurada). Eebbe (SW) markuu ka warramayay muslimiinta, Suuratul Shuuraa (42: 38), wuxuu yiri 'way wada tashaddan'. Al Buraey (1985) is barbar dhig uu ku sameeyey shuurada iyo nidaamka ku salaysan dimoqraadiga, wuxuu yiri 'meesha shuuradu isu keento dadka, arrintana la iska dhaadhiciyo (consensus), dimoqraadiyadu waxay ku salaysan tahay awood iyo xoog ku miidaamin'.

Hoggaamiyaha mustaqbalku waa in uu leeyahay: garaad sare; kalsooni; waa in uu yahay qof hufnaan iyo xumo ka dhawrsi caan ku ah; waa in uu dadka dhiirrigelin karo oo dhiiggooda iyo dareenkooda kicin karo; waa in uu dadka jecel yahay xiisana u hayaa la kulankooda; waa in uu yahay dad la dhaqan, dadka isku wadi kara; waa in uu caan ku yahay hiraal dejinta iyo ka dhaadhicinta dadka; waa in uu wax qiimayn karo, go'aan wax ku ool ahna gaari karo.

Bains et al. (2007) daraasad uu ku sameeyey hoggaamiyayaal iyo maammulayaal sare u dhaafaya 10,000 waxa u soo baxay in hoggaanka mustaqbalku noqdo mid caan ku ah afar shay: hal-abuur, dad isku xirid, kicin iyo geesinnimo. Meesha hal-abuurnimadu la xiriirto in wax ksta loo fiiriyo qaab cusub oo ka duwan sidii loo fiirin jiray; dad isku xirku wuxuu la xiriiraa in dadka iyo hiraalka la isku xiro si dadku u arkaan meesha ay u sodcdaan. Kicintu waa in dadka loola hadlo qaab dareenkooda maskaxda kicin kara. Geesinimaduna waa in hoggaamiyuhu arki karo xaqaa'iqa hortiisa yaalla.

Hoggaamiyaha mustaqbalku waa macallin, waa tababare, waa kobciye. Wuxuu soo saaraa hoggaamiyayaal kale. Hoggaamiyaha mustaqbalku wuxuu awoodaa in uu xalliyo dhibaatooyinka.

Maxaad ka kororsatay buugga?

"Tell Me I forget, Show Me I remember, Involve Me I understand!"
Xikmad Qaddiim ah

Waxyaabo badan oo muhiim ah ayaan ku soo qaadaadhignay buugga. Hadday kugu adkaato in aad xusuusato wixii war aan soo dal-dalnay, isku day in aad weelayso dhowrkaan qodob:

Hoggaamintu waa cilmi: sidaan meelo badan ku soo xusnay 'maalin laguma noqdo billad-dahable'. Qof aan jaamicad gelin, wax la tusin, la hagin, imtixaanno laga qaadin, takhtar ma noqdo. Sidoo kale, qalliinka u horreeya kuma qaato 'nobel price'. Si uu u noqdo takhtar magac leh, lagu kalsoon yahay, dadku naftooda ku aamminaan, waa in uu sameeyo dadaal waxbarasho iyo tababar oo har iyo habeen ah. Waa in uu akhriyo aqoonta cusub ee maalin kasta la daahfurayo, waa in uu la socdo isbeddelka tiknoolojiyada, iwm. Sidoo kale, waxan oranayaa, 'guriga waxaa lagu kor dhisaa shub ama dhagax adag; dhoobo ama ciid jilicsan guri dheer lagama dul dhiso'. Hoggaamintu waa aqoon. Aqoontuna waa jaranjaro; haddaad mid ka booddo, midka kale lugta la heli mayso.

Hoggaamiyaha waa la doortaa: Qof waa la magacaabi karaa, isna meel khasab waa ku qabsan karaa, laakiin haddii dadku aqbali waayaan, waqti buu iska luminayaa. Yaan marna la isku khaldin awoodda makaanada iyo hoggaaminta. hoggaamiyuhu waa adeege, adeece, waa aqbale. Wuxuu u adeegaa danaha dadka, wuxuu si niyad ah u dhegaystaa dhawaaqooda, wuxuu aqbalaa soo jeedintooda.

Qiyamku waa aasaaska hoggaaminta: Hoggaamiyaha qiyamka lihi waa aammin, waa runsheeg, waa deeqsi, waa naxariis badan yahay, waa geesi. Hoggaamiyaha qiyamka lihi waa horusocod, dadkuu dhiirrigeliyaa, dhiirrigelintiisana waa la dhegaystaa, waayo waa lagu kalsoon yahay. Qiyamku waa sifo muhiim ah oo aan ciyaar lagu gaarin.

Hoggaamiyuhu wuxuu dadka ku dhiirrigeliyaa hiraalka: Qiyamk kaligiis hoggaamiye laguma noqdo. Hoggaamiyuhu waa in uu dadka tusi karo hiraal dadku higsadaan. Hoggaamiyuhu waa in uu dadka u sahamiyo meel aysan waligood ku riyoon, ka dhaadhiciyo, dabadeedna u dhaqaajiyo jihadaas. Hoggaamiyuhu waa in uu hiraalka u beddelaa waxqabad ama ficil.

Kalsooni la'aanteed, qofna wax ma hoggaamin karo: haddaan kalsooni lagu qabin hoggaamiyaha, qof walba waxa gelaya shaki$, wuxuu xiranayaa difaac, iska daa in la fuliyee fikradaha hoggaamiyaha cidna dheg jalaq u siin mayso. Tusaale ahaan, haddaan lagu kalsoonayn tababaraha, qofna naftiisa kuma aamminayo in uu diyaarad dallaayad kaga boodo. Kalsoonidu waa xarig adag, waa derbi, waa difaac, waa gaashaan.

Hoggaamintu waa isbeddel: si uu isbeddel u dhaliyo, hoggaamiyuhu waa in uu marka hore naftiisa beddelo.

Tayada hoggamiyaha

Tayooyinka hoggaamiyaha ee mudan in la xifdiyo oo la weeleeyo waxaan ku soo koobaynaa 10 tayo:

1. **Hiraal** (vision). Waxa ugu horreeya ee hoggamiyaha laga rabo waa in uu yaqaanno meesha uu ummadda uu hoggaamiyo. Hiraalka la xayaabo tiray, wuxuu sare u qaadaa niyadda shacabka.
2. **Awood** (ability). Hoggamiyuhu waa in uu leeyahay awood uu go'aan ku gaari karo waxna ku qaban karo. Awooddaasina waxay badanaa ku xiran tahay heerka aqooneed iyo xirfadeed ee hoggamiyaha. Hoggaamiye aan aqoon iyo waaya'aranimo ku filan lahayn awood ma yeelan karo.
3. **Xamaasad** (enthusiasm). Xamaasaddu waa nooc soo jiidasho. Marka hoggamiyuhu si xamaasad leh u wajaho waxa uu damacsan yahay in uu dadka ku dhiirigeliyo, dadkuna waxay muujiyaan xamaasad.
4. **Degganaan** (stability). Hoggamiyuhu waa in uu yahay mid deggan oo fahansan adduunka ku xeeran iyo xiriirka ka dhexeeya isaga iyo adduunkaas. Waxyaabaha degganaanta ka qaada hogaamiyayaasha waxa ka mid ah: dhibaatooyinka guriga iyo dhaqaalaha.
5. **Dareen fiican u leh dadka uu hoggaamiyo.** Hoggaamiyuhu waa in uu xushmo iyo naxariis u muujiyo dadka uu hoggaamiyo. Sidoo kale waa in uu noqdo mid ay ka muuqato tawaaduc iyo in uu danaha dadka kale ka hormarinayo danihiisa gaarka ah.
6. **Kalsooni.** Hoggaamiyaha isku kalsooni waa mid muujiya degganaan iyo kalsooni xaalad kasta oo ka hortimaadda. Haddii hoggaamiyuhu muujin waayo kalsooni, cidna amarkiisa maqli mayso.
7. **Adkaysi.** Hoggaamiyuhu waa in uu muujiyo adkaysi ilaa uu ka gaarayo hadafkiisa.
8. **Firfircooni** (vitality). Higgaamiyayaasha fiican waxa badanaa lagu tilmaamaa in ay yihiin kuwo si nololi ku jirto hawlkasta u qabta.
9. **Burji** (charisma). Burjigu waa awood dadka jeclaysiisa in ay qabtaan wax kasta oo aad u sheegto.
10. **Sharaf** (integrity). Hoggamiyayaasha aan lahayn sharaf cidna ma aamminto, hadalkioodana meesha lagama qaado.

Raadraac

Aadan, C. M. (2008). *Koboca Islaamiyiinta: Sir qarsoon.* Boosaaso.

Aberman, R. (2000). Emotional Intelligence. *Minnesota Human Resource Planning Society.* Minneapolis: MN.

Afrax, M. D. (2002). *Dal dad waayey iyo duni damiir beeshay.* London: Halabuur Communications.

Arvey, R. D. (1984). Use of discipline in an organisation: A review, propositions, and research suggestions. *Journal of applied psychology , 69,* 448-60.

Atkinson, J. W. (1957). Motivational determinants of risk taking behaviour. *Psychological Review , 64,* 359-72.

Bains, G. B. (2007). *The blueprint for business success in the 21 century.* London: Profile Books.

Bandura, A. (1990). Self-efficancy: toward a unifying theory of behaviooral change. *Psychological Review , 84,* 191-215.

Barnard, C. (([1938]1991)). The functions of the executive. *Organisational studies , 12* (4), 567-602.

Baso, B. M. (1999). Ethics, character, and authentic transformational leadership behaviour. *Leadership Quarterly , 10* (2), 181-207.

Bass, B. M. (1990). *Bass and Stogdill's handbook of leadership.* New York: Free Press.

Beekun, R. I. (2004). *Leadership an Islamic prespective.* Maryland: Amana Publications.

Beer, M. (1999). Developing organisational fitness: toward a theory and practice of organisational alignment. *Conference of the society of industrial and organisation.* Atlanta: GA.

Bennis, W. a. (1985). *Leaders: Strategies for taking charge.* New York: Harper & Row.

Bennis, W. G. (1989). *On becoming a leader.* Reading: Addison-Wesley.

Burke, M. J. (1986). A cumulative study of the effectiveness of managerial training. *Journal of applied psychology , 71,* 242-45.Burns, J. M. (1979). *Leadership.* New York: Harper and Raw.

Clancy, B. (2003). High costs is a spanner in the works. *The Weekly Times , 104-5.*

Conger, J. A. (1999). *Building leaders: How successful companies develop the next generation.* San Francisco: Jossey-Bass.

Covey, S. R. (1992). *Principle Centred Leadership.* London: Simon and Schuster.

Craig, L. P. (2003). *Shared Leadership.* London: Sage Publications.

Csoka, L. S. (1997). *Bridging the leadership gap.* New York: The Conference Board.

Curphy, G. J. (2001). Early leadership talent identification and development. *Conference for executive of Saudi Aramco.* Dhahran: Armco.

Dalton, M. E. (2002). *Success for the new global manager: how to work across distances, countries and cultures.* San Franscisco: Jossey-Bass.

David, F. R. (1989). How companies define their mission. *Long Range Planning* (22), 90-7.

Dawud, A. (1996). *Sunan in Winalim* (Release 4 ed.). Silver Spring MD.

Day, D. V. (2004). Leadership development. *Leadership Quarterly*, 857-80.

Dickson, M. W. (2001). An organisational climate regarding ethics: the outcome of leader values and the practices that reflect them. *Leadership Quarterly*, *12*, 197-218.

Dubois, P. H. (1964). A test dominated society: China 1115 BC-1905. In A. Anastasi, *Testing problems in in perspective.* American Council of Education.

Duncan, W. J. (1989). *Great ideas in management.* San Francisco: Jossey-Bass.

Faarax, C. S. (1990). *Xeebtii Geerida.* London: Afamia Graphics & Printing.

Fadlilaah, A.-M. B. *Masaalikul Absaar.*

Fairholm, G. W. (1991). *Values Leadership.* New York: Praeger.

Fiedler, F. E. (1992). The effective and meaning of leadership experience: a review of research and a preliminary model. In M. B. K. E. Clark, *In impact of leadership.* Greensboro: Centre for Creative Leadership.

Fisher, R. a. (1981). *Getting to yes.* Boston: Houghton Mifflin.

Fulmer, R. M. (2004). *Growing your company's leadership.* New York: AMACON.

Gardner, J. W. (1990). *On Leadership.* New York: Free Press.

Gerger, D. (2001). Character of leadership. *Executive excellence*, *18*, 5-7.

Gibbs, B. (1994). The effect of environment and technology on managerial role. *Journal of Management*, *20*, 581-604.

Ginnett, R. C. (1968). Interaction of traits and motivational factors in the determination of the success of managers. *Journal of applied psychology*, *52*, 480-83.

Golema, D. (2000). *Working with emotional intelligenece.* New York: Bantam Doubleday Dell.

Hackman, J. R. (1980). Motivation through the design of work: test of theory. *Organizational behaviour and human performance*, *16*, 250-79.

Hesselbeing, F. (2004). *Leading change.* Melborne: Australian Institute of Management.

Hofstede, G. (1980). *Culture's consequences: International differences in work-related values.* Newbury: Sage.

Hogan, R. (1999). Trouble at the top: Causes and consequences of managerial incompetence. *Consulting Psychology Journal*, *46*, 1061-87.

Hunt, J. G. (1982). Toward a macro-oriented model of leadership: an odyssey. In U. S. J. G. Hunt, *Leadership: beyond establishment views* (pp. 196-221). Southern Illinois: University Press.

Ibn Khalduun, A. R. (1974). *Muqaddimah (tranzlated by Frank Roselthul.* Princeton: Princeton University Press.

Kaplan, R. (2006). Lopsidedness in leaders. In R. a. Burke, *Inspiring Leaders* (pp. 237-246). Oxon: Routledge.

Keller, T. (1999). Images of the familiar: individual differences and implicit leadership theories. *Leadership quarterly* , 15-25.

Kellerman, B. (2004). Leadership warts and all. *Harverd Business Review* .

Kipnis, D. (1982). *Profiles of organisational strategies.* San Diego: University Associates.

Kotter, J. P. (1990). *A force for change: how leadership differs from management.* Boston: Harvard Business School.

Kotter, J. P. (1982). *The General Managers.* New York: Free Press.

Kotter, J. P. (1999). *What leaders really do?* Boston: Harvard Business School Press.

Kouzes, J. a. (1995). *The leadership challenge: How to get extraordinary thing done in organisations.* San Francisco: Jossey Bass.

Kusow, A. M. (2004). Contested naratives and the crisis of the nation-state in Somalia: A prolegpmenon. In A. M. Kusow, *Putting the cart before the horse* (pp. 1-14). Asmara: The Red Sea Press Inc.

Locke, E. A. (1991). *The essence of leadership.* New York: Lexington Books.

Luthans, F. a. (2003). Authentic leadership development. In K. S., *Posotive organisational scholarship* (pp. 241-61). San Francisco: Barett Koehler.

Mary, D. R. (2003). Developing the moral component of authentic leadership. *Organisational Dynamics* , 32 (3), 247-60.

Maxwell, J. C. (1995). *Developing the leaders around you.* Tennessee: Nashville.

McCall, M. a. (1983). *Off the track: why and how successful executives get derailment.* Greensbro: Centre for Creative Leadership.

McCauley, C. D. (2004). *Handbook for leadership development.* San Francisco: Jossey-Bass.

McClelland, D. C. (1975). *Power: The inner experience.* New York: Irvington.

Merton, R. K. (1957). *Social theory and social structure.* New York: Free Press.

Mintzberg, H. (2004). *Managers not MBAs.* San Francisco: Berrett-Koehler.

Mintzberg, H. (1980). *The nature of managerial work.* Englewood Cliffs: Prentice-Hall.

Mire, X. C. (2002). Can Somalia be saved. *Arta Peace Conference.* Djibouti.

Mukhtar, M. H. (2004). Somali response to colonial occupation. In a. M. Kusow, *Putting the cart before the horse* (pp. 75-90). Asmara: The Red Sea Press,Inc.

Mumford, M. D. (2000). Leadership skills for changing world. *Leadership Quarterly* , 11, 11-35.

Murad, K. (1996). Islamic movement theory and practice: a course for those striving for Islamic change in the West. *Young Muslims, UK, talk 9.*

Nevins, M. a. (1999). 21st Century leadership: redefining management education. *Strategy, Management, Competition* , 41-51.

Northouse, N. (1997). *Leadership.* London: Sage.

Northouse, P. (2004). *Leadership, Theory and Practice.* CA: Thousand Oaks.

Palus, C. a. (2003). *The leader's adge: Six creative competencies for navigating complex challenges.* San Francisco: Jossey-Bass.

Person, H. S. (1928). Leadership as a response to environment. *Educational Record Supplement* , pp. 9-21.

Quinn, R. E. (2004). *Building the bridge as you walk on it.* San Francisco: Jossey-Bass.

R. T. Hogan, G. J. (1994). What we know about leadership: effectiveness and personality. *American Psychologist, 49* (6), 4923-504.

Raabeh, C. C. (1986). *Soomaaliyey halkee baad u socotaa?* Parsi: Le Derwish.

Rich, H. R. (2002). *Leadership.* New York: McGraw Hill.

Robert, G. (1970). *The servant as leader.* Indianapolis: Greenleaf Centre for Servent Leadership.

Roebuck, C. (1999). *Effective Leadership.* London: Marshal Publishing.

Saki, C. *Al-Islaam fii sharqi Ifriiqiya.*

Samatar, A. I. (2002). Somalis as Africa's first democrats. *Bildhaan* , 2.

Shire, S. C. (2008). *Furaha Ganacsiga.* Leicester: Buuh Publications.

Sidani, Y. M. (2008). Ibn Khaldun of North Africa: Theory of leadership. *Journal of Management History* , 8 (3), 73-86.

Sternberg, R. J. (1997). Investing in creativity. *American Psychologist* , 1046-50.

Stewart, R. (1982). A Model for understanding managerial jobs and behaviour. *Academy of Management Review* , 7, 7-13.

Thomas, B. (1976). *Walt Disney.* New York: Simon & Schuster.

Ulrich, D. S. (1999). *Result based leadership.* Boston: Harvard Business School Press.

Wakabayashi, M. a. (1984). The Japanese Creer Progress Study: A seven year follow up. *Journal of applied psychology* , 69, 603-14.

Waldman, D. A. (2004). Does leadership matter. *Academy of management* , 134-43.

Warsame, K. C. (2003). *Taxanihii Taariikhda Soomaaliyeed.* Kobenhavn: Hertz Bogtrykkergarden.

Yukl, G. (1998). *Leadership in organisations.* London: Prentice Hall.

Zenger, J. H. (2008). *The extraordinary leader.* New York: McGraw-Hill.